# アカウンタビリティ改革の政治学

高橋百合子 編

The Politics of Accountability Reform

有斐閣

# 目　次

## 序　章　アカウンタビリティ改革の政治学 ……………………………… 1

### 1　アカウンタビリティ研究の意義　1
民主主義とアカウンタビリティ（1）　　アカウンタビリティ改革の潮流（3）　　アカウンタビリティ改革の実証分析——本書がめざすもの（4）

### 2　本書の構成　6
アカウンタビリティ概念・理論の検討（6）　　選挙アカウンタビリティ（7）　　水平的アカウンタビリティ（8）　　社会アカウンタビリティ（10）　　国際的アカウンタビリティ（12）

## 第Ⅰ部　概念・理論の検討

## 第1章　アカウンタビリティ研究の現状と課題 ……………………… 17

### 1　アカウンタビリティ概念の再考　17

### 2　政治学におけるアカウンタビリティ研究の台頭　19
語源と歴史（19）　　アカウンタビリティ研究の隆盛とその背景（20）　　分析射程の拡大（22）

### 3　アカウンタビリティの構成要素　24
「応答性」と「制裁」（24）　　既存研究における定義（25）　　既存研究における定義が抱える課題（27）　　本章における定義（29）

### 4　アカウンタビリティを課する主体　30
主体の種類（30）　　選挙アカウンタビリティを課する主体としての有権者（33）　　水平的アカウンタビリティを課する主体としての国家内機関（35）　　社会アカウンタビリティを課する主体としての非国家組織（37）　　国際的アカウンタビリティを課する主体としての国際アクター（39）

### 5　まとめと研究課題　41

i

## 第Ⅱ部　選挙アカウンタビリティ

### 第2章　選挙アカウンタビリティの構造 ……………………… 57
──数理モデルによる解明

1　選挙を通じたアカウンタビリティの確保　57

2　選挙アカウンタビリティの先行研究　60
モラルハザードと逆選抜（60）　エージェントの複数性（61）　プリンシパルの複数性（64）

3　選挙アカウンタビリティの基礎モデル　68
モデルのねらい（68）　ゲームの構造（69）　ゲームの帰結（70）　まとめと検討（75）

4　現代民主制とアカウンタビリティ　78

### 第3章　選挙アカウンタビリティの実証分析 …………………… 83
──現代の日本政治を事例として

1　問題の所在──選挙アカウンタビリティを測る　83

2　先行研究の整理と本章の分析課題の設定　84
選挙アカウンタビリティをめぐる伝統的な実証研究（84）　新しい研究の方向性──アカウンタビリティの操作化と指標化をめぐる工夫（85）　選挙アカウンタビリティの指標化，規定要因，影響（87）

3　実証分析Ⅰ──日本政治分析と選挙アカウンタビリティの操作化・指標化　89
公約における一般・特殊利益比率（90）　政策選択における一般・特殊利益比率（92）　アカウンタビリティ指数の算出（93）

4　実証分析Ⅱ──選挙アカウンタビリティを決める要因　97
推定に加える変数と分析方法の説明（97）　推定結果（99）

5　実証分析Ⅲ──選挙アカウンタビリティが選挙に与える影響　102
推定に加える変数と分析方法の説明（102）　推定結果（100）

6　結　論──日本における選挙アカウンタビリティの諸相と今後の研究の展望　106

## 第Ⅲ部　水平的アカウンタビリティ

### 第4章　情報公開法成立の比較政治学 ………………………………… 115
　　　　──アドボカシー団体の役割を中心に

1　情報公開法とアカウンタビリティ　　115

2　問題の所在　117
　　歴史的に見た政府の情報公開（117）　　情報公開法の成立とその「強さ」（121）

3　アドボカシー団体の重要性　123
　　政府の透明性に関する先行研究（123）　　政策決定過程におけるアドボカシー団体の位置づけ（124）

4　実証分析　126
　　多国間比較分析（126）　　比較事例分析（129）　　イギリスの事例（130）　　ドイツの事例（132）　　その他の要因の検討（134）

5　結　論　136

### 第5章　中東欧諸国の汚職対策機関 ……………………………………… 143
　　　　──マケドニアにおける法制度上の発展と実践上の停滞

1　序　論　143

2　汚職対策機関の理論的背景と国際的潮流　144
　　汚職と民主主義（144）　　汚職を防ぐ方法（145）　　汚職対策機関をめぐる国際的動向（146）

3　中東欧諸国における汚職対策機関　148
　　体制転換後の民主主義の質と汚職対策機関の設置（148）　　汚職対策機関の設置の規定要因（149）

4　マケドニアにおける汚職対策機関の設立・発展と履行上の問題　152
　　なぜマケドニアを取り上げるのか（152）　　汚職対策機関の設置とその要因（154）　　設置後の制度改革とその要因（156）　　汚職対策の履行における問題点（158）　　汚職対策の履行の欠如の要因（161）

5　結　論　163

## 第6章 ラテンアメリカにおける会計検査制度改革 ……………… 167
### ——メキシコの事例分析

1. 民主主義と会計検査制度　167
2. ラテンアメリカにおける会計検査制度改革　169
   委任型民主主義と汚職（169）　会計検査制度改革の進展（171）　メキシコの事例（174）
3. 会計検査制度改革の説明要因　175
   先行研究の検討（175）　政党間競争の高まりと活発な市民社会の複合効果モデル（177）
4. メキシコにおける政党間競争の高まりと市民社会の活発化（1988-2006年）　178
   政党間競争の高まり（179）　市民社会の活発化（181）
5. メキシコにおける会計検査制度改革　182
   サリーナス政権期（1988-94年）（182）　セディージョ政権期（1994-2000年）（184）　フォックス政権期（2000-06年）（187）
6. 今後の課題　189

## 第Ⅳ部　社会アカウンタビリティ

## 第7章 インドネシアにおける社会的権力とアカウンタビリティ … 197
### ——継続と変化

1. 問題の所在　197
2. 社会アカウンタビリティと権力に関する概念再考　199
3. インドネシアにおける社会的権力と社会アカウンタビリティ　203
   ①制度的権力（203）　②行為者的権力（205）　③分配的権力（210）　④観念的権力（214）
4. 結論と政策的含意　220

## 第8章 日本における裁判員制度の創設 ……………………………… 229
### ——利益としてのアカウンタビリティ

1. 裁判員制度の創設　229

## 目　次

　　2　アカウンタビリティ改革としての裁判員制度　231
　　3　理論的検討——アカウンタビリティ改革をもたらす要因　233
　　　　国際的圧力仮説（233）　　水平的圧力仮説（234）　　社会的圧力仮説（235）
　　4　司法制度改革前の日弁連と陪審制　236
　　　　単位弁護士会レベルでの陪審制の議論の挫折と再燃（236）　　日弁連への波及（238）
　　5　司法制度改革審議会　239
　　　　自民党司法制度特別調査会の設置（239）　　自民党司法制度特別調査会での議論（241）　　司法制度改革審議会の設置（243）　　議論の展開（245）
　　6　結　　論　248

### 第9章　アメリカの政府監視団体の政治過程　253
　　　——利益団体政治の視角から
　　1　政府監視団体から見る社会アカウンタビリティの政治　253
　　2　社会アカウンタビリティの制度化と政府監視団体　255
　　　　利益団体としての政府監視団体（255）　　政府監視団体の起源（257）
　　3　党派的な政府監視団体の登場　260
　　　　保守派による政府監視団体の立ち上げ（260）　　リベラル派の対抗組織化（262）
　　4　情報化時代の政府監視団体　265
　　　　データベース型政府監視団体（265）　　リーク促進型政府監視団体とその挫折（268）
　　5　社会アカウンタビリティの量と質　270

## 第Ⅴ部　国際的アカウンタビリティ

### 第10章　ユーロ危機の政治学　279
　　　——国際化するアカウンタビリティのパラドクス
　　1　マルチレベル・ガバナンス化する統合ヨーロッパ　279

*2* EUのアカウンタビリティをめぐる議論　282

*3* 「上から」見たユーロ危機　283
　　ユーロ危機の深刻化とエリートの反応（283）　　ギリシャ問題の拡大（285）

*4* 「下から」見たユーロ危機　286
　　ユーロ圏の多様性（286）　　ギリシャ（288）　　アイルランド（289）
　　ポルトガル（290）　　スペイン（291）　　GIPS諸国の救済の帰結（292）

*5* 「政治なき政策」と「政策なき政治」　293
　　ユーロ危機の原因（293）

*6* 国際的アカウンタビリティのパラドクスを超えて　296

　あとがき　301

　　事項索引　303
　　人名索引　306

◆図表一覧
　図1-1　「アカウンタビリティ」という用語を含む学術論文・書籍の数　20
　図1-2　4つのアカウンタビリティ・メカニズム　32
　図2-1　有権者の政治知識と投票行動の要因　58
　図3-1　公約における一般・特殊利益比率と政策選択における一般・特殊利益比率に関する回帰直線と散布図　95
　図3-2　アカウンタビリティ指数の推移　96
　図3-3　制度変化ダミー変数と有効政党数の交差項に関する結果　102
　図4-1　情報公開法の「強さ」とその成立年　122
　図4-2　アドボカシー団体の存在と情報公開法の強さ　127
　図4-3　アドボカシー団体の有無で見た与党勢力の影響　128
　図4-4　コーポラティズムの程度と情報公開法の強さ　135
　図7-1　インドネシアのガバナンス指標　205
　図7-2　社会的結社と良い政府　209
　図7-3　部門別の集中と良い政府　214
　図7-4　商業的結合と良い政府　217
　図7-5　インターネット・アクセスと良い政府　219

目　　次

図10-1　単一レベルのアカウンタビリティ　280
図10-2　2レベル・ゲーム（パットナム）　280
図10-3　共同決定の罠（シャルプ）　280
図10-4　マルチレベル・ガバナンスにおける非対称的アカウンタビリティ　294
図10-5　EU，ユーロ圏，GIPS諸国の失業率の推移　295

表1-1　アカウンタビリティの構成要素　25
表1-2　一次元でとらえたアカウンタビリティ概念　30
表1-3　アカウンタビリティの構成要素・主体・メカニズム　31
表2-1　委任とアカウンタビリティ　66
表2-2　モデル分析の結果　76
表3-1　政策分野の3類型への分類　91
表3-2　政党ごとの公約における一般・特殊利益比率　93
表3-3　与野党での政策における一般・特殊利益比率　93
表3-4　回帰直線と観測値の関係とアカウンタビリティ指数の高低の対応および整理　95
表3-5　推定に用いる各変数の記述統計　99
表3-6　選挙アカウンタビリティの規定要因に関する自己回帰移動平均モデル推定の結果　101
表3-7　推定に用いる変数の記述統計　103
表3-8　選挙アカウンタビリティと選挙結果の関係に関する自己回帰移動平均モデル推定の結果　104
表5-1　中東欧諸国の汚職対策機関　150
表5-2　中東欧諸国における汚職統制　1996-2012年　153
表5-3　委員会が取り上げた汚職事件　2002-12年　161
表6-1　ラテンアメリカ諸国における会計検査制度改革　173
表6-2　3大政党（PRI, PAN, PRD）の大統領選挙における得票率推移（1976-2006年）　180
表6-3　連邦議会（下院）選挙における3党の得票率推移（1988-2006年）　180
表6-4　会計検査活動の推移（件数）　188
表6-5　政党間選挙，市民社会，会計検査制度改革　189
表7-1　政策権力の類型　201
表7-2　社会的結社と政府の実績（2006年と11年調査）　208
表7-3　地域間所得格差（2009年）　212
表10-1　ユーロ圏のインサイダー／アウトサイダー　287
表10-2　ユーロ圏の3つのクラスター　288

## 執筆者紹介（執筆順）

**高橋　百合子**（たかはし　ゆりこ）　　　　　　［編者。序章，第1章，第6章担当］
コーネル大学大学院博士課程修了。Ph. D.
現在，神戸大学大学院国際協力研究科准教授（比較政治学，ラテンアメリカ政治）。
主な著作に，「メキシコにおける政権交代とその政治的・政策的帰結」『レヴァイアサン』53号（2013年），「ラテンアメリカにおける民主化と選挙管理機関」日本比較政治学会編『体制転換／非転換の比較政治学』（日本比較政治学会年報16）（ミネルヴァ書房，2014年），ほか。

**粕谷　祐子**（かすや　ゆうこ）　　　　　　　　　　［第1章，第4章担当］
カリフォルニア大学サンディエゴ校博士課程修了。Ph. D.
現在，慶應義塾大学法学部教授（比較政治学，政治制度論，東南アジア政治など）。
主な著作に，*Presidential Bandwagon: Parties and Party Systems in the Philippines*（Anvil, 2009），『比較政治学』（ミネルヴァ書房，2014年），ほか。

**曽我　謙悟**（そが　けんご）　　　　　　　　　　　　　　　　［第2章担当］
東京大学法学部卒業。
現在，神戸大学大学院法学研究科教授（行政学，比較政治学）。
主な著作に，『ゲームとしての官僚制』（東京大学出版会，2005年），『行政学』（有斐閣，2013年），ほか。

**大村　華子**（おおむら　はなこ）　　　　　　　　　　　　　　［第3章担当］
京都大学大学院法学研究科博士後期課程修了。博士（法学）。
現在，関西学院大学総合政策学部准教授（政治行動論，比較政治学）。
主な著作に，『日本のマクロ政体——現代日本における政治代表の動態分析』（木鐸社，2012年），「政治代表の多国間比較と日本政治分析の可能性」『選挙研究』27巻1号（2011年），ほか。

**執筆者紹介**

**久保 慶一**（くぼ けいいち） ［第5章担当］

ロンドン政治経済学院（London School of Economics and Political Science）博士課程修了。Ph. D.

現在，早稲田大学政治経済学術院准教授（比較政治学，旧ユーゴスラヴィア地域研究）。

主な著作に，『引き裂かれた国家――旧ユーゴ地域の民主化と民族問題』（有信堂高文社，2003年），"Host State Responses to Ethnic Rebellion Serbia and Macedonia in Comparison," Jean-Pierre Cabestan and Aleksandar Pavković eds., *Secessionism and Separatism in Europe and Asia: To Have a State of One's Own*（Routledge, 2013），ほか。

**クリスチャン・フォン・リュプケ**（Christian von Lübke） ［第7章担当］

オーストラリア国立大学クローフォード・スクール（Craeford School）博士課程修了。Ph. D.

現在，フライブルグ大学政治学部アーノルド・ベルクシュトレッサー（Arnold-Bergstraesser）研究所上級研究員（政治経済学，東南アジア政治）。

主な著作に，"Striking the Right Balance: Economic Concentration and Local Government Performance in Indonesia and the Philippines," *European Journal of East Asian Studies,* 11（1）（2012），"Modular Comparisons: Grounding and Gauging Southeast Asian Governance," *Pacific Affairs,* 87（3）（2014），ほか。

**鹿毛 利枝子**（かげ りえこ） ［第8章担当］

ハーバード大学大学院博士課程修了。Ph. D.

現在，東京大学大学院総合文化研究科准教授（比較政治学）。

主な著作に，*Civic Engagement in Postwar Japan: The Revival of a Defeated Society*（Cambridge University Press, 2011），"Making Reconstruction Work: Civil Society and Information after War's End," *Comparative Political Studies,* 43（2）（2010），ほか。

**岡山 裕**（おかやま ひろし） ［第9章担当］

東京大学法学部卒業。博士（法学）。

現在，慶應義塾大学法学部教授（アメリカ政治・政治史）。

主な著作に，『アメリカ二大政党制の確立――再建期における戦後体制の形成と共和党』（東京大学出版会，2005年），"The Interstate Commerce Commission and the Genesis of America's Judicialized Administrative State," *Journal of the*

*Gilded Age and Progressive Era* (forthcoming), ほか。

**小川 有美**（おがわ　ありよし）　　　　　　　　　［第10章担当］

東京大学大学院法学政治学研究科単位取得退学。

現在，立教大学法学部教授（ヨーロッパ政治論，比較政治学）。

主な著作に，『市民社会民主主義への挑戦――ポスト「第三の道」のヨーロッパ政治』（共編著，日本経済評論社，2005年），『ポスト代表制の比較政治――熟議と参加のデモクラシー』（比較政治叢書3）（編著，早稲田大学出版部，2007年），ほか。

**伊賀　司**（いが　つかさ）　　　　　　　　　　　［第7章翻訳担当］

神戸大学大学院国際協力研究科博士課程修了（政治学博士）。

現在，京都大学東南アジア研究所機関研究員（比較政治学，東南アジア地域研究）。

主な著作に，「マレーシアにおける華語紙をめぐる政治――MCAによる『南洋商報』買収事件に注目して」『アジア・アフリカ研究』10-1号（2010年），「マレーシアとシンガポールにおける政治変動――ニュー・メディアと新世代の台頭に注目して」『海外事情』60巻4号（2012年），ほか。

序　章

# アカウンタビリティ改革の政治学

髙橋百合子

## *1*　アカウンタビリティ研究の意義

　本書は，近年，世界各地で進行しつつある，アカウンタビリティ改革をめぐる因果関係を，国際比較に基づき包括的に研究する試みである。これまで，政治学ではアカウンタビリティという概念に対する合意が形成されていないだけでなく，その改革についての実証研究もきわめて少ない。本章では，民主主義の根幹を成すアカウンタビリティの定義を述べた後，近年，アカウンタビリティ改革が世界的な潮流となった背景を探り，本書の意義を述べる。

### ◆　民主主義とアカウンタビリティ

　近年，現代民主主義が抱える問題の一つとして，アカウンタビリティに焦点が合わせられることが，頻繁に見られるようになった。そもそも，アカウンタビリティとは，厳密には何を意味するのだろうか。より重要な問題として，現代民主主義にとって，どのような意味を持つのであろうか。アカウンタビリティ（accountability）は，日本語では，「説明責任」や「応答性」と呼ばれることが多いが，一般的に，国民によって選ばれた政府が，国民に対してその活動について説明する責任を負うことと理解されている。この意味で，代表制民主主義の根幹をなすものであると言えるだろう。

　しかし，現実の民主主義社会では，有権者の代表である政治家が，公的資金

を私的目的に流用したり，官僚が特定の利益集団に便宜を図ったりと，政治腐敗や汚職の問題が散見される。このことは，政府がアカウンタビリティを実現していない状況が頻繁に起こっていることを意味する。こうしたアカウンタビリティの欠如とも言える現状に対して，近年，市民による政府に対するコントロールの強化，すなわちアカウンタビリティを高める改革が世界各地で同時進行している。こうした動きを受けて，アカウンタビリティに対する学問的関心も高まってきた。

　他方で，アカウンタビリティの定義についての合意はなく，論者によってその意味するものは異なる。このアカウンタビリティ概念に対する認識のズレが，しばしば用語上の混乱を招き，共通の土台の上で議論することを困難にしている。したがって，アカウンタビリティについての研究を進めるためには，まずは明確な定義づけが必要となる。このアカウンタビリティについては，「誰の」「誰に」対するアカウンタビリティなのか，を明確にする必要があるという意味で，主体間の関係性を示す概念であると言える。詳しくは第1章で述べるが，本書では，アカウンタビリティ関係を築く主体を「アカウンタビリティを課せられる主体（holdee）」（＝A）と「アカウンタビリティを課する主体（holder）」（＝B）とに区別する。そして，「Aは，Bに対してその過去または将来の活動について説明する義務があるとき，Bに対してアカウンタビリティを有する。加えて，Bはポジティブまたはネガティブな制裁をAに対して科することもできる」関係が存在するとき，アカウンタビリティが存在すると定義する（第1章）。

　この定義に従うと，アカウンタビリティを課せられる主体が政府であり，課する主体が市民となる。市民がさまざまなメカニズムを通して政府に対してアカウンタビリティを課することができれば，市民はその代表である政府をより効果的にコントロールすることが可能となり，また市民の利益にかなった公共サービスの提供を促すことになる。すなわち，アカウンタビリティの確保は，民主主義の質を高め，ひいては民主政府に正統性を付与するという意味において，現代民主主義にとって重要な課題であると言える。

序　章　アカウンタビリティ改革の政治学

◆ **アカウンタビリティ改革の潮流**

　政府のアカウンタビリティ向上をめざす動きが，近年活発化してきたことは先にふれたが，特に 1980 年代以降，世界的な民主化，グローバル化が加速するにつれて進展してきた。その改革の潮流は，国内・国際の両領域において見受けられる。

　まず国内のアカウンタビリティ改革を見ると，ラテンアメリカ，中東欧，アジア，アフリカなどの地域で，権威主義体制から民主主義体制への移行が進んだことがある。これらの地域で，自由で公正な選挙を通じて政治指導者が選ばれるようになると，政治指導者がきちんと有権者の利益を代表しているかどうか，国家権力の濫用を防ぐためのチェック・アンド・バランスが機能しているかどうか，効率的に行政サービスが提供されているかなど，民主主義の質を問う動きが活発になった。この流れの中で，新興民主主義諸国では，アカウンタビリティを確保する制度改革（会計検査院，汚職対策機関，選挙管理機関，オンブズマン制度など）が著しく進んだ。また，民主化後に市民社会が活発化すると，マスメディアや非政府組織（NGO）等の主体による，政府活動への監視が強まり，アカウンタビリティを高める圧力となっていった。

　他方，国際的なアカウンタビリティ改革については，国際機関，欧州連合（EU）などの超国家機関，国際的な NGO の役割が重要性を増したことが挙げられる。1980 年代以降，世界銀行などの国際機関は，ラテンアメリカなど，経済危機に直面した国への財政支援を供与する条件として，支援受け入れ国に対してアカウンタビリティを高める制度改革を求めてきた。また，EU は加盟国政府とその国民を含むマルチレベルの統治を実践しているが，近年のユーロ危機への対応に見られるように，重層的な権力関係におけるアカウンタビリティの行使は，しばしば支援対象国のギリシャやスペインなど，加盟国内の民主主義を脅かしかねない点に懸念が寄せられてきた。さらに，グローバル化の進展とともに，国際 NGO が越境的ネットワークを通じて国内の NGO とつながり，人権や環境保護などの普遍的価値の実現を求めて，ある国の政府に対してアカウンタビリティ向上を要求する動きも活発化している。

◆ アカウンタビリティ改革の実証分析──本書がめざすもの

　こうした現実の社会におけるアカウンタビリティ改革の進展を背景として，政治学分野におけるアカウンタビリティ研究が急速に発展してきた。これまで，主として行政学や経営学において，効率的な組織運営の観点からアカウンタビリティに関する研究が行われてきた。また，政治学においては，伝統的に，市民が政府をコントロールする主要なメカニズムとして，選挙に焦点が当てられてきた。具体的には，有権者をプリンシパル（本人），政治家をエージェント（代理人）ととらえ，有権者は選挙を通じて政治家を監視し，制裁を加えることで，アカウンタビリティが確保されるという見解に立ち，選挙制度のタイプや政党間競争の程度が，アカウンタビリティの度合いを左右するかどうか，を研究の対象としてきた。

　しかし，先に述べたように，民主化やグローバル化の影響を受け，アカウンタビリティの確保に向けて働きかける主体や，アカウンタビリティが行使されるメカニズムが多様になると，アカウンタビリティについて，新たな学問的関心が寄せられるようになったのである。たとえば，伝統的な選挙に限定されず，会計検査院や汚職対策機関などの独立機関，市民社会アクターによる政府に対する監視活動，国際機関や国際 NGO による政府へのアカウンタビリティ向上圧力などについて，研究が進んだ。また最近では，自然災害への政府の対応など，その研究分野は多岐にわたる。ただし，その多くは，さまざまなアカウンタビリティ・メカニズムについての記述にとどまることが多い。

　その中でも，最近出版された重要な研究として，眞柄 (2010) と Bovens et al. (2014) が挙げられる。前者は，「『デモクラシーの質』という概念との関連においてアカウンタビリティを捉え」（眞柄 2010: i-ii），幅広い視点に基づいて，アカウンタビリティに関する研究をまとめたものである。同書は，比較政治学（政治経済を含む），政治思想，国際政治，国際行政分野にまたがり，多角的にアカウンタビリティにアプローチすることを通じて，政治学におけるアカウンタビリティ研究の新動向を示すとともに，新たな分析視角を提供する貴重な業績である。他方，後者は，アカウンタビリティの多様な定義を検討したうえで，分析視角，方法論，政治・行政学分野における研究，メカニズム，研究課題について概観しており，アカウンタビリティ研究の全体像を把握するのに有益で

ある。

　このような近年の研究の延長線上に立ち，さらなる貢献をめざし，本書は，「どのような要因が，アカウンタビリティを高める制度改革を促進するのだろうか」という一般的な実証課題に対して，体系的な答えを提示することを試みる。現在進行中の，一連のアカウンタビリティを高める改革に見られる因果関係を理解するためには，共通の分析枠組みを用いて，各事例に見られる改革を促す要因を検証することが重要である。この課題への取り組みとして，本書は，先進民主主義諸国と新興民主主義諸国にまたがる国際比較に基づいた実証分析を行うことによって，アカウンタビリティ改革に見られる因果関係を包括的に明らかにすることをめざす。

　本書では，アカウンタビリティ改革の包括的分析を行うために，次の作業を行う。まず，アカウンタビリティ概念の定義を明確にすることである。本書では，いまだに合意が得られていないアカウンタビリティの定義について，主要な研究を比較・考察することを通じて，汎用性の高い定義を提示する。

　次に，本書は，これまで別々に発展してきた，アカウンタビリティの各メカニズムに関する諸研究を横断し，アカウンタビリティ改革研究の包括的な分析枠組みを提示する。先に述べたように，国内・国際的な領域で，多様な主体が多様なメカニズムを行使しつつ，アカウンタビリティを向上させるために圧力を行使する動きが見られる。これらのアカウンタビリティを課する主体とメカニズムを，「選挙アカウンタビリティ」「水平的アカウンタビリティ」「社会アカウンタビリティ」「国際的アカウンタビリティ」の4つに分類することによって，主体とメカニズムの関係を整理する。

　さらに，現在，世界各国で進行中の，アカウンタビリティを確保するための制度・政策がどのように確立されているのかについて，国際比較の観点から実証的に分析する。アカウンタビリティ改革は，比較的最近に起こっている現象であることから，先進民主主義諸国，および新興民主主義諸国において，どのようなアカウンタビリティ改革が進められているのかについて，その実情が知られていないことも多い。まず，世界各地で，どのような改革が行われているのかを知り，そしてその要因を探ることは，一般理論を構築するための前提として必要な作業である。すなわち，個別の事例を，比較の観点から実証的に分

析することを通じて，アカウンタビリティ改革を促す要因はその地域固有のものなのか，それとも，地域横断的に一般化が可能なものなのかを明らかにすることが可能になる。ひいては，アカウンタビリティ改革を包括的に説明する，政治学理論の発展に貢献するものと考える。

## 2 本書の構成

### ◆ アカウンタビリティ概念・理論の検討

本書は，5部で構成されている。まず概念・理論的考察を行った後，各部で4つのアカウンタビリティ・メカニズムについて，それぞれ事例分析が行われる。第Ⅰ部「概念・理論の検討」では，アカウンタビリティ概念および理論に関する先行研究を吟味し，明確な定義を提示する。アカウンタビリティについて議論するためには，まずその定義について共通認識を持つことが必要である。第1章は，続く章で展開される議論の土台となる，アカウンタビリティの定義，および分析枠組みの提示を行う。

第1章「アカウンタビリティ改革の現状と課題」（粕谷・高橋）では，これまで政治学において定義が混在していた「アカウンタビリティ」という概念を理解するために，その「構成要素」と，アカウンタビリティを求める「主体」とに分けて考察する。アカウンタビリティの「構成要素」には「応答性」と「制裁」があり，前者のみを持つ場合を「ソフト・アカウンタビリティ」，両方を持つ場合を「ハード・アカウンタビリティ」と定義する。また，アカウンタビリティを求める主体を4つに分類し，それぞれの主体が異なるメカニズムを通じて，政府のアカウンタビリティを高めると考える。具体的には，第1に，有権者は，選挙を通じて，「ハード・アカウンタビリティ」を醸成する（選挙アカウンタビリティ）。第2に，政治家による官僚のコントロール，行政府・司法府・立法府間における相互監視，および独立した監視機関（会計検査院，汚職対策機関など）による監視を通じて，国家内部で「水平的」に，「ソフト」および「ハード・アカウンタビリティ」が担保される（水平的アカウンタビリティ）。第3に，NGO，マスメディア，社会運動などの非国家組織（社会アクター）は，政府監視，抗議などの活動を通じて，主に「ソフト・アカウンタビリティ」を

生成する（社会アカウンタビリティ）。最後に，外国政府，EU などの超国家機関，国際機関，国際 NGO などは，国境を越えて「ソフト」および「ハード・アカウンタビリティ」を要求することがある（国際的アカウンタビリティ）。これらのアカウンタビリティ・メカニズムを強める改革についての実証分析は発展途上であることが指摘され，今後の研究課題が提示される。

## ◆ 選挙アカウンタビリティ

　第 II 部では，「選挙アカウンタビリティ」について，理論（第 2 章）と実証（第 3 章）のそれぞれの観点からアプローチする。第 2 章「選挙アカウンタビリティの構造——数理モデルによる解明」（曽我）は，選挙アカウンタビリティにおいて必要とされる情報のタイプについて，数理モデルを用いて理論的考察を行う。これまでの選挙研究において，選挙は，有権者が政治家に対するアカウンタビリティを確保するために，「最も基本的な」手段とみなされてきたが，それは単なる「仕組み」に過ぎず，より重要なのは，選挙を通じて何を問うかであることが指摘される。すなわち，第 2 章では，(1)どのような情報が有権者に与えられると，どの程度アカウンタビリティが実現するのか，(2)それは有権者に何をもたらすのか，という問いを立てる。分析の結果，「政策帰結」に関する情報が選挙による制裁に用いられると，有権者の効用は改善するが，「政策選択」についての情報が用いられた場合，有権者の効用は低下する場合があることが示される。このことは，選挙アカウンタビリティの確保は，有権者が適切な情報を用いてこそ可能となることを示唆する。さらに，アカウンタビリティを賞賛する風潮に警鐘を鳴らすとともに，アカウンタビリティを課する主体（有権者）側の責任も問う意味で，選挙アカウンタビリティ研究の新たな地平を切り開くものである。

　第 3 章「選挙アカウンタビリティの実証分析——現代日本政治を事例として」（大村）は，日本政治の動態に焦点を絞り，アカウンタビリティの操作化・指標化，規定要因の特定，および選挙結果への影響を分析する。政治学におけるアカウンタビリティについての実証研究の遅れの一つの原因として，概念の曖昧さに加えて，操作化・指標化が困難なことが指摘される。この研究課題を克服すべく，アカウンタビリティの指標化を試みる。第 3 章では，私的財と公共

財への比重の置き方を政府の「誠実さ」を表すものととらえ，公約と実際の政策選択との間に見られる，一般利益と特殊利益の比率（公共財―私的財の志向性）の一致性・不一致性によって，アカウンタビリティの程度を計測する。そして，1960年から2001年までのデータを用いて，アカウンタビリティの程度を決める主な要因は，内閣への有権者の支持であること，他方で，アカウンタビリティの程度が選挙による制裁に与える影響は限定的であることを明らかにする。アカウンタビリティの指標化という斬新な試みは，アカウンタビリティのさらなる経験的な分析に向けて重要な示唆を与えるものと言える。

### ◆ 水平的アカウンタビリティ

　第III部「水平的アカウンタビリティ」は，情報公開法，汚職対策機関，会計検査制度改革について，具体的な事例に焦点を合わせつつ分析する。第4章「情報公開法成立の比較政治学――アドボカシー団体の役割を中心に」（粕谷）は，政府の透明性を担保するための重要な手段である情報公開法の「強さ」がどのような要因によって左右されるのかについて，多国間比較とイギリス・ドイツの事例研究によって検証している。分析の結果，「政策決定過程におけるアドボカシー団体（公益を実現するための政策が立法・実施されるよう活動するNGO）」の活動が顕著である場合に，より強い情報公開法の成立に結び付くことを明らかにする。先行研究では，野党勢力の強さが情報公開法の強さを説明する要因であると論じられているが，こうした制度要因は，アドボカシー団体の存在という条件が揃ってこそ効力を発揮することを示している。このように，情報公開法の強さを決定する要因として，政治制度とアドボカシー団体の関係性を明らかにした点，およびアカウンタビリティ改革という政治的「公共財」の提供において，アドボカシー団体の重要性を指摘した点で，他のアカウンタビリティ改革の実証分析にも適用可能な視角を提供している。

　第5章「中東欧諸国の汚職対策機関――マケドニアにおける法制度上の発展と実践上の停滞」（久保）は，社会主義体制から体制転換をした中東欧諸国における，汚職対策機関の設置を概観した後，マケドニアに焦点を絞って国家汚職防止委員会の設立の経緯を説明する。体制転換後，この地域はアカウンタビリティ改革の一環として，汚職対策機関の設置と強化を行ってきた。その中でも，マケ

ドニアにおいて，過去15年間に汚職対策が著しく進んだ。その要因として，野党やマスメディアという国内要因も挙げられるが，EU，欧州評議会の反汚職国家グループ（GRECO）など，外部アクターの役割がとりわけ重要であった。しかし，汚職対策に関する法制度上の整備が進む一方で，制度が骨抜きにされて履行が進んでいない。この実践面での停滞は，水平的アカウンタビリティの低下（政権の長期化・野党の弱体化），垂直的アカウンタビリティの低下（マスメディアによる政府批判の弱体化），さらに国際的アカウンタビリティの低下（EUのコンディショナリティ効果の弱体化）に起因する。この結果は，水平的アカウンタビリティに分類される汚職対策機関の盛衰は，他のアカウンタビリティ・メカニズムと連動していることを示し，異なるアカウンタビリティ・メカニズム間の相互作用の分析という，今後の研究課題の重要性を提示している。

第6章「ラテンアメリカにおける会計検査制度改革——メキシコの事例分析」（高橋）は，近年，ラテンアメリカで制度化が進みつつある，重要な水平的アカウンタビリティ・メカニズムである会計検査制度改革を分析する。中－長期にわたる権威主義体制を経験したラテンアメリカ諸国においては，大統領および政権党が公的資源へのアクセスを独占し，恣意的に財源を配分したり，公的支出を政治動員などの私的目的に流用したりしてきた事例が跡を絶たない。こうした恣意的行動に制約を課し，予算の適正な執行を監視するために，政府から独立した会計検査制度の確立が重要な政治課題とされている。第6章では，会計検査制度改革は，「自己抑制的」であると仮定し，なぜ政治家は，自身の利己的行動を規制するような制度改革をあえて支持するのだろうか，という問いに答える。具体的には，メキシコの事例に着目し，1988年から2006年の期間に会計検査制度が独立性を高めていった要因を分析する。その結果，政党間競争の高まり，および市民社会の活発化という，民主化がもたらした2つの政治変化が，権威主義体制からの移行過程にあるメキシコにおいて政権交代の可能性を高めるとともに，政治家生命の存続に対する有効な脅威を与えることになり，与党政治家が，自己抑制的な会計検査制度改革を支持する動機を持つに至ったことを明らかにする。この分析結果は，水平的アカウンタビリティ改革の説明にミクロ的基礎（アクターの動機に変化をもたらす要因の解明）を提供する点で，一般理論化への可能性を示唆する。

◆ 社会アカウンタビリティ

　第Ⅳ部「社会アカウンタビリティ」は，アカウンタビリティ研究の中でも，新たな研究分野であり，先行研究がきわめて少ない。従来のアカウンタビリティ研究では，主に選挙アカウンタビリティにおける有権者や，水平的アカウンタビリティにかかわる国家内機関が，その主体としてみなされてきた。近年，NGO，社会運動，マスメディアなど，さまざまな市民社会アクターが，政府のアカウンタビリティ向上を求める新たな主体として登場してきたことを背景として，社会アカウンタビリティに関する研究が本格化したのは，ごく最近である。この意味で，インドネシア，アメリカ，日本の事例にそれぞれ焦点を合わせつつ，こうした新たな主体を分析する第7章，第8章，第9章は，社会アカウンタビリティ研究における先駆的業績と言える。

　第7章「インドネシアにおける社会的権力とアカウンタビリティ——継続と変化」（フォン・リュプケ）では，権威主義体制から民主主義体制への移行期にあるインドネシアにおいて，市民社会アクターは，グッド・ガバナンス（良い統治）に向けてどのような働きかけを行っているのかを分析している。インドネシアでは競争的選挙の導入とともに，民主化・分権化が進んでいるものの，グッド・ガバナンスを実現するには至っていない。とりわけ，市民社会による政府を監視する機能は，恩顧主義に基づく政治や集合行為の問題によって，うまく機能していない。インドネシアにおける社会アカウンタビリティの発展と限界を理解するためには，さまざまな市民社会アクターが政府を監視する能力を規定する，多様な権力資源について考察する必要がある。第7章では，さまざまな資源に基づき，政策に影響力を及ぼす権力を，4つの次元（制度，行為者，構造，観念）において観察することを通じて，現在のインドネシアでは，観念の次元におけるパワー・シフトが，社会アカウンタビリティのメカニズムを活性化させていることを示す。この知見は，社会アカウンタビリティの動態を規定する要因を明らかにする点で，社会アカウンタビリティの理論化に貢献するものと言える。

　第8章「利益としてのアカウンタビリティ——日本における裁判員制度の創設」（鹿毛）は，日本では2000年代後半に裁判員制度が実現したのはなぜか，その制度のあり方はどのような要因によって説明されるのか，を検証している。第

序　章　アカウンタビリティ改革の政治学

　8章の議論では，裁判員制度の導入は，司法の社会アカウンタビリティを高めようとする改革であると位置づけられる。すなわち，裁判員制度は，「職業裁判官と裁判員が合議で事実認定と量刑を決める制度であり，この合議の過程において，職業裁判官の側に，事実認定と量刑の判断基準をめぐり，裁判員に対する説明義務が生じる」。このことは，職業裁判官は，裁判員を媒介して，市民に対してアカウンタビリティを負うことを意味するのである。第8章は，司法制度改革審議会を中心に，司法制度改革の経緯を詳細にたどることによって，改革の実現を促した要因として，刑事裁判に対する市民参加の実現を，「利益」として長年訴えてきた日本弁護士連合会（日弁連）のような社会アクターのみならず，政府・与党側の意識変化という，国家アクターの合意も重要であったことを主張する。ここでも，第5章と同様に，異なるアカウンタビリティ・メカニズム（社会アカウンタビリティと水平的アカウンタビリティ）間の相互作用が改革の推進要因として重要であったことが示唆される。
　第9章「アメリカの政府監視団体の政治過程──利益団体政治の視角から」（岡山）は，これまで研究されてこなかった，1970年代以降，継続的に活動してきた一連のアメリカの政府監視団体に焦点を絞って，社会アカウンタビリティの政治過程を分析する。まず，アメリカの政府監視団体は，アカウンタビリティの向上を共通の目的に掲げる一方で，その活動の動機や政府に開示を求める情報の内容については，多様である。特に，1970年代以降，政策選好や党派性が，重要な動機を与えていたことは，政府監視団体の先駆けとなった，コモン・コーズ（Common Cause）やパブリック・シティズン（Public Citizen）がリベラル志向を持っていたことから理解される。その後，党派的政府監視団体が，保守・リベラル両陣営で現れたが，21世紀になると，情報技術を駆使して政府の活動に関するデータの収集と公表を行う新たな類型の監視団体の存在が目立ってきた。このように，アメリカの政府監視団体は，「重層的に制度化」しつつ，多様な活動を展開してきたが，政府に特定分野の情報を請求している点で，利益団体政治としての特徴も帯びている点が指摘される。この点は，社会アカウンタビリティの政治過程を分析する枠組みを精緻化させるうえで，重要な示唆に富む。

◆ 国際的アカウンタビリティ

　第Ⅴ部「国際的アカウンタビリティ」も，社会アカウンタビリティと同様に，アカウンタビリティ研究における新たな研究分野で，先行研究は多くない。その一方で，グローバル化の進展による国際アクター（外国政府，国際機関，国際NGOなど）の重要性の高まりや，EUなどの超国家機関の制度発展によって，国家の政策選択の範囲が変化を遂げる中，ますます重要性を帯びつつある。

　第10章「ユーロ危機の政治学――国際化するアカウンタビリティのパラドクス」（小川）は，この国際的アカウンタビリティについての先駆的な研究である。第10章は，ユーロ危機に対するEUの対応に焦点を合わせつつ，国際的アカウンタビリティのパラドクスを解明する。EUは，マルチレベル・ガバナンスとも称される相互依存と制度化が深化した先駆的な事例であるが，「民主主義の赤字」というべき問題に直面している。その問題が露呈する発端となったのが，近年のユーロ危機である。ギリシャやスペインなどの一部の加盟国で，財政・金融危機が深刻化すると，加盟国が財政赤字や債務についてのルールを遵守するように「上からの」アカウンタビリティを強化する対策がとられた。他方で，ルール遵守の監視・制裁メカニズムの強化は，被救済国の国民の合意を伴うものではなかった。この結果，ユーロ危機は，EUに対する正統性のみならず，各国政府に対する正統性をも損なうことになった。この分析は，国際化するアカウンタビリティのパラドクスを解消するためには，EUが「国内の代表制を超える民主的アカウンタビリティのメカニズムを見つける」必要性を指摘し，越境する民主的統治のあり方を問う点で，アカウンタビリティ研究を超えて，広く民主主義理論へ重要な示唆を与えると言える。

　これまで述べてきたように，本書で扱うアカウンタビリティ改革の政治学は，比較政治における，選挙，市民社会，司法政治，政治制度の分野において，理論と実証の両面で新たな地平を開くとともに，国際関係論などの隣接分野にも重要な示唆を与えるものと言える。

　さらに本書は，学問的意義を超えて，日本の民主政治を考えるうえでも，重要な意義を持つと考える。日本政治の現状に目を向けると，2009年に，政権交代によって民主党政権が誕生するとまもなく事業仕分けが実施され，長期に

わたる自民党政権時代に蓄積された既得権益にメスを入れるべく，予算の無駄遣い削減や国家予算の透明性を向上させる動きが活発化した。しかし，民主党政権の崩壊とともにその監視の動きは弱まり，また近年，中央・地方両レベルの政治における政治資金の不透明な支出が頻繁に取り沙汰されるなど，政府のアカウンタビリティの欠如を示す例は跡を絶たない。こうした現状に対して，政界，市民社会のどちらにおいても，政府のアカウンタビリティ向上をめざして，積極的に制度改革を推し進める動きが活発化しつつある。したがって，世界各地で進行中のアカウンタビリティ改革の現状分析，およびその要因の解明をめざした本書が，日本政治においてアカウンタビリティを高めるために，どのような条件が必要とされるのかについて考える際に，有益なヒントを与えることができれば幸いである。

● 引用・参考文献

眞柄秀子編 2010『デモクラシーとアカウンタビリティ——グローバル化する政治責任』風行社。

Bovens, Mark, Robert E. Goodin, and Thomas Schillemans, eds. 2014, *The Oxford Handbook of Public Accountability,* Oxford University Press.

## 第Ⅰ部
## 概念・理論の検討

### 第1章　アカウンタビリティ研究の現状と課題

第1章

# アカウンタビリティ研究の現状と課題

粕谷祐子・高橋百合子

## 1 アカウンタビリティ概念の再考

　「アカウンタビリティ」が近年の流行語となっている。非政府組織（NGO），政府，企業，国際機関，一般市民などさまざまなレベルで，また右派・左派の政治的立場を問わず使用されている。この用語は，政府，企業経営，教育，医療，そして国境を越えたガバナンスなどに関して，そのパフォーマンスを向上させると考えられており，現代を「アカウンタビリティの時代」と名づける論者さえ存在する（Fisher 2004）。

　政治学もその例外ではない。アカウンタビリティの重要性の認識が高まるとともに，この概念を扱う研究はここ数十年の間で急速に伸張している。アカウンタビリティの重要性は，民主的な政治における代表とガバナンスという2つの古典的問題を解決する手がかりとなりうる点に求められる。近代において発展した代表制民主主義では，市民の代表である政府をどのように効果的に市民がコントロールできるか，が常に課題となる。効果的なアカウンタビリティ・メカニズムの存在は，政府に正統性を与えるだけでなく，市民の選好に政治家の行動を近づけることを可能にする。またガバナンスに関しては，アカウンタビリティを確保することによって公共サービスの効率的かつ効果的な提供が可能になると考えられている[1]。

　とはいえ，アカウンタビリティは常に望ましい帰結をもたらすわけではない

ことも留意点として付け加えられるべきであろう。場合によっては，アカウンタビリティは望ましくない結果をもたらすこともある。たとえば，一般的に指摘される報告義務に伴う取引コストの増加に加え，研究者は以下のような負の側面を指摘する。すなわち，国家間交渉の際に代表がその立場を柔軟にできず交渉が決裂しやすいこと（Stasavage 2004; Naurin 2007），反対意見の表明の抑制（Meade and Stasavage 2008），全体として見た場合に市民のためにならない政策の選択（Fox, Justin 2007），などである。これらは重要な留意点ではあるものの，本章では，アカウンタビリティの利点はその負の側面を上回るという立場をとる。

　本章は，以下の3点をもってこの新興の研究分野に貢献しようとするものである。第1に，既存の研究を統合する形でアカウンタビリティ概念の明確な定義を提供する。現在のところアカウンタビリティという概念の定義に関して研究者間でのコンセンサスは存在していない。本章では，これまでに提示された主要な定義を検討し，この概念の語源と現実政治への適用にも配慮した定義をアカウンタビリティの構成要素を中心に提示する。第2に，アカウンタビリティを課す主体のさまざまなタイプを包括的に検討する。既存の研究では，複数存在する主体またはメカニズムのうち，1つに絞って扱うことが多いため，全体像の把握がおろそかになることが多かった。第3に，実証的なアカウンタビリティ研究の現状をふまえたうえで，今後の研究課題を指摘する。

　本章の構成は以下の通りである。第2節では，アカウンタビリティが政治学の研究課題として最近注目を浴びるようになった背景，およびこの研究分野の最近の特徴を説明する。第3節では，既存研究におけるアカウンタビリティの定義をその構成要素（応答性と制裁）から検討したうえで，本章独自の定義を述べる。第4節では，アカウンタビリティを課す主体について説明したうえで，第3節で検討した構成要素を組み合わせた形でアカウンタビリティ・メカニズムの包括的な概観を提供する。第5節は，今後求められる研究の方向性および課題について検討する。

## *2* 政治学におけるアカウンタビリティ研究の台頭

◆ 語源と歴史

　アカウンタビリティは，主に英語圏で使用されてきた言葉である。オックスフォード英語辞典によれば，この単語は1794年にバーモント州で出版された歴史書に登場する[2]。これより7年前のアメリカ憲法の批准にあたっての議論の際にフェデラリストと反フェデラリストとの間での議論において時々登場すると指摘する文献もあるが（Borowiak 2007: 1000, fn. 2），いずれの場合でも，英語圏でアカウンタビリティという語が一般的に使用されるようになったのは18世紀末と考えられる。その言語的起源はラテン語の accomptare にあり，これは，putare（数える）から派生し，「ともに」を意味する接頭辞付きの computare に起因している[3]。英語以外の言語では，これに相当する土着の用語がそもそも存在しないことが多い。ダブニックによれば，フランス語，イタリア語，ポルトガル語では「責任」に相当する用語がアカウンタビリティの代わりに使用されている（Dubnick 1998: 69）[4]。またオランダ語，デンマーク語，ドイツ語でアカウンタビリティとして使用されている翻訳語は，「信頼に値する行動をとる義務」という意味である（Bovens 2007: 5; Dubnick 1998: 70）。日本語においては片仮名でそのままアカウンタビリティと表記する場合と，翻訳語として「説明責任」「応責性」「応答性」などをあてる場合とがあるが，いずれも意味を把握しにくい用語となっている。

　歴史的には，アカウンタビリティの意味内容（これに関しては第3節で詳細に検討するが，おおまかには説明を求め制裁を与えること）を具現化した制度は，古代ギリシャの政治においてすでに見出すことができる。紀元前5世紀のアテネでは，政策執行者（magestrates）全員をその任期の終わりに公開審問する「執務審査（euthynai）」という制度を採用していた[5]。この制度のもとでは10人の検査官が精査を行い，その報告書は公開されたので市民が公職者の背任行為を糾弾できた。さらに時代を下った13, 14世紀のイギリスでは「閣僚責任制（ministerial responsibility）」が発展し，議会によって閣僚およびそのもとにある行政機関を弾劾できる制度が発達した（Seidman 2004/2005）。

第Ⅰ部　概念・理論の検討

**図 1-1　「アカウンタビリティ」という用語を含む学術論文・書籍の数**

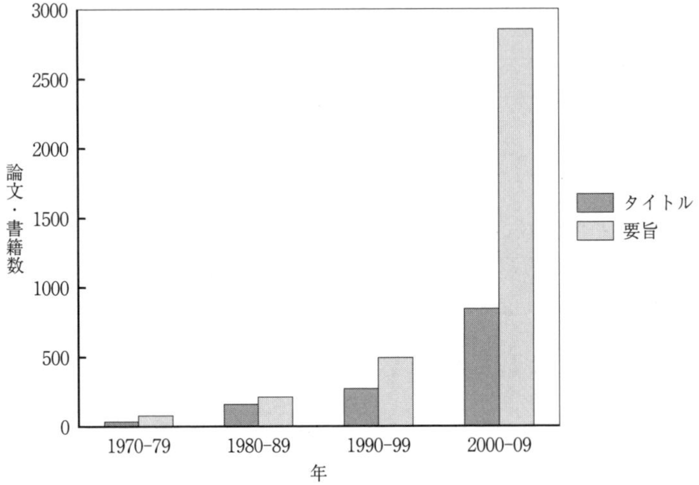

[出所]　筆者作成。

◆ アカウンタビリティ研究の隆盛とその背景

　ここ数十年の展開としては，さまざまな学問分野においてアカウンタビリティの問題に取り組む研究が急速に増加している。これらには，社会学（Scott and Lyman 1968），心理学（Tetlock 1985），行政学（Day and Klein 1987），保険医療（Emanuel and Emanuel 1996），教育学（Kogan 1986）などが含まれる。政治学における流行もその一環としてとらえることが可能である。図 1-1 は，「アカウンタビリティ」という語がタイトルおよび要旨に含まれる政治学の論文および書籍数の年代ごとの推移を示している[6]。1970 年代にはタイトルでは 34，要旨では 78 の本・論文でしか言及されていないが，2000 年から 2009 年までの期間ではタイトルで 845，要旨では 2856 に増加しており，アカウンタビリティに関する注目が近年急増していることがわかる。

　このような近年の政治学においてアカウンタビリティ研究が急増した背景として，以下の点が指摘できる。第 1 に，体制移行研究においてアカウンタビリティが重要な概念となった。1970 年代半ばから多くの国で民主化が進んだことで，民主化研究が隆盛したのは周知の通りである。その後，研究者の関心は徐々に，民主化から民主主義の質に移っていった（Diamond and Morlino 2005）。

この研究テーマにおいて,アカウンタビリティが重視されるようになった。たとえば移行研究で頻繁に引用されるシュミッターとカールの論文では,アカウンタビリティに焦点を当てて民主主義を定義している (Schmitter and Karl 1991)。彼らは,民主主義の手続きを重視するシュンペーターの有名な定義に代わり,以下の定義を提示する。[7]

> 近代民主主義とは,統治者が市民に対しアカウンタビリティを有し,選挙で選ばれた代表が競争と協調を介して市民を間接的に代表するガバナンスのシステムである。[8]

具体的には,アカウンタビリティに関連した2つの問題,すなわち代表とガバナンスの問題が民主主義の質に関する問題として浮上した。第1の懸念として,オドネルは,ラテンアメリカの新興民主主義諸国において代表性が失われている,すなわち,「委任型 (delegative)」民主主義が形成されつつある,と警鐘を鳴らした (O'Donnell 1994)。このタイプの民主主義では,執行府首長(大統領)がいったん選ばれると政党,議会,司法府といったアカウンタビリティの諸制度を無視して独裁的な統治を行う。このため,民主主義の諸制度は名目上存在していても市民の選好が代表されにくい状況を招いている。第2の懸念は,ガバナンスという,政府が効果的・効率的に公共サービスを提供できるかどうかの問題である。政治的な民主化を達成した後にも,多くの国では政府による汚職が慢性化し,経済成長がなかなか達成されなかった。アカウンタビリティは,こうしたガバナンス上の問題の解決策のひとつとして注目を集めるようになったのである (World Bank 1992)。このような経緯から,新興民主主義諸国に関する研究の多くがアカウンタビリティの確保が中心課題であると指摘している (Przeworski et al. 1999; Schedler et al. 1999; Mainwaring and Welna 2003; Fox, Jonathan 2007b)。

第2に,アカウンタビリティは,国際的な政策コミュニティ,中でも国際開発と欧州連合(EU)ガバナンスとに関連するコミュニティからの注目を集めるようになった。国際開発コミュニティに関しては,世界銀行が,市場志向型の開発戦略が失敗したという認識から,1992年の年次報告書でアカウンタビリティの問題をとりあげて本格的な取り組みを開始した (World Bank 1992)。[9]また経済協力開発機構(OECD)は2005年に,国際援助の新しい政策方向性と

して,「相互アカウンタビリティ」と名づけられた援助国と被援助国が相互に責任を負って援助効果の向上をめざすことを目的とした「パリ宣言」を表明した。[10] EUに関しては,その権限と地理的範囲拡大に伴って1990年代後半からアカウンタビリティが争点として浮上し,2001年に発行された『EUガバナンス白書』においてアカウンタビリティがグッド・ガバナンスの基本理念のひとつとして正式に含まれるようになった。[11] このような展開が政治学者にとってアカウンタビリティ研究に取り組むインセンティブになったと言えよう。

第3は,政治学におけるプリンシパル・エージェント・モデルの流行である。[12] もともとは経営学において発展したこの分析枠組みでは,プリンシパル(本人)がエージェント(代理人)に権限を委譲する一方で,エージェントはプリンシパルに対しアカウンタビリティを有すると位置づけられる。この分析視角を政治学に応用し,有権者と政治家の関係(Besley 2006; Fearon 1999),政党内でのリーダーと党員の関係(Kiewiet and McCubbins 1991; Strom et al. 2006),政治家と官僚の関係(Huber and Shipan 2002),国際機関およびその加盟国の関係(Hawkins et al. 2006)などがこのモデルに則って分析されるようになった。

◆ **分析射程の拡大**

これら3つの展開によって,政治学におけるアカウンタビリティ研究はいくつかの側面で分析の射程を拡大するに至っている。第1に,アカウンタビリティの主体の増加である。伝統的なアカウンタビリティ研究では,アメリカにおいては有権者と政治家の間での選挙を通じての関係を,またイギリスでは議会に対する内閣のアカウンタビリティを意味することが多かった。最近の研究では,第4節で詳細に議論するように,政府内の諸機関(Mainwaring and Welna 2003; Schedler et al. 1999),NGO,マスメディア(Peruzzotti and Smulovitz 2006b),世論(Odugbemi and Lee 2011)などの新しい主体を含むようになっている。

第2に,アカウンタビリティ概念は伝統的には民主主義に関するものとされてきたが,最近では権威主義体制におけるアカウンタビリティの問題を検討する研究が増加している。その先駆的な研究が,ソ連の体制崩壊を分析したローダーである(Roeder 1993)。ソ連においては大衆に対するアカウンタビリティはほとんどなかったものの,「相互アカウンタビリティ」と彼が呼ぶ,国家エ

第1章　アカウンタビリティ研究の現状と課題

リートと官僚・党員との間でのアカウンタビリティ関係が存在していたとローダーは主張する[13]。また中国の地方自治を研究したツァイは，アカウンタビリティの制度が公式には存在しないか，あるいは存在しても脆弱な場合でも，村落レベルの紐帯関係が包括的に形成されている場合には，これがアカウンタビリティ・メカニズムとして機能するため公共サービスの提供が達成される，とする（Tsai 2007）。中国とベトナムを比較したアブラミらの論文では，両国における党内，国家機構内でのアカウンタビリティ・メカニズムのあり方の違いが，中国での所得格差の急速な増大，ベトナムにおける格差拡大の阻止に影響していると主張する（Abrami et al. 2008）。

　第3に，アカウンタビリティは伝統的には国内政治の問題であったが，最近の研究は国際的なレベルに分析範囲を拡張している。国際政治学者のコヘインは，2001年アメリカ政治学会の会長演説において，アカウンタビリティを行使できる機関をグローバルなレベルで形成するための研究が必要であると促した（Keohane 2001）。この呼びかけに応じる形で，国際機関，NGO，多国籍企業などを対象としたグローバル・ガバナンスでのアカウンタビリティのあり方に関する研究が多くなされるようになった（たとえば，Woods and Narlikar 2001; Grant and Keohane 2005; Hawkins et al. 2006; Koenig-Archibugi 2010）。

　これまで見てきた最近の研究状況は，アカウンタビリティという概念の長所・短所の両方を如実に示している。長所としては，アカウンタビリティは民主主義体制と権威主義体制，国内政治と国際政治，または世界各国での国内の政治制度の違いなどを凌駕し，政治を包括的・体系的に検討する枠組みとして利用しうる。その一方で，アカウンタビリティの汎用性は，サルトーリが警鐘を鳴らした「概念の拡張（concept stretching）」に陥りかねない（Sartori 1970）。すなわち，本来概念には含まれない要素も含めた形で使用されがちである。これは，アカウンタビリティ概念を研究した者の多くが「善意に満ちてはいるがごみ箱（のように雑多なものが含まれる）」（Bovens 2005: 184），「カメレオンのようである」（Sinclair 1995），「常に拡散を続ける」（Mulgan 2000）といったように形容していることからもうかがえる。メインウォリングが言うように，アカウンタビリティはその定義をめぐって「合意形成にはほど遠い」状況にある概念なのである（Mainwaring 2003: 6）。

このような研究状況において，アカウンタビリティをそうでないものとどのように客観的に区別して定義するか，が重要な問題となってくる。次節では，この問題を検討する。

## 3 アカウンタビリティの構成要素

### ◆「応答性」と「制裁」

アカウンタビリティ概念の構成要素を検討するにあたり，その準備としていくつかの点を確認しておきたい。第1に，ここでは政治的メカニズムとしてのアカウンタビリティに注目しており，理念としてのアカウンタビリティは検討の対象ではない。ボベンズが指摘するように，アカウンタビリティはメカニズムを指す概念として使用される場合と理念として使用される場合との2通りがある（Bovens 2010）。メカニズムとしてのアカウンタビリティは，その構成要素を満たすアクター間の関係，制度，組織を指す。理念としては，行動基準やあるべき状況を対象とし，演説や公式文書などにおいて修辞的に使用されることが多い。本章は前者を検討対象としている。第2に，本章ではアカウンタビリティ関係を形成する主体を「アカウンタビリティを課する主体（holder）」と「アカウンタビリティを課せられる主体（holdee）」と呼ぶことにする。[14] これはプリンシパル・エージェント・モデルにおけるプリンシパルとエージェントにほぼ相当するが，両者の関係は必ずしもプリンシパル・エージェント関係を形成していないこともあるため，ここではこのような呼び方を採用する。たとえば，一般的にアカウンタビリティを課す主体のひとつとして考えられているオンブズマンは，それが監査をする機関（アカウンタビリティの対象となる主体）のプリンシパルとは言えない。すなわち，オンブズマンは政府機関に権限を委譲した主体ではないのである。[15]

アカウンタビリティを定義するにあたって，ここではアカウンタビリティを課せられる側と課する側との関係を形成する構成要素に注目する。そのような要素がない関係の場合には，アカウンタビリティ関係がないという判断ができるのがその大きなメリットである。この点に関し，既存の主なアカウンタビリティ研究は応答性（answerability）と制裁（sanction）の2つを，その組み合わ

表 1-1　アカウンタビリティの構成要素

| 応答性 | 制裁 | 先行研究 |
| --- | --- | --- |
| 言及なし | 有 | Fearon 1999; Manin et al. 1999; Besly 2006 |
| 有 | 無 | Philp 2009 |
| どちらか一方，または両方 | | Schedler 1999; Fox, Jonathan 2007a; Goetz and Jenkins 2005 |
| 有 | 有 | Lindberg 2009; Moreno et al. 2003; Mulgan 2000 |

［出所］　筆者作成。

せはさまざまながら構成要素として挙げている。応答性とは，アカウンタビリティを課せられる主体がその決定およびその背景にある理由を報告する義務を指す。アカウンタビリティを課する主体は，そのような情報や説明を要求する権利を有する（Schedler 1999: 14-15）。制裁とは，アカウンタビリティを課せられる主体の優れた行為に報い，また悪い行為には罰を与えることを指す。雇用，再雇用，昇進，昇給などは前者の，また解雇，降格，給与削減，罰金などは後者の例である。これらは，公式な制裁の例であるが，研究者によっては非公式な制裁の例，たとえば評判の損失などを含める場合もある（Bovens 2007）。しかしながら本章では，概念を客観的に判別できるようにするために，公式な（制度的に規定された）制裁のみを対象とする。

　研究者間でいまだに論争の的となっているのは，これら2つの構成要素の関係についてである。たとえば，一部の研究では制裁のみを構成要素とし，別の研究では両方ともが必要であるとする。表1-1はそのような違いをまとめたものである。

### ◆ 既存研究における定義

　プリンシパル・エージェント・モデルの観点からアカウンタビリティを考える研究者にとっては，制裁のみがアカウンタビリティの構成要素となる。応答性は，制裁が機能するために必要な前提条件であると考えられるが，この点については明確に言及されないことがほとんどである。フィアロンは，このような観点に基づいた次のような定義を提供している（Fearon 1999: 55）。

　　以下の2つの条件が満たされた場合，AはBに対してアカウンタビリティを有す

ると言う。第1に，AはBを代表して行動する義務を持つ。第2に，Bは，公式な制度または非公式なルールによりAのBを代表する行為に対して賞罰を与えることができる。

この定義の基本的な前提は，エージェントに対する報酬と引き換えにプリンシパルがエージェントへ権限を委譲するという意味で，アクター間でプリンシパル・エージェント関係があることを想定している点である。エージェントは，プリンシパルの要求を満たしていない場合には罰が与えられ，逆の場合には報酬を得る。この見方を採用する研究では，有権者をプリンシパル，政治家をエージェントととらえて選挙政治を分析する場合が多い。ここでは応答性は明確には排除されていないが，重要な点は，制裁なしにはアカウンタビリティ関係が成立しない，という点である。

これに対しフィルプは，アカウンタビリティをプリンシパル・エージェント関係としてとらえることに反対している（Philp 2009）。彼はアカウンタビリティ概念の中核は応答性であり，制裁は必要条件ではなく「偶発的な条件（contingent condition）」（同上：30）でしかないと主張する。ここでは，アカウンタビリティは必ずしもプリンシパルとその利益に奉仕するエージェントとの間の関係を対象としていない。その事例として教師が挙げられる。教師は生徒の利益に奉仕する存在であるが，生徒は彼らのプリンシパルではない。彼によるアカウンタビリティの定義は，以下のようなものである（同上：32）。

　　ある個人・組織としてのYが，AのMに対する行為に対して報告，説明，正当化を要求できる場合，AはMに対してアカウンタビリティを有する。

アカウンタビリティの定義の3つ目のタイプは，応答性と制裁のいずれかを満たす場合，あるいはその両方を満たす場合，いずれにおいてもアカウンタビリティの関係が存在するとみなす。この立場の有名な定義が以下のシェドラーによるものである（Schedler 1999: 17）。

　　AがBに対してその過去または将来のAの行為や決定を報告する義務があり，また背信行為があったときに処罰される場合，AはBに対してアカウンタビリティを有する。

シェドラーは応答性と制裁からなる2次元の概念としてアカウンタビリティ

をとらえ，どちらかの要素が欠けていてもなおその概念は成立する，という立場をとる。ジョナサン・フォックスもまた，応答性と制裁はそれぞれ独立してアカウンタビリティを構成できるとし，前者をソフト・アカウンタビリティ，後者をハード・アカウンタビリティと呼んでいる（Fox, Jonathan 2007a: 668-669）。

第4のタイプは，応答性と制裁の両方を必要な構成要素とする。リンドバーグによる以下の定義がその例である（Lindberg 2009: 8）。

1 説明義務を持つ個人または機関が存在する（これをAと呼ぶ）。
2 アカウンタビリティを果たすべき領域が存在する（この領域をDと呼ぶ）。
3 Aが説明を行うべき個人または機関が存在する（これをPと呼ぶ）。
4 PはAに対し，Dに関する決定についての説明，正当化，報告を求める権利を有する。
5 AがDに関する決定についての説明，正当化，報告を怠った場合，PはAに対して制裁を加える権利を持つ。

フィアロンの定義と同様に，この定義はプリンシパル・エージェント関係が存在しているという前提に立っているが，狭義のプリンシパル・エージェント・モデルの定義とは異なり，応答性を制裁とあわせて必要な要素であるとしている。このようなアカウンタビリティの定義を採用する場合，分析対象には有権者・政治家の関係だけでなく，官僚機構内部や国家機構間の関係をも含むことが多い。

◆ **既存研究における定義が抱える課題**

ここまで見てきたように，2つの構成要素の組み合わせ方によって4つの異なるアカウンタビリティの定義が可能である。この分裂した状況にどう対応すればよいのであろうか。より本質的な問題として，どのようにすればある程度明確な方法で，アカウンタビリティ・メカニズムをそうでないものと区別することができるのであろうか。先に述べた既存研究においては，解決されるべき論点が少なくとも2つある。

第1の論点は，応答性を構成要素に含めるかどうかに関する意見の対立である。プリンシパル・エージェント・モデルを採用する場合，応答性は否定しないがその重要性は言及されず，制裁のみをアカウンタビリティの構成要素とし

ている(たとえば Fearon 1999)。本章の立場は,以下の2つの理由から応答性はアカウンタビリティの構成要素に含まれるべきであるとするものである。まず,アカウンタビリティの語源は「説明する」であり,応答性を排除することはこの概念の本質を見失うことになる。また,現実世界でのアカウンタビリティの用法において,応答性のみを持つ機関がアカウンタビリティを行使する機関として考えられている点が挙げられる。その例がオンブズマン(Gregory and Giddings 2000)や真相究明委員会(truth commission; Rotberg and Thompson 2000)である。これらの機関は各種政府機関に対して説明を求めることができるが,制裁は加えられない形で設定されることがほとんどである。このような理由から,応答性はアカウンタビリティ概念の必要不可欠な構成要素と言える。

　第2の論点は,制裁の扱い方である。フィリプの定義では,制裁は構成要素に含まれない。そのほかの定義では,制裁のみでアカウンタビリティ関係が成立する場合もあれば(Fearon 1999),あってもなくてもどちらでもよいとする場合(Schedler 1999),応答性と常にあわせて存在すべきである場合(Lindberg 2009)とさまざまである。この点に関して本章は,制裁のみではアカウンタビリティ関係が成立せず,またこれはあってもなくてもよい条件であるという立場をとる。たとえば,選挙は制裁が最もよく引き合いに出される例である。投票行為そのものを対象にする場合,制裁のみを構成要素としたアカウンタビリティのメカニズムと言えるだろう。しかし,選挙と選挙の間でのマスメディアによる監視や選挙運動などの選挙の過程全般を考えた場合,応答性は選挙の欠かせない一部分である。実際に選挙をアカウンタビリティ・メカニズムの一例として研究する場合,選挙と選挙の間の時期をあわせてモデル化することが多い(Besly 2006)。これは言い換えると,制裁のみをもってアカウンタビリティととらえる研究において,応答性は構成要素の一部として暗黙のうちに前提とされていると言える。選挙に加え,インドネシアのスハルト大統領が街頭デモによって辞任に追い込まれたことをもってシェドラーは制裁のみを構成要素とするアカウンタビリティの事例として挙げている(Schedler 1999: 18)。彼の指摘する,反スハルト運動はスハルトから何らの説明を要求することなく,ただ辞任のみを求めていたという点は妥当であるが,この事例は制度化されたメカニズムではなく,単発的なイベントである。したがってこの事例は,制度化さ

れたメカニズムというアカウンタビリティの分析対象範囲の条件を満たしていない。要するに，アカウンタビリティは応答性なしには存在せず，制裁はあってもなくてもよい構成要素であるというのが本章の主張である。

◆ **本章における定義**

これまでの議論をふまえ，本章ではアカウンタビリティを以下のように定義する。

> Aは，Bに対してその過去または将来の活動について説明をする義務があるとき，Bに対してアカウンタビリティを有する。加えて，Bはポジティブまたはネガティブな制裁をAに対して科すこともできる。

ここでの「義務がある」とは，2つの状況を指している。第1は，AがBに対してその活動を報告することを制度的に決められている場合である。たとえば，政府機関が市民に対して報告する義務があることを規定する情報公開法がこの例である。第2に，Aにとって，説明することが社会的に適切であるとみなされている場合である。たとえば選挙にあたって政治家がその活動を有権者に報告する義務は法的には定められてはいないが，社会的・慣例的にそうすることは政治家の義務とみなされている。

また，本章におけるアカウンタビリティは「根源的な概念（radical concept）」と言うことができる。[17] ここでは応答性が根源的な構成要素，すなわち必要条件であり，制裁は存在してもしなくてもよい二次的な要素である。これは応答性のみに特化してアカウンタビリティをとらえようとするフィリプの概念化に類似しているが，彼の定義では制裁をどのようにとらえるのかを明確に示していない。さらに本章の定義では，シェドラーが行ったようにアカウンタビリティを2次元からなる概念と考えるのではなく，1次元でとらえている。というのも，ここでは制裁を必要条件ととらえていないからである。また，応答性のみの場合をソフト・アカウンタビリティ，応答性と制裁の両方がある場合をハード・アカウンタビリティと呼ぶことにする。[18] 表1-2において，このような両者の関係を示した。

これまで議論してきたようにアカウンタビリティという概念をとらえると，実証分析においては以下のような使用方法を提案できる。第1は，アカウンタ

第Ⅰ部　概念・理論の検討

表1-2　一次元でとらえたアカウンタビリティ概念

|  | 構成要素 | |
| --- | --- | --- |
|  | 応答性 | 制裁 |
| ソフト・アカウンタビリティ | 有 | 無 |
| ハード・アカウンタビリティ | 有 | 有 |

［出所］　筆者作成。

ビリティ関係が存在するかしないかのどちらかで考える，2分法的な使用方法である。この場合，応答性または応答性と制裁の両方の要素が備わっている関係であれば，AとBの間にはアカウンタビリティ関係が成立しているとみなすことができる。第2は，アカウンタビリティを程度の問題としてとらえ，より高い，より低い，などと連続的な変化をする分析概念として使用する方法である。この場合，アカウンタビリティを課す主体が応答性と制裁という構成要素において，より多くをコントロールしていれば，アカウンタビリティの程度がより高いととらえることができる。しかしながら，一国の政治過程全体で見たアカウンタビリティの「総合指数」を作成することは，あまり生産的ではないと考えられる。なぜなら，一国単位の政治過程ではこの概念が非常に多くの側面を含むため，妥当性のある測定が困難だと予測されるからである。アカウンタビリティの程度を測定するにあたっては，おそらく，より特化された側面を対象にして測定するほうが知見の蓄積につながるのではないだろうか。

## 4　アカウンタビリティを課する主体

### ◆ 主体の種類

　先述の通り，アカウンタビリティを課する主体は，業績評価投票を通じて政治家の進退を左右することによって，政治家の行動をコントロールする有権者にとどまらない。近年のアカウンタビリティ研究においては，こうした「選挙アカウンタビリティ」を行使する有権者以外にも，多様なアカウンタビリティを課す主体が果たす役割への関心が高まりつつある[19]。本書は，有権者を含め，4つのアカウンタビリティを課する主体があり，それぞれが異なる種類のアカウンタビリティと結び付くと考える。それらは，1. 有権者（選挙アカウンタビ

第1章　アカウンタビリティ研究の現状と課題

**表1-3　アカウンタビリティの構成要素・主体・メカニズム**

| | | アカウンタビリティを課す主体 | | | |
|---|---|---|---|---|---|
| | | 有権者 | 国家内機関 | 非国家組織 | 国際アクター |
| アカウンタビリティの構成要素 | 応答性＋制裁（ハード・アカウンタビリティ） | 選挙 | 政治家による官僚のコントロール 政府間における相互監視 独立した監視機関による監視 | 参加型予算 | 援助供与に対するコンディショナリティ |
| | 応答性（ソフト・アカウンタビリティ） | | 真相究明委員会，（国家から任命された）オンブズマンによる監視 | NGO，市民評議会，オンブズマン，マスメディア，社会運動による社会的監査や抗議 | 情報公開やアカウンタビリティを高める改革圧力 国際NGOによる監視 |

［出所］　筆者作成。

リティを課する主体)，2．非国家組織（社会アカウンタビリティを課する主体)，3．国家内機関（水平的アカウンタビリティを課する主体)，4．国際アクター（国際的アカウンタビリティを課する主体）である。前節で論じたように，各主体は，アカウンタビリティの構成要素（ソフト・アカウンタビリティ，ハード・アカウンタビリティ）のタイプによって，さらに細分化される。

　詳細は後述するが，まず，国家内機関（intra-state organizations）とは，「水平的アカウンタビリティ」のメカニズムを発動する主体と考えられる。この概念を提唱したオドネルによると，「水平的アカウンタビリティ」とは，「他の主体による，違法とみなされる行動に対して，監視から法的制裁に至る行動をとる権限を正式に与えられた，国家機関の存在」と定義される（O'Donnell 1999: 38)[20]。このアカウンタビリティ・メカニズムの主体には，独立した監視機関（oversight agencies)，議会による行政府の監視（legislative oversight)，司法審査（judicial review)，真相究明委員会，（国家により任命された）オンブズマンなどが含まれる。

　さらに，NGOなどの市民社会組織やマスメディアなどの非国家組織（社会アクター）なども，アカウンタビリティを課する主体と考えられる。伝統的なアカウンタビリティ研究においては，選挙や国家内機関のチェック・アンド・バランスに焦点が絞られてきたが，近年，非国家組織が政府のアカウンタビリ

31

第Ⅰ部　概念・理論の検討

図1-2　4つのアカウンタビリティ・メカニズム

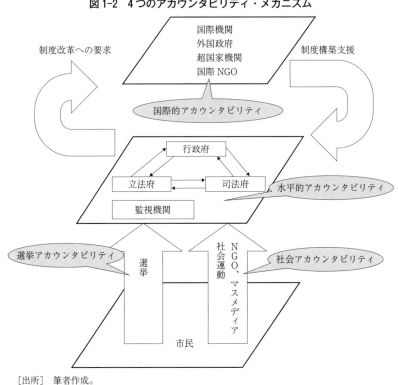

[出所]　筆者作成。

ティ向上に向けて果たす役割への関心が高まりつつある。これは「社会アカウンタビリティ」と呼ばれる（Smulovitz and Peruzzotti 2000, 2003; Peruzzotti and Smulovitz 2006a）。これらの主体は，NGO，市民評議会（citizens' council），独立系オンブズマン，マスメディア，社会運動，参加型予算などを含む。

　また，国際アクターは，国境をまたいでアカウンタビリティを要求する。ここでは，越境的に課されるアカウンタビリティを，「国際的アカウンタビリティ」と呼ぶこととする。外国政府，EUなどの超国家機関，国際機関などが，このメカニズムを発動する主体である。この「国際的アカウンタビリティ」を醸成するメカニズムは，双方向的であると理解される。たとえば，これらの国際アクターは，国内政治に介入し，援助コンディショナリティ（条件）の遂行

第1章　アカウンタビリティ研究の現状と課題

やアカウンタビリティの向上を要求することがある。他方，ある国の政府や市民社会が，国際機関のアカウンタビリティ向上を要求して，圧力をかけることもありうる。

　各主体の種類，構成要素，およびアカウンタビリティ生成のメカニズムがどのように概念化されるのかを，表1-3にまとめた。また，各主体がどのようにアカウンタビリティ・メカニズムを課するのかは，図1-2に示されている。次項以降で，各主体がどのようにアカウンタビリティ・メカニズムを課すのかについて，詳細に説明する。

#### ◆ 選挙アカウンタビリティを課する主体としての有権者

　これまでの研究では，選挙は，政府のアカウンタビリティを生成する主要なメカニズムとして考えられてきた（Powell 2000）。有権者は，選挙時に，好ましい政策実績をあげた政治家の労に報い，そうでない政治家を罰することによって，アカウンタビリティを要求することができる。言い換えると，こうした議論は，業績評価投票（retrospective voting）を前提としている。選挙での勝利をめざす政治家は再選をめざすことから，有権者の選好に対してより応答的となる。なぜなら，有権者は，政治家が在職中に見せる業績を評価の拠り所として，現職政治家を再選させるかどうかを判断するからである（Downs 1957; Fiorina 1981; Key 1966）。現職政治家の業績を判断するためには，投票者は十分な情報を持つ必要がある。政党間競争が激しくなると，投票者と野党政治家は，現職政治家の再選（政治的生命存続）にとっての有効な脅威（a credible threat）となることから，競争的な選挙はアカウンタビリティを高めると予想される。すなわち，競争的選挙は，「野党の利益が代表され，また行政府の権力を監視するために，野党が政府を監視する制度化された機会（Beer 2003: 21）」を創出する。こうした利益代表機会の拡大によって，野党は，政府活動・政策に関するより正確な情報を得ることが可能になり，そうした情報を有権者に広める（Manin et al. 1999: 48）。言い換えると，選挙が競争的であると，野党は現政権の活動を積極的に監視したり，政府活動の情報提供を活発に行ったりするようになる。その結果，政治家と有権者の間に介在する情報の非対称性が克服されることが期待される。すなわち，競争的選挙を通じて，有権者は，自らが選んだ

政治家をより応答的にする能力を高めるのである。

　しかしながら，先行研究では，選挙アカウンタビリティの次のような問題点が指摘されている。第1に，選挙は，一定の期間ごとに行われるため，選挙が行われない時期に，有権者が政治家の行動をコントロールする手段を提供しない（Smulovitz and Peruzzotti 2000）。第2に，前述のように，競争的選挙においては，政治家と有権者との間に介在する，情報の非対称性の問題が常に備わっている（Cheibub and Przeworski 1999; Manin et al. 1999）。第3に，政治制度の複雑さは，政府活動の責任の所在をわかりにくくすることから，有権者の業績評価投票によって実現される選挙アカウンタビリティを制限してしまう（Powell and Whitten 1993）。具体的には，少数派政権，連立政権，分割政府などの場合，誰が政策に責任を負うのかが曖昧になりがちで，反現職投票（anti-incumbent voting）の効果が減少する（Anderson 2007）。言い換えると，選挙アカウンタビリティの効果は，そのメカニズムが機能する固有の政治的文脈に依存するのである。

　こうした選挙アカウンタビリティに内在する問題点は，民主制度が未発達で，民主代表制の原理が先進民主主義諸国に比べて浸透していない新興民主主義諸国において，より顕著である。特に，新興民主主義諸国に特徴的な社会経済的不平等は，選挙アカウンタビリティと民主代表制を損なうことが予想される。ラテンアメリカとアフリカがその典型だと言える。これらの地域では，民主化によって促進された政治的包摂（political inclusion）（普通選挙権の確立）が深刻な社会的排除（social exclusion）と共存している（Karl 2003）。慢性的な不平等と貧困は，域内人口の大多数を占める，貧困層の利益実現のために，政治家が真剣に取り組んでこなかったことを意味している。たとえば，税制と公的支出は，貧困層を犠牲にして，富裕層・中間層を優遇する逆進的なものである。このことは，選挙が多数派の要求を政策に反映してこなかったことを示す（同上）。こうした民主代表制の欠陥は，次のように説明される。貧困は低レベルの教育につながると仮定すると，貧困な状況にある有権者は，投票行動を決める際に必要な情報を処理する能力に欠けると考えられる。したがって，こうした有権者は，現政権の実績を適切に評価することが困難で，自らに不利な政策を実行した政治家を罰することができないのである。

第1章　アカウンタビリティ研究の現状と課題

　こうした歪んだ利益代表構造と脆弱な選挙アカウンタビリティが存在する状況では，選挙以外の方法で市民を動員する方法（抗議行動，マスメディアによる監視，デモなど）が，有効かつ補助的な利益代表メカニズムとして機能する。選挙アカウンタビリティのメカニズムは，確かに政治家を市民の利益に対して応答的にする主要な手段ではあるが，非国家組織（社会アクター）は，選挙以外にも，別のタイプの垂直的アカウンタビリティ，すなわち社会アカウンタビリティを課す。すなわちこれらのアクターは，政治家に対して選挙以外の方法で社会的な圧力をかけることによって，政治家の行動をコントロールするのである。

◆ **水平的アカウンタビリティを課する主体としての国家内機関**

　国家の領域に存在するさまざまな機関もお互いに監視することを通じてアカウンタビリティを確保し，水平的アカウンタビリティを生成する。水平的アカウンタビリティの研究は，選挙アカウンタビリティと並んで，従来のアカウンタビリティ研究の中核をなすものであった。また，既存の研究は，異なる機関同士の関係に着目し，それらの間でどのようにアカウンタビリティが生成されるのかを個別に検討してきた。メインウォリングは，別々に発展してきたこれらの研究を整理し，この水平的アカウンタビリティを課する国家内機関の間に見られる関係を3つのタイプに分類した（Mainwaring 2003: 20）[21]。以下，このメインウォリングの分類に従って，それぞれのタイプについて詳しく述べる。

　第1のタイプは，プリンシパル・エージェント関係である。すなわち，「プリンシパルがエージェントにいくつかの機能を果たすことを委任し，エージェントを究極的にコントロールする権限を有する（同上）」関係において，アカウンタビリティが生成されると考える。プリンシパル・エージェント関係の主な焦点は，選挙で選ばれた政治家（アカウンタビリティを課する主体）による官僚（アカウンタビリティを課せられる主体）のコントロールであり，主としてアメリカの事例について盛んに研究されてきた[22]。第2のタイプは，政府間関係（inter-branch relationship）であり，これは，行政府・立法府・司法府と政府内の異なるアクターの間において，チェック・アンド・バランスの機能が働くことによって，水平的にアカウンタビリティが生成されると考える。この政府間

における相互監視については，主として大統領制をしく国について，広範に研究されてきた。たとえば，議会は不正行為を働いた大統領の罷免を要求し，特別調査委員会を設置することができる一方で（Baumgartner and Kada 2003; Pérez-Liñán 2007)，大統領は，議会提出法案に対して拒否権を行使することができる（Cameron 2000)。また，司法府は，議員や大統領の行動に対して違憲立法審査権を持ち，公的立場にある者の不正行為について最終的な制裁力を行使することができる（Epstein and Knight 1998)[23]。さらに，中央政府と地方政府との間にも，同様の関係が見られる。たとえば，政策の分権化をめぐる交渉において，連邦制のように中央政府と地方政府の独立性が高い場合，両レベルの政府間にチェック・アンド・バランス機能が働き，アカウンタビリティが高まると考えられる（Fox, Jonathan 2007b: 38-40)[24]。第3のタイプはアカウンタビリティを課する主体である独立した国家内監視機関と，監視の対象となる国家アクターとの関係に着目する。これらの機関が，監視対象となる国家アクターからどれだけ法的および実際に独立しているかが，水平的アカウンタビリティの程度を規定すると考えられる。

　本章で提示される用語を用いると，第1と第2のタイプは，応答性とフォーマルな制裁を持つ，ハード・アカウンタビリティに分類される。他方，第3のタイプは，ハード・アカウンタビリティと，ソフト・アカウンタビリティとに，さらに分類が可能である。すなわち，監視機関には，会計検査院，選挙管理機関，汚職対策機関，（国家から任命された）オンブズマン，真相究明委員会などが含まれる。通常，会計検査院・選挙管理機関・汚職対策機関は，役人の不正行為に対して制裁権限を持つ。しかし，オンブズマンや真相究明委員会は，役人による人権侵害などの違法行為を調査するにとどまる。したがって，前者3機関がハード・アカウンタビリティを課する一方で，後者2機関はソフト・アカウンタビリティを課する主体であると言える。

　政治家による官僚のコントロール（第1のタイプ）と政府間関係（第2のタイプ）の研究蓄積は豊富であるが，監視機関による国家内アカウンタビリティのメカニズム（第3のタイプ）はあまり研究されてこなかった。その中で，シェドラーらによる先駆的な業績は，特筆に値する（Schedler et al. 1999)[25]。独立した監視機関には，選挙管理機関，司法組織，汚職対策機関，中央銀行などが含ま

れるが，これらは公的地位を有することを考えると，なぜ国家（公的）アクターは，自らの行動を他の国家アクターによってコントロールされることをあえて受け入れるのか，という疑問が生ずる。シェドラーらは，国家がいかにしてこのような「自己抑制（self-restraints）」を課するに至ったのか，という問いに対して，詳細な事例研究に基づき分析している。しかし，選挙管理機関の起源や機能についての研究は，ほんのわずかである（Ackerman 2007; Eisenstadt 2004; Hartlyn et al. 2008）。会計監査についての研究は，さらに限られている（Ackerman 2007; Melo et al. 2009; Santiso 2009）。オンブズマンについても同様である[26]。したがって，多様な監視機関の機能を考察し，それらの制度的発展を導く条件を解明することは，今後の重要な研究課題である。

◆ **社会アカウンタビリティを課する主体としての非国家組織**

これまで，アカウンタビリティ研究においては，選挙や国家内機関のチェック・アンド・バランスが主要な関心事項であったが，近年，非国家機関あるいは社会のさまざまなアクターによる，政府のアカウンタビリティ向上に向けた活動への注目が高まりつつある（Fox, Jonathan 2007b; Peruzzotti and Smulovitz 2006a; Smulovitz and Peruzzotti 2000, 2003）。この関心の高まりの背景には，権威主義体制から民主主義体制への移行を果たした国々において，民主主義を定着させるためには，市民社会の発展が重要であるという認識の広まりがある[27]。

ダイアモンドによると，市民社会とは「開放的，自発的，自己生成的，少なくとも部分的に自立的，国家から自律的，法的秩序または共有されたルールによって境界を定められた，組織化された社会生活の領域」（Diamond 1999: 221）と定義される。民主化によって政治的空間が大衆層にも開かれると，この組織化された市民社会のさまざまなアクターは，国家アクターによる権力の濫用を監視，抑制する動機を持ち，政治家の市民に対するアカウンタビリティを高める活動を活発化させることが期待される。こうした非国家組織あるいは社会アクターによる，政府のアカウンタビリティを高めるための社会的圧力は，社会アカウンタビリティと呼ばれる。

より詳しく述べると，スムロヴィッツとペルソッティは，社会アカウンタビリティを，「市民による組織や運動など，多様な形態を通した活動，そしてメ

第I部 概念・理論の検討

ディアにより発動される，選挙によらないが垂直的に政府をコントロールするメカニズムである。これは，政府の不正を暴いたり，新たな問題を公的に争点化したり，水平的アカウンタビリティを活発化させたりする」と定義する (Smulovitz and Peruzzotti 2000: 150)。[28] 具体的には，社会アカウンタビリティを行使する主体には，マスメディア，社会運動，NGO などの市民社会団体が含まれる。詳しく後述するように，これらの主体は，参加型予算，社会的監査，市民評議会，オンブズマン，マスメディアなどの多様なメカニズムを通して，政府のアカウンタビリティを高めることを試みる。

　筆者が知る限り，スムロヴィッツとペルソッティが Journal of Democracy に 2000 年に発表した論文で，初めて「社会アカウンタビリティ」という用語が定義され，その後の研究で広く用いられることとなった。同分野の研究の発展において，スムロヴィッツとペルソッティによる先駆的業績の影響が大きいことから，本項の議論は，両著者による研究（Smulovitz and Peruzzotti 2000, 2003, Peruzzotti and Smulovitz 2006b）に依拠するところが大きい点を断っておく。

　この社会アカウンタビリティのメカニズムは，選挙アカウンタビリティと比べて次のような利点を持つ。第 1 に，これらのメカニズムは，「あらかじめ決められた日程」に拘束されず，「選挙と選挙の間の期間」にも政府が市民に対してアカウンタビリティを高めるように圧力を掛けることができる（Smulovitz and Peruzzotti 2000: 15）。第 2 に，公式の監視制度と比較すると，社会メカニズムは，多数決原理や憲法によってその存在が規定されているわけではないので，必要なときに臨機応変に発動することができる（Smulovitz and Peruzzotti 2003: 310）。頻繁に援用されるマックビンスとシュワーツによるアナロジー（類比）を借用すると，公的な監視は警察による巡視（police patrol）に，他方，社会アカウンタビリティは火災報知器（fire alarm）に例えられる（McCubbins and Schwartz 1984）。[29]

　スムロヴィッツとペルソッティは，社会アカウンタビリティの主要な機能を，次の 4 点にまとめている。それらは，(a)「不正行為の摘発と非難」，(b)「現職に対する象徴的な制裁」，(c)「水平的メカニズムの活性化」，および (d)「社会的監視機関（'Societal Watchdog' Organizations）」である（Smulovitz and Peruzzotti 2003: 311-314）。これらの活動は，社会運動，NGO，オンブズマン，

マスメディアなどの主体によって担われる（Smulovitz and Peruzzotti 2000: 153）。本章での用語を用いると，これらは，応答性は有するが，通常は法的制裁を伴わないソフト・アカウンタビリティに分類される（表1-3）。

具体的には，社会運動とマスメディアは，政治家による不正行為に対する大衆の注意を喚起することを通じて，(a), (b), (c) の機能を発動する。NGOやオンブズマンは，政府の活動を調査したり，現職政治家の不正行為を探知したりすることを通して，主として (a), (b), (c), (d) の役割を果たす。社会アクターによる，こうした監視活動は，「社会的監査」と呼ばれることもある。他方，政府はしばしば，特定の政策領域における専門家から構成される市民評議会を創設することがあり，これらは政府高官に対して，市民の立場から助言を行う。もしこうした評議会が，構成員を指名する政府高官から十分な自律性を保っているならば，これらの専門家は，(a), (b) の機能を果たすことによって，政府のアカウンタビリティを高めることができる。

こうしたソフト・アカウンタビリティに加えて，公式の制裁を科する，ハード・アカウンタビリティに分類される社会メカニズムも存在する。その一例として，参加型予算が挙げられる。近年，参加型予算と呼ばれる，公的な予算決定過程に市民の意向を組み入れる取り組みが，さまざまな地域で行われている[30]。参加型予算においては，社会アクターが予算編成に直接的に関与することによって，市民の利益が政策によりよく反映されるとともに，市民によって予算執行を監視できるようになることが期待されている。そして，市民からの監視によって不適切とみなされた予算執行に対しては公的な制裁が科せられる。この意味で，参加型予算は，ハード・アカウンタビリティに分類できる。

#### ◆ 国際的アカウンタビリティを課する主体としての国際アクター

アカウンタビリティを課する主体は，国内領域にとどまらず，国境を越えてアカウンタビリティの向上をめざして圧力を行使することもある（Koenig-Archibugi 2010）。これらの主体として，外国政府，国際機関，EUなどの超国家機関，国際NGOなどが挙げられる。図1-2が示すように，これらの主体がアカウンタビリティを生成する行動は，双方向的である。

一方で，これらの国際アクターは，ある国の政治アクターに対してアカウン

タビリティを高めるように圧力を掛ける。たとえば，金融危機に直面する国へ財政支援を供与する際，国際機関や超国家機関は，支援受け入れ国政府に対して，支援を与える際のコンディショナリティ（条件）として情報公開やアカウンタビリティを高める改革を要求することがある（Collier 2009）。また，国際NGO が，国内 NGO との越境的ネットワークを通じて連携しつつ，人権，環境保護，女性の権利を擁護するためにある国の政府に働きかけることもある（Keck and Sikkink 1998）。さらに，国際 NGO は，市民社会間の同盟関係を築くことを通じて，国内 NGO による社会アカウンタビリティの行使を後押しすることもある。他方，逆の方向でアカウンタビリティ圧力が行使されることがある。具体的には，国家または市民社会領域におけるさまざまな国内アクターが，国際機関の活動を監視し，アカウンタビリティを要求する。たとえば，学識者や国内 NGO が，世界銀行などの国際機関による支援プログラムの運営や効果を評価することがある（Fox and Aranda 1996）。また，加盟国政府が，EU による意思決定過程における透明性やアカウンタビリティを要求する場合も考えられる（Bergman and Damgaard 2000; Curtin et al. 2012; Harlow and Rawlings 2007）。

　先に述べた国際的アカウンタビリティの主体は，ハード・アカウンタビリティとソフト・アカウンタビリティの両方の構成要素をあわせ持つ。たとえば，国際機関が援助受け入れ国にコンディショナリティを課する場合，ハード・アカウンタビリティが生成される。それは，受け入れ国がコンディショナリティを遵守しない場合，公式の制裁が科せられるからである。反対に，国際通貨基金（IMF）などの国際金融機関は，通常，借り入れ国側に情報開示を要求するが，こうした圧力は，不履行の場合にも制裁につながらないことが多い。この場合，ソフト・アカウンタビリティに分類される。

　以上見てきたように，アカウンタビリティを求める国際的圧力は無視できないものであるが，国際・国内アクターをつなぐアカウンタビリティ・メカニズムについての研究は発展途上である[31]。どのようにして国内アクターは，国際的アカウンタビリティを課するのだろうか。どのようにして，国際アクターは，外からある国の政府のアカウンタビリティを高めるべく，圧力を掛けることが可能となるのだろうか。こうした，双方向的に働く国際的アカウンタビリティ・メカニズムについての理解を深めるために，さらなる研究が期待される。

第1章 アカウンタビリティ研究の現状と課題

## 5 まとめと研究課題

　これまで述べてきたように，先進・新興民主主義諸国は，いかにして政府のアカウンタビリティを向上させるかという，共通の課題に直面している。4つに分類される主体（有権者，国家内機関，非国家組織，国際アクター）は，ハードとソフト両方のアカウンタビリティを生成する。以下では，残された研究課題を列挙する。これらの課題の解明に取り組むことは，アカウンタビリティ・メカニズムについての理解を深めるだけでなく，メカニズムの発展を説明する分析枠組みを模索するためにも，重要である。

　第1に，アカウンタビリティ・メカニズムの発展を促す要因（原因）について，さらなる実証分析が求められる。具体的には，伝統的なアカウンタビリティ・メカニズム――選挙アカウンタビリティ，および第1・第2のタイプの水平的アカウンタビリティ（プリンシパル・エージェント関係，政府間関係）――については，盛んに研究されてきた。しかし，その他のアカウンタビリティを課する主体に関しては，さらなる研究が求められる。これには，監視機関（第3のタイプの水平的アカウンタビリティ），非国家組織（社会アカウンタビリティ），EUなどの超国家機関（国際的アカウンタビリティ）が含まれる。特に，新興民主主義諸国では，自由で公正な選挙の実施を保障し，選挙不正を取り締まる，独立した選挙管理機関の設立に向けての重要な政治的動きが見受けられる。さらに，近年，多くの国では情報公開法を制定する動きが活発化している。これは，水平的アカウンタビリティを高めるための前提条件である[32]。こうした重要性の高まりにもかかわらず，同法の導入についての政治過程を分析した研究は少ない[33]。各国において，アカウンタビリティの各構成要素を行使する主体が，どのように制度化されてきたのかを把握することは，実証研究を進めるための重要な第一歩となるだろう。

　第2に，4つのアカウンタビリティ・メカニズムの間に見られる相互作用を探求する必要がある。それぞれのメカニズムについての研究は，類似する問題関心やアカウンタビリティ概念に基づいているにもかかわらず，これまで別個の分析枠組みを用いて別々に研究されてきた。以下に述べる理由から，個別に発展してきた各アカウンタビリティ・メカニズムに関する研究を横断する，包

括的な分析枠組みを模索することを通じて、相互作用について理解を深める必要がある。この相互作用の重要性については指摘されているものの、実証研究はまだ少なく、包括的な分析枠組みも提示されていない（Chang et al. 2010; Fox, Jonathan 2007b; McAdam and Tarrow 2010; Moreno et al. 2003; O'Donnell 2006）。すでに述べたように現在、本書で提示される4つのアカウンタビリティ・メカニズムの強化をめざす改革が、世界的な潮流となっている。これらの動きが同時進行していることは、改革の過程において、これらの異なるメカニズムは、それぞれ相互に関連しながら発展していることを示唆する。たとえば、民主化の進展によって、個々の有権者と組織化された市民社会が、ともに政府活動に対するコントロールを強める動機を抱くことが考えられる。そして、その結果、選挙アカウンタビリティと社会アカウンタビリティの両方がより効果的になることが考えられる。また、これらの主体は、汚職対策機関などの監視機関の確立に向けて、社会的圧力を強め、その結果、水平的アカウンタビリティも向上するかもしれない。こうした予想される帰結から、異なるアカウンタビリティ・メカニズムの改革を推進する一般的な条件を探る必要性が浮かび上がる。そのためには、4つの異なるメカニズムについての先行研究から得られる知見を統合し、包括的な分析枠組みを検討することが重要である。

第3に、アカウンタビリティ改革の一般理論を構築するための前段階として、地域横断的な比較研究を行うことは欠かせない。言い換えると、異なる地域における特定のアカウンタビリティ・メカニズムの発展過程を比較分析することが、この目的のために有用な知見を提供してくれる。現在に至るまで、アカウンタビリティに関する先行研究は、先進民主主義諸国の事例に焦点を絞ったものが主流であった。しかしながら、多くの国で民主主義への移行が進む中、新興民主主義諸国におけるアカウンタビリティ制度の発展に関する研究が次第に増えつつある（代表的なものとして、Mainwaring 2003）。先進・新興民主主義諸国の区別を超えて、国家間または地域間比較研究を行うことは、アカウンタビリティ制度の発展・改革を説明する、一般的な要因を特定する一助となると考える。

第4に、アカウンタビリティ改革を導く要因を考察するとともに、構築されたアカウンタビリティ制度がもたらす政治的帰結に関する研究も重要である。

こうした帰結についての研究は増えつつあるが，多くの国が直面する現実の問題に関連する，次のような課題に取り組むさらなる研究が期待される[34]。アカウンタビリティ・メカニズムは，自然災害や経済危機からの復興プロセスにおいて危機管理をどのように促進するのだろうか。アカウンタビリティ・メカニズムは，社会支出配分の地域間格差や世代間格差の改善に寄与するのだろうか（アカウンタビリティの分配的帰結）。アカウンタビリティ・メカニズムの発展は，移行後の国々において人権擁護を促進するのだろうか。監視機関などのアカウンタビリティ制度は，政治腐敗や汚職を抑制するのだろうか。これらは，まだ解明されていない課題の一例に過ぎない。要するに，アカウンタビリティ改革の要因のみならず，帰結をも説明するさらなる研究の必要性を強調したい。

最後に，第1節で論じたように，アカウンタビリティ研究のほとんどは民主主義諸国の事例に焦点を合わせているが，非民主主義諸国におけるアカウンタビリティ・メカニズムを分析した研究も存在する。たとえば，旧ソビエト連邦における互恵的アカウンタビリティ（reciprocal accountability）の研究（Roeder 1993），中国の地方政府におけるアカウンタビリティに関する研究（Tsai 2007），中国とベトナムのアカウンタビリティ制度設計に関する研究（Abrami et al. 2008）などが挙げられる。民主主義諸国に関する従来の研究は，アカウンタビリティとは民主主義に固有の概念であると，暗に仮定している。しかし，最近の非民主主義諸国に関する研究は，アカウンタビリティとは，特定の政治体制に特有の概念であるのかどうか，という問いを投げかけるものであり，多くの既存研究に横たわる暗黙の仮定に再考を迫るものだと言える。すなわち，中国のような権威主義体制の国家においてもアカウンタビリティは存在しうるのだろうか。もし存在するとすれば，どのようなアカウンタビリティのメカニズム，構成要素，主体が認識可能であろうか。それらは，民主主義諸国のものとは異なるのだろうか。これら一連の問いに取り組むことは，アカウンタビリティの本質をよりよく理解するための一助となる。

本章では，アカウンタビリティをどのように概念化するのか，アカウンタビリティの構成要素と主体とはどのようなものか，世界中で進行するアカウンタビリティ改革の理解促進のために取り組むべき課題とは何か，について論じて

きた。近年，これらの課題に取り組む研究は増えつつあるが，こうした試みは始まったばかりであり，さらなる学術的探求が期待される。

● 注

1) アカウンタビリティの利点に関する文献は非常に多いが，たとえば以下を参照されたい。Halperin et al. 2010, Przeworski et al. 1999, Deininger and Mpuga 2005, Besley and Burgess 2002.
2) Samuel Williams, The natural and civil history of Vermont, 1st edition (vol. 1), cited in Oxford English Dictionary, http://www.oed.com/view/Entry/1197?redirectedFrom=accountability#eid（2011 年 8 月 31 日最終アクセス）。
3) http://www.oed.com/view/Entry/1195?rskey=eyzV1y&result=3&isAdvanced=false#EID（2011 年 8 月 31 日最終アクセス）。
4) Dubnick (1998) はスペイン語もこれに含めるが，アカウンタビリティに相当するスペイン語は rendición de cuenta であり，「説明する」という意味になる。
5) 執務審査については，Elster 1999: 260; Thorley 1996: 41; Ostwald 1989, 55-62; Hansen 1991: 218-224 を参照。
6) http://search.proquest.com/wpsa?accountid=14026（2011 年 12 月 26 日最終アクセス）。
7) シュンペーターは，民主主義を政策決定者が選挙によってその地位を獲得するために競争する制度的取り決め，として定義する（Schumpeter 1943: 269）。
8) その後 2004 年に出版された論文でシュミッターは，1991 年にこの論文が出版された時点ではアカウンタビリティへの彼らの着目は「驚くほどの無関心，ことによれば敵愾心を持って迎えられた」と述べているが，同時に，その 10 年後には「アカウンタビリティに対する学問的関心は爆発的に増大した」と回顧している（Schmitter 2004: 27）。
9) 世界銀行のアカウンタビリティへの関心は 1989 年の年次報告書においてすでに言及されている。しかし，1992 年の年次報告書が政府全体に関してのアカウンタビリティを扱っているのに対し，1989 年のそれでは被援助国の銀行におけるアカウンタビリティに着目しているのみである（http://elibrary.worldbank.org/content/book/9780195207880，2011 年 9 月 7 日アクセス）。
10) http://www.oecd.org/document/18/0,3343,en_2649_3236398_35401554_1_1_1_1,00.html（2011 年 12 月 26 日最終アクセス）。
11) http://ec.europa.eu/governance/white_paper/index_en.htm（2011 年 9 月 7 日最終アクセス）。
12) プリンシパル・エージェント・モデルの研究動向文献として，Bendor et al. 2001 を参照。
13) ローダーは，相互アカウンタビリティの制度化はエリート組織内の安定性に寄与したが，社会の変化に適応することには失敗したとし，これが結果的にはソ連の崩壊につながったと主張している。

第 1 章　アカウンタビリティ研究の現状と課題

14) この用語は，Behn（2001）および Papadopoulos（2007）に倣ったものである。
15) 同様の見方につき，Philp（2009），Mainwaring（2003）を参照。Moreno et al.（2003）はオンブズマンのような機関を「水平的相互チェック（horizontal exchange）」とアカウンタビリティの用語を使用せずに言及している。
16) 透明性は，アカウンタビリティの同義語として使用されることの多い概念であるが，両者の関係についての議論は本章の射程外である。アカウンタビリティと透明性の関係については，Hood（2010）および Fox, Jonathan（2007a）を参照。
17) 根源的な概念，およびその対応語である古典的な概念の詳細については Collier and Mahon（1993）を参照。シェドラー（Schedler 1999）は彼らの定義をもってアカウンタビリティを「根源的な概念」としているが，筆者の理解する限りではシェドラーの定義は構成要素のどちらかが欠けていてもよしとする古典的な概念である。
18) Fox, Jonathan（2007a）は同様の特徴づけを行っているが，彼の言うハード・アカウンタビリティは制裁のみの場合を指しており，応答性と制裁の両方を含める本章の概念化とは異なる。
19) メインウォリングによると，アカウンタビリティを「水平的」と「垂直的」に明確に区分したのはオドネルである（Mainwaring 2003: 18）。具体的に，オドネルは，「選挙アカウンタビリティ」と「社会アカウンタビリティ」は，国家が市民に対して担う「垂直的アカウンタビリティ」に分類され，国家内機関の間で機能する「水平的アカウンタビリティ」とは区別されることを論じた（O'Donnell 1999: 30, Mainwaring 2003: 18 において引用）。
20) 英語の原文は，次の通りである。"it is the existence of state agencies that are legally enabled and empowered, and factually willing and able, to take actions that span from routine oversight to criminal sanctions or impeachment in relation to actions or omissions by other agents or agencies of the state that may be qualified as unlawful"（O'Donnell 1999: 38）。
21) 詳しく述べると，メインウォリングは，水平的アカウンタビリティを指すものとして，「国家内アカウンタビリティ（intra-state accountability）」という用語を用いている（Mainwaring 2003: 20）。
22) 代表的なものとして，Epstein and O'Halloran（1999），Huber and Shipan（2002），Kiewiet and McCubbins（1991）が挙げられる。アメリカ以外の最近の研究に，Baum（2011）がある。バウムは，東アジア諸国の事例を研究対象としている。
23) 新興民主主義諸国における司法政治についての研究は，近年増えつつある。最近の研究では，裁判官が重要な政治アクターとして認識され，その戦略的行動について分析されている（たとえば，Helmke and Ríos-Figueroa 2011）。
24) Moreno et al.（2003）は，大統領制における大統領と議会の間に見られるのは，チェック・アンド・バランスによる「水平的アカウンタビリティ」というより，むしろ「水平的交換関係（horizontal exchange）」であると論じる。プリンシパル・エージェント・モデルを用いて，大統領も議会議員もともに有権者のエージェントであり，水平的アカウンタビリティは結局，選挙アカウンタビリティに還元可能であると主張する。すなわち，行政府と立法府では政策と官僚への指示に関する交換が水平的に行われ，このやりとりが，有権者に（次の選挙で）現職評価のために有益な情報を与える

(同上：86-89)。この議論に従うと，中央政府も地方政府も有権者のエージェントであり，両政府間の交渉は，同様に有権者に情報を与え，政府のアカウンタビリティが高まると考えられる。また，ジョナサン・フォックスは，各レベルの政府内でアカウンタビリティ・メカニズムが働き，かつ異なるレベルの政府間でチェック・アンド・バランスが機能する場合，連邦システムは「複数のプリンシパル（multiple principals）」を包含すると論じている（Fox, Jonathan 2007b: 39）。

25) ポスト共産圏における監視制度の発展について比較研究を行った，Grzymała-Busse (2007) も重要である。
26) これまで，オンブズマン制度に関する研究は，主として法学者によって行われてきた。Kucsko-Stadlmayer (2008), Buck et al. (2011) は，オンブズマン制度の包括的な概観を提供している。
27) 実際，社会アカウンタビリティに関する研究は，民主化途上にあるラテンアメリカ諸国の経験に基づくものが多い。Peruzzotti and Smulovitz (2006a) には，メキシコ，アルゼンチン，ブラジルなどのラテンアメリカにおける多様な社会的アカウンタビリティの事例研究がまとめられている。
28) 英語の原文は，次の通りである。"Societal accountability is a nonelectoral, yet vertical mechanism of control that rests on the actions of a multiple array of citizens'associations and movements and on the media, actions that aim at exposing governmental wrongdoing, bringing new issues onto the public agenda, or activating the operation of horizontal agencies" (Smulvitz and Peruzzotti 2000: 150)
29) スムロヴィッツとペルソッティによる，社会アカウンタビリティに関する一連の著作のみならず，このアナロジーは，社会アカウンタビリティについての他の研究にも頻繁に援用されている（たとえば，Fox, Jonathan 2007a）。
30) ブラジルのポルト・アレグレ市が，参加型予算の成功例として頻繁に引用されている（Abers 2000; Avritzer 2009）。近年，アフリカ諸国でも，こうした革新的な予算編成の試みが導入されている（McNeil and Malena 2010）。
31) 例外として，Collier (2009) や Pevehouse (2005) などがある。
32) これは，情報へのアクセスが保証されてはじめて，市民は政府活動についての情報を得ることができ，その情報に基づいて政府を効果的に監視し，政策に関するコントロールが可能となるからである（Pirker 2006: 13）。
33) 最新の研究には，Berliner (2011a), McClean (2011), Michener (2011), Kasuya (2012) がある。
34) たとえば，情報公開法については，Berliner (2011b), Cordis and Warren (2011), Fox et al. (2007), Peisakhin and Pinto (2010), Tavares (2007) を参照。マスメディアに関しては，Besley and Burgess (2002), Waisbord (2006)。市民レポート・カード（Citizen Report Card. 市民が行政サービスについて行うフィードバック）については，Humphreys and Weinstein (2007)。腐敗に関しては，Adserà et al. (2003)。

● 引用・参考文献

Abers, Rebecca Neaera 2000, *Inventing Local Democracy: Grassroots Politics in Brazil,*

第1章 アカウンタビリティ研究の現状と課題

Lynne Rienner Publishers.
Abrami, Regina, Edmund Malesky, and Yu Zheng 2008, "*Accountability and Inequality in Single-Party Regimes: A Comparative Analysis of Vietnam and China,*" Mimeo.
Ackerman, John M. 2007, *Organismos Autonomos y Democracia: El Caso de Mexico*, Siglo XXI Editores and UNAM, Instituto de Investigaciones Juridicas.
Adserà, Alícia, Carles Boix, and Mark Payne 2003, "Are You Being Served? Political Accountability and Quality of Government," *Journal of Law, Economics, and Organization*, 19 (2): 445-490.
Anderson, Christopher J. 2007, "The End of Economic Voting? Contingency Dilemmas and the Limits of Democratic Accountability," *Annual Review of Political Science*, 10: 271-296.
Arnull, Anthony, and Daniel Wincott eds. 2002, *Accountability and Legitimacy in the European Union*, Anthony Arnull and Daniel Wincott. Oxford University Press.
Avritzer, Leonardo 2009, *Participatory Institutions in Democratic Brazil*, Johns Hopkins University Press.
Baum, Jeeyang Rhee 2011, *Responsive Democracy: Increasing State Accountability in East Asia*, University of Michigan Press.
Baumgartner, Jody C., and Naoko Kada, eds. 2003, *Checking Executive Power: Presidential Impeachment in Comparative Perspective*, Praeger Publishers.
Beer, Caroline C. 2003, *Electoral Competition and Institutional Change in Mexico*. University of Notre Dame Press.
Behn, Robert D. 2001, *Rethinking Democratic Accountability*, Brookings Institution Press.
Bendor, J., A. Glazer, and T. Hammond 2001, "Theories of Delegation," *Annual Review of Political Science*, 4: 235-269.
Bergman, Torbjörn, and Erik Damgaard eds. 2000, *Delegation and Accountability in European Integration: The Nordic Parliamentary Democracies and the European Union*, Frank Cass.
Berliner, Daniel 2011a, "The Political Origins of Transparency," Paper prepared for the 2011 Annual Meeting of the American Political Science Association, Seattle, WA, September 1-4, 2011.
—— 2011b, "The Strength of Freedom of Information Laws after Passage: The Role of Transnational Advocacy Networks," Paper prepared for the 1st Global Conference on Transparency Research, Rutgers University, Newark, may 19-20, 2011.
Besley, Timothy 2006, *Principled Agents? Political Economy of Good Government*, Oxford University Press.
Besley, Timothy, and Robin Burgess 2002, "The Political Economy of Government Responsiveness: Theory and Evidence from India," *Quarterly Journal of Economics*, 117 (4): 1415-1451.
Borowiak, Craig T. 2007, "Accountability Debates: The Federalists, The Anti-Federalists, and Democratic Deficits," *The Journal of Politics*, 69 (4): 998-1014.
Bovens, Mark 2005, "Public Accountability," In Evan Ferlie, Laurence E. Lynn Jr., and

第Ⅰ部　概念・理論の検討

　　Christopher Pollitt eds., *The Oxford Handbook of Public Management*, Oxford University Press.
　　──── 2007, "Analysing and Assessing Accountability: A Conceptual Framework 1," *European Law Journal*, 13 (4): 447-468.
　　──── 2010, "Two Concepts of Accountability: Accountability as a Virtue and as a Mechanism," *West European Politics*, 33 (5): 946-967.
　Bovens, Mark, Deirdre Curtin, and Paul't Hart eds. 2010, *The Real World of EU Accountability: What Deficit?* Oxford University Press.
　Brooks, David, and Jonathan Fox eds. 2002, *Cross-Border Dialogues: U. S. Social Movement Networking*, The Center for U. S.-Mexican Studies at the University of California, San Diego.
　Buck, Trevor, Richard Kirkham, and Brian Thompson 2011, *The Ombudsman Enterprise and Administrative Justice*, Ashgate.
　Cameron, Charles M. 2000, *Veto Bargeining: Presidents and the Politics of Negative Power*, Cambridge University Press.
　Chang, Eric C. C., Miriam A. Golden, and Seth J. Hill 2010, "Legislative Malfeasance and Political Accountability," *World Politics*, 62 (2): 177-220.
　Cheibub, José Antonio, and Adam Przeworski 1999, "Democracy, Elections, and Accountability for Economic Outcomes," in Adam Przeworski, Susan C. Stokes and Bernard Manin eds., *Democracy, Accountability, and Representation*, Cambridge University Press.
　Collier, David, and James E. Mahon Jr. 1993, "Conceptual 'Stretching' Revisited: Adapting Categories in Comparative Analysis," *American Political Science Review*, 87 (4): 845-855.
　Collier, Paul 2009, *Wars, Guns, and Votes: Democracy in Dangerous Places*, HarperCollins Publishers.
　Cordis, Adriana S, and Patrick L. Warren 2011, "Sunshine as Disinfectant: The Effect of State Freedom of Information Act Laws on Public Corruption," Working Paper (http://papers.ssrn.com/sol3/papers.cfm?abstract_id=1922859,accessedonDecember27,2011).
　Curtin, Dierdre, Peter Mair, and Yannis Papadopoulos eds. 2012, *Accountability and European Governance*, Routledge.
　Day, Patricia, and Rudolf Klein 1987, *Accountabilities: Five Public Services*, Tavistock Publications.
　Deininger, Klause, and Paul Mpuga 2005, "Does Greater Accountability Improve the Quality of Public Service Delivery? Evidence from Uganda," *World Development*, 33 (1): 171-191.
　Diamond, Larry 1999, *Developing Democracy: Toward Consolidation*, Johns Hopkins University Press.
　Diamond, Larry, and Leonardo Morlino 2005, *Assessing the Quality of Democracy*, The Johns Hopkins University Press.
　Downs, Anthony 1957, *An Economic Theory of Democracy*, Harper.

第 1 章　アカウンタビリティ研究の現状と課題

Dubnick, Mel 1998, "Clarifying Accountability: An Ethical Framework," in Charles Samford, Noel Preston, with C.-A Bois eds. *Public Sector Ethics: Finding and Implementing Values*, Routledge.

Eisenstadt, Todd A. 2004, *Courting Democracy in Mexico: Party Strategies and Electoral Institutions*, Cambridge University Press.

Elster, John 1999, "Accountability in Athenian Politics," in Adam Przeworski, Susan C. Stokes, and Bernard Manin eds. *Democracy, Accountability, and Representation*, Cambridge University Press.

Emanuel, Ezekiel J., and Linda L. Emanuel 1996, "What Is Accountability in Health Care?" *Annals of Internal Medicine*, 124 (2): 229-239.

Epstein, David, and Sharyn O'Halloran 1999, *Delegating Powers: A Transaction Cost Politics Approach to Policy Making under Separate Powers*, Cambridge University Press.

Epstein, Lee, and Jack Knight 1998, *The Choices Justices Make*, Congressional Quarterly Press.

Fearon, James D. 1999, "Electoral Accountability and the Control of Politicians: Selecting Good Types versus Sanctioning Poor Performance," in Adam Przeworski, Susan C. Stokes, and Bernard Manin eds., *Democracy, Accountability, and Representation*, Cambridge University Press.

Fiorina, Morris P. 1981, *Retrospective Voting in American National Elections*, Yale University Press.

Fisher, E. 2004, "The European Union in the Age of Accountability," *Oxford Journal of Legal Studies*, 24 (3): 495-515.

Fox, Jonathan 2007a, "The Uncertain Relationship between Transparency and Accountability," *Development in Practice*, 17 (4-5): 663-671.

—— 2007b, *Accountability Politics: Power and Voice in Rural Mexico*, Oxford University Press.

Fox, Jonathan, and Josefina Aranda 1996, *Decentralization and Rural Development in Mexico: Community Participation in Oaxaca's Municipal Funds Program*, UCSD Center for U. S.-Mexican Studies.

Fox, Jonathan, Libby Haight, Helena Hofbauer, and Tania Sanchez Andrade eds. 2007, *Derecho a Saber: Balance y Perspectivas Cívicas*, FUNDAR; Woodrow Wilson International Center for Scholars.

Fox, Justin 2007, "Government Transparency and Policymaking," *Public Choice*, 131: 23-44.

Goetz, AnneMarie, and Rob Jenkins 2005, *Reinventing Accountability: Making Democracy Work for Human Development*, Palgrave Macmillan.

Grant, Ruth W., and Robert O. Keohane 2005, "Accountability and Abuses of Power in World Politics," *American Political Science Review*, 99 (1): 29-43.

Gregory, Roy, and Philip Giddings 2000, *Righting Wrongs: the Ombudsman in Six Continents*, IOS Press.

Grzymała-Busse, Anna 2007, *Rebuilding Leviathan: Party Competition and State Exploitation in Post-Communist Democracies*, Cambridge University Press.

Gustavsson, Sverker, Christer Karlsson, and Thomas Persson eds. 2009, *The Illusion of Accountability in the European Union*, Routledge.

Halperin, Morton H., Joseph T. Siegle, and Michael M. Weinstein 2010, *The Democracy Advantage: How Democracies Promote Prosperity and Peace*, Routledge.

Hansen, Mogens Herman 1991, *The Athenian Democracy in the Age of Demosthenes: Structure, Principles, and Ideology*, Wiley-Blackwell.

Harlow, Carol, and Richard Rawlings 2007, "Promoting Accountability in Multilevel Governance: A Network Approach," *European Law Journal*, 23 (4): 542-562.

Hartlyn, Jonathan, Jennifer McCoy, and Thomas M. Mustillo 2008, "Electoral Governance Matters: Explaining the Quality of Elections in Contemporary Latin America," *Comparative Political Studies*, 41 (1): 73-98.

Hawkins, Darren G. David A. Lake, Daniel L. Nielson and Micheal J. Tierney eds. 2006, *Delegation and Agency in International Organizations*, Cambridge University Press.

Helmke, Gretchen, and Julio Rios-Figueroa eds. 2011, *Courts in Latin America*, Cambridge University Press.

Hood, Christopher 2010, "Accountability and Transparency: Siamese Twins, Matching Parts, Awkward Couple?" *West European Politics*, 33 (5): 989-1009.

Huber, John D., and Charles R. Shipan 2002, *Deliberate Discretion? The Institutional Foundations of Bureaucratic Autonomy*, Cambridge University Press.

Humphreys, Macartan, and Jeremy M. Weinstein 2007, "Policing Politicians: Citizen Empowerment and Political Accountability in Africa," Paper prepared for the 2007 Annual Meeting of the American Political Science Association, Chicago, IL, August 29-September 2, 2007.

Karl, Terry Lynn 2003, "The Vicious Cycle of Inequality in Latin America," in Susan Eva Eckstein and Timothy P. Wickham-Crowley eds., *What Justice? Whose Justice?: Fighting for Fairness in Latin America*, University of California Press.

Kasuya, Yuko 2012, "Democracy and Transparency: Enacting Freedom of Information Acts around the World," Paper prepared for the Transatlantic Conference on Transparency Research, Utrecht, the Netherlands, June 10-12.

Keck, Margaret E., and Kathryn Sikkink 1998, *Activists Beyond Borders: Adovocacy Networks in International Politics*, Cornell University Press.

Keohane, Robert O. 2001, "Governance in a Partially Globalized World," *American Political Science Review*, 95 (1): 1-13.

Key, V. O. 1966, *The Responsive Electorate*, Belknap Press of Harvard University Press.

Kiewiet, D. Roderick, and Mathew D. McCubbins 1991, *The Logic of Delegation: Congressional Parties and the Appropriations Process*, University of Chicago Press.

Koenig-Archibugi, Mathias 2010, "Accountability in Transnational Relations: How Distinctive Is It?" *West European Politics*, 33 (5): 1142-1164.

Kogan, Maurice 1986, *Education Accountability: An Analytic Overview*, Hutchinson Educational.

Kucsko-Stadlmayer, Gabriele ed. 2008, *European Ombudsman-Institutions: A Comparative*

*Legal Analysis Regarding the Multifaceted Realisation of an Idea*, Springer Vienna.
Lindberg, Staffan I. 2009, "Accountability: The Core Concept and its Subtypes," *Africa Power and Politics Programme Working Paper* (1).
Magen, Amichai, and Leonardo Morlino eds. 2009, *International Actors, Democratization, and the Rule of Law: Anchoring Democracy?* Routledge.
Mainwaring, Scott 2003, "Introduction: Democratic Accountability in Latin America," In Scott Mainwaring and Christopher Welna eds., *Democratic Accountability in Latin America*, Oxford University Press.
Mainwaring, Scott, and Christopher Welna eds. 2003, *Democratic Accountability in Latin America*, Oxford University Press.
Manin, Bernard, Adam Przeworski, and Susan C. Stokes 1999, "Elections and Representation." In Adam Przeworski, Susan C. Stokes and Bernard Manin. eds. *Democracy, Accountability, and Representation*, Cambridge University Press.
McAdam, Doug, and Sidney Tarrow 2010, "Ballots and Barricades: On the Reciprocal Relationship between Elections and Social Movements," *Perspective on Politics*, 8 (2): 529-542.
McClean, Tom 2011, "Institutions and Transparency: Where does Freedom of Information Work Best?" Paper prepared for the 1st Global Conference on Transparency Research, Rutgers University, Newark, May 19-20, 2011.
McCubbins, Matthew, and Thomas Schwartz 1984, "Congressional Oversight Overlooked: Police Patrols versus Fire Alarms," *American Journal of Political Science*, 28 (1): 165-179.
McNeil, Mary, and Carmen Malena eds. 2010, *Demanding Good Governance: Lessons from Social Accountability Initiatives in Africa*, World Bank.
Meade, Ellen E. and David Stasavage 2008, "Publicity Debate and the Incentive to Dissent: Evidence from the US Federal Reserve," *The Economic Journal*, 118 (528): 695-717.
Melo, Marcus André, Carlos Pereira, and Carlos Mauricio Figueiredo 2009, "Political and Institutional Checks on Corruption: Explaining the Performance of Brazilian Audit Institutions," *Comparative Political Studies*, 42 (9): 1217-1244.
Michener, Robert G. 2011, "The Surrender of Secrecy? Explaining the Strength of Transparency and Access to Information Laws," Manuscript (http://gregmichener.com/gregmichener.com--CHAPTER%201--Surrendering%20Secrecy%20(introduction).pdf, accessed on December 27, 2011).
Moreno, Erika, Brian F. Crisp, and Matthew Soberg Shugart 2003, "The Accountability Deficit in Latin America," In Scott Mainwaring and Christopher Welna eds., *Democratic Accountability in Latin America*, Oxford University Press.
Mulgan, Richard 2000, "'Accountability': An Ever-expanding Concept?" *Public Administration*, 78 (3): 555-573.
Naurin, Daniel 2007, *Deliberation Behind Closed Doors: Transparency and Lobbying in the European Union*, ECPR Press.
O'Donnell, Guillermo A. 1994, "Delegative Democracy," *Journal of Democracy*, 5 (1): 55-69.

第Ⅰ部　概念・理論の検討

― 1996, "Illusions about Consolidation," *Journal of Democracy*, 7 (2): 34-51.
― 1999, "Horizontal Accountability in New Democracies," In Andreas Schedler, Larry Diamond, and Marc F. Plattner eds. *The Self-Restraining State: Power and Accountability in New Democracies*, Lynne Rienner Publishers.
― 2006, "Notes on Various Accountabilities and Their Interrelations," In Enrique Peruzzotti and Catalina Smulovitz eds. *Enforcing the Rule of Law: Social Accountability in the New Latin American Democracies*, University of Pittsburgh Press. 334-343.
Odugbemi, Sina, and Taeku Lee eds. 2011, *Accountability through Public Opinion: From Inertia to Public Action*, World Bank.
Ostwald, Martin 1989, *From Popular Sovereignty to the Sovereignty of Law: Law, Society, and Politics in Fifth-Century Athens [Paperback]*, University of California Press.
Papadopoulos, Yannis 2007, "Problems of Democratic Accountability in Network and Multilevel Governance," *European Law Journal*, 13 (4): 469-486.
Peisakhin, Leonid, and Paul Pinto. 2010, "Is Transparency an Effective Anti-Corruption Strategy? Evidence from a Field Experiment in India," *Regulation and Governance*, 4 (3): 261-280.
Pérez-Liñán, Aníbal 2007, *Presidential Impeachment and the New Political Instability in Latin America*, Cambridge University Press.
Peruzzotti, Enrique, and Catalina Smulovitz eds. 2006a, *Enforcing the Rule of Law: Social Accountability in the New Latin American Democracies*, University of Pittsburgh Press.
Peruzzotti, Enrique, and Catalina Smulovitz 2006b, "Social Accountability: An Introduction," In Enrique Peruzzotti and Catalina Smulovitz eds. *Enforcing the Rule of Law: Social Accountability in the New Latin American Democracies*, University of Pittsburgh Press.
Pevehouse, Jon C. 2005, *Democracy from Above: Regional Organizations and Democratization*, Cambridge University Press.
Philp, Mark 2009, "Delimiting Democratic Accountability," *Political Studies*, 57 (1): 28-53.
Pirker, Kristina 2006, *Transparencia y Acceso a la Información Pública en los Programas de Combate a la Pobreza: Cuatro Casos Contrastantes*, Fundar, Centro de Análisis e Investigación, A. C.
Powell Jr., G. Bingham 2000, *Elections as Instruments of Democracy: Majoritarian and Proportional Visions*, Yale University Press.
Powell Jr., G. Bingham, and Guy D. Whitten 1993, "A Cross-national Analysis of Economic Voting: Taking Account of the Political Context," *American Journal of Political Science*, 37 (2): 391-414.
Przeworski, Adam, Stokes Susan C., and Bernard Manin eds. 1999, *Democracy, Accountability, and Representation*, Cambridge University Press.
Roeder, Philip G. 1993, *Red Sunset: The Failure of Soviet Politics*, Princeton University Press.
Rotberg, Robert I., and Dennis F. Thompson eds. 2000, *Truth versus Justice: The Morality of Truth Commissions*, Princeton University Press.

第1章　アカウンタビリティ研究の現状と課題

Santiso, Carlos 2009, *The Political Economy of Government Auditing: Financial Governance and the Rule of Law in Latin America and Beyond*, Routledge.
Sartori, Giovanni 1970, "Concept Misformation in Comparative Politics," *American Political Science Review*, 64 (4): 1033-1053.
Schedler, Andreas 1999, "Conceptualizing accountability," In Andreas Schedler, Larry Diamond, and Marc F. Plattner eds. *The Self-Restraining State: Power and Accountability in New Democracies*, Lynne Rienner Publishers.
Schedler, Andreas, Larry Diamond, and Mark F. Plattner eds. 1999, *The Self-Restraining State: Power and Accountability in New Democracies*, Lynne Rienner Publishers.
Schmitter, Philippe C. 2004, "The Ambiguous Virtues of Accountability," *Journal of Democracy*, 15 (4): 47-60.
Schmitter, Philippe C, and Terry Lynn Karl 1991, "What Democracy Is... and Is Not," *Journal of Democracy*, 2 (3): 75-88.
Schumpeter, Joseph A. 1943, *Capitalism, Socialism and Democracy*, George Allen and Unwin.
Scott, Marvin B., and Stanford M. Lyman 1968, "Accounts," *American Sociological Review*, 33 (1): 46-62.
Seidman, Guy I. 2004/2005, "The Origins of Accountability: Everything I Know about the Sovereigns'Immunity, I Learned from King Henry III," *St. Louis University Law Journal*, 49 (2): 393-480.
Sinclair, Amanda 1995, "The Chameleon of Accountability: Forms and Discourses," *Accounting, Organizations and Society*, 20 (2): 219-237.
Smulovitz, Catalina, and Enrique Peruzzotti 2000, "Societal Accountability in Latin America," *Journal of Democracy*, 11 (4): 147-158.
—— 2003, "Societal and Horizontal Controls: Two Cases of a Fruitful Relationship," In Scott Mainwaring and Christopher Welna eds. *Democratic Accountability in Latin America*, Oxford University Press.
Stasavage, David 2004, "Open-Door or Closed-Door?: Transparency in Domestic and International Bargaining," *International Organization*, 58 (4): 667-703.
Storing, Herbert J. 1981, *What the Anti-federalists were for*, University of Chicago Press.
Strom, Kaare, Wolfgang C. Müller, and Torbjörn Bergman eds. 2006, *Delegation and Accountability in Parliamentary Democracies*, Oxford University Press.
Tavares, Samia C. 2007, "Do Freedom of Information Laws Decrease Corruption?" *MPRA Paper* 3560.
Tetlock, Philip E. 1985, "Accountability: A Social Check on the Fundamental Attribution Error," *Social Psychology Quarterly*, 48 (3): 227-236.
Thorley, John 1996, *Athenian Democracy*, Routledge.
Tsai, Lily L. 2007, *Accountability Without Democracy: Solidary Groups and Public Goods Provision in Rural China*, Cambridge University Press.
Waisbord, Silvio R. 2006, "Reading Scandals: Scandals, Media, and Citizenship in Contemporary Argentina," In Enrique Peruzzotti, and Catalina Smulovitz eds.,

*Enforcing the Rule of Law: Social Accountability in the New Latin American Democracies,* University of Pittsburgh Press.

Whitehead, Laurence ed. 1996, *The International Dimensions of Democratization: Europe and the Americas,* Oxford University Press.

Woods, Ngaire, and Amrita Narlikar 2001, "Governance and the Limits of Accountability: The WTO, the IMF, and the World Bank," *International Social Science Journal,* 53 (170): 569-583.

World Bank 1992, *Development and Governance,* World Bank.

Youngs, Richard 2001, *The European Union and the Promotion of Democracy: Europe's Mediterranean and Asian Policies,* Oxford University Press.

## 第Ⅱ部 選挙アカウンタビリティ

第2章　選挙アカウンタビリティの構造

第3章　選挙アカウンタビリティの実証分析

第2章

# 選挙アカウンタビリティの構造
### 数理モデルによる解明

曽我 謙悟

## *1* 選挙を通じたアカウンタビリティの確保

　私たちは選挙に際して，政治家の行動や考え方に関するさまざまな情報に基づいて投票先を決める。そして，それを通じて現職にもう一度機会を与えたり，新人への置き換えを図ったりする。現在の日本について見ると，図2-1に示すように，政治についてよく知っていると考えている人の場合，4割ほどは公約と業績の双方に基づいて投票先を決めている。棄権は1割強にとどまる。これに対して，政治はよくわからないと考えている人の4割近くは棄権し，公約や業績に基づかずに投票先を決める人が2割を超える。他方，知識がある人の場合は業績よりも公約に基づいて投票する人の割合が高いが，知識がない人の場合は公約よりも業績に基づいて投票する人の割合のほうが高くなる。つまり，政治的知識や情報がない人は棄権することが多いが，投票するならば現政権の業績に基づき投票を行う傾向があるのに対して，知識や情報がある人は業績に加えて公約にも基づいて投票を行う傾向が強い。

　このように，有権者の中でも，どのような情報を用いて投票を行うかについては，さまざまな違いがある。そういった違いがなぜ生まれるのかという問いも興味深いが，現代民主制のあり方を考えるうえで，それ以上に重要なのは，そうした違いが何をどのように帰結するのかということである。有権者が政治家に対して何を問い，いかなる答えを得るのか。その結果，どのような政治家

第Ⅱ部　選挙アカウンタビリティ

図2-1　有権者の政治知識と投票行動の要因
(1)　政治のことをよく知る有権者

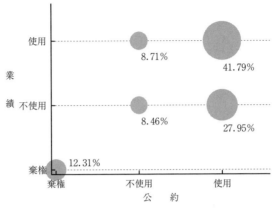

(2)　政治のことをあまり知らない有権者

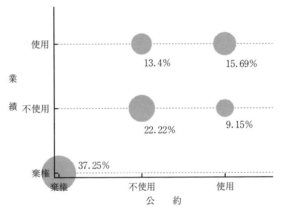

［注］　丸の大きさは各有権者の中の比率（％）。無回答を除いているため，合計は100とならない。
　　　政治のことを知っているかを尋ねる問いへの5段階の回答のうち，「よく知っている」および「どちらかと言えばよく知っている」という390人を政治をよく知る有権者，「あまり知らない」という306人をあまり知らない有権者とした[1]。投票先の決定において「政党や候補者が掲げる政策や公約については，どの程度重視しましたか」ならびに「民主党政権の仕事ぶり（の良し悪し）については，どの程度重視しましたか」という問いに対する，5つの選択肢（大いに重視した，ある程度重視した，どちらとも言えない，あまり重視しなかった，全く重視しなかった，非該当〈無投票〉，無回答）のうち「大いに」と「ある程度」重視した場合を公約（業績）を使用，それ以外を不使用と分けた。
［出所］　東京大学谷口研究室・朝日新聞社共同調査（2012年衆議院選挙調査）のデータ[2]（http://www.masaki.j.u-tokyo.ac.jp/utas/utasindex.html）を用いて，筆者作成。

が再選し，どのような政治家が追放されるのだろうか。

　もう少し抽象的に言うならば，選挙を通じたアカウンタビリティにおいて，私たちは何を政治家に問うのか，それによっていかなる違いが生まれるのか。これが本章の追究していく問いである。第1章でも見たように，選挙とは，有権者が政治家に対するアカウンタビリティを確保するうえで，最も基本的な手段であるとされてきた。選挙を通じて，有権者は政治家に対して説明を要求し，満足な説明が得られなければ政治家を解任できること，それを通じて有権者が委任した権限を有権者の利益のために行使するよう政治家を動機づけること，これが選挙を通じたアカウンタビリティ（electoral accountability）である。選挙という仕組みは，有権者が政治家に応答性を求め，落選という制裁を科することができるハード・アカウンタビリティを確保する手段だと位置づけることができるのである。

　しかし，選挙はあくまでアカウンタビリティを確保するために用意された仕組みに過ぎない。それを通じて何を問うのかによって，アカウンタビリティは内実を得る。選挙を通じて有権者は何を問うのだろうか。言い換えるならば，有権者は政治家のいかなる「情報」を手に入れ，それを選挙でどのように用いるのだろうか。政治家が私たちのために，どれだけの汗を流してくれたのか。政治家は有権者の意向を十分に理解して政策を選んだのか。政治家は政策を形成するだけの十分な能力を持つのか。政策実現のために十分な努力を払ったのか。選挙に際して，これら諸点について十分情報を有権者は持っているのだろうか。[3]

　応答性とは，政治家が有権者に対して，これらの情報を十分に提供することだと言える。第1章において，応答的であることがアカウンタビリティの必要条件であり，制裁は必ずしもそうではないと述べていることの意味も，これによって一層明確になるであろう。有権者はこれらの情報なくして，政治家に制裁を科するべきか否かの判断はできないのである。

　それでは，いかなる情報がアカウンタビリティを確保するうえで必要なのであろうか。そしてアカウンタビリティを確保することで，有権者は一体何を得るのだろうか。逆に，選挙を通じてアカウンタビリティを実現できないことによって，有権者はどのような損失を被るのだろうか。こうした一連の問いを厳

密に検討していくことは、アカウンタビリティを無条件で「よいもの」とし、思考停止してしまうことを避けるために不可欠な課題である。往々にして、民主主義がそうであるように、アカウンタビリティもまたそうした思考停止に陥りやすい概念だが、そうした態度を続けていては、統治の質を高めていくことはできない。

そこで本章では簡潔な数理モデルを構築することによって、どのような情報が有権者に与えられると、どの程度アカウンタビリティが実現するのか、そしてそれは有権者に何をもたらすのかを明らかにする。以下ではまず、第2節において先行研究を振り返ったうえで、第3節でモデルを構築し、その含意を紐解いていく。最後に、残された課題と今後の研究の方向性を示すこととしよう。

## 2 選挙アカウンタビリティの先行研究

### ◆ モラルハザードと逆選抜

ここでは選挙アカウンタビリティと情報の関係にかかわる先行研究として、計量分析と数理モデルを用いた代表的な分析を取り上げよう。つまり、選挙アカウンタビリティの概念を一般性の高い形で考察し、解明していく研究をここでは検討の対象とする[4]。

選挙を通じたアカウンタビリティに関するフォーマル・モデルは、有権者と現職政治家の二者による2期のゲームを基本とする。第1期には、現職政治家が政策を決定し、それを評価する有権者が投票を通じて現職か新人かの当選を決める。第2期には、その当選した政治家が再び政策決定を行う。これを基本としながら、有権者と政治家それぞれにどのようなタイプが存在するのか、それぞれはどのような情報を知っているのかについて[5]、多様な形態を考えることができる。

最初期のモデルとしては、フェアジョンによるものがある（Ferejohn 1986）。このモデルでは、政治家は公職に就いていること自体から利益を得つつ、政策決定に従事する。政策形成に際しての政治家の努力は、政治家の利得を減少させるが、有権者の利得を増大させる。有権者は政治家の努力の程度を直接は知ることができない[6]。政治家の努力と外生要因の加わった帰結としての政策結果

を通じて，間接的に推測することはできる。ここで有権者は，政策結果が一定基準を上回るときにだけ再選を認めることで，政治家の努力を引き出そうとする。政治家も外生要因がきわめて悪いという場合以外は，その基準に達するだけの努力を払い，再選をめざすというのがこのモデルの帰結である。

　つまり，ここではエージェント（代理人）としての政治家の行動が，プリンシパル（本人）としての有権者には見えていない。そこから発生しうるモラルハザードを抑制することが，選挙を通じたアカウンタビリティの課題と考えられているのである。

　これに対してもう一つの大きな課題は，政治家のタイプが有権者にはわからない場合に生じる逆選抜をどのようにして防ぐかということである。政治学においてプリンシパル・エージェント・モデルを用いて逆選抜の問題を扱うようになった嚆矢が，オースティン・スミスとバンクスの論文である（Austen-Smith and Banks 1989）。彼らは，政治家の能力には高低があるが，現職がどのタイプか有権者にはわからない状況を検討した。ただし，有権者は能力そのものはわからないとしても，政治家が選んだ政策を能力についてのシグナルとして利用できる。そのシグナルを利用して政治家のタイプについての予測を更新したうえで，政治家の置き換えを行うか否かを選択するのである[7]。

◆ **エージェントの複数性**

　ここまでは，有権者と政治家の中身には立ち入らず，二者関係において発生する情報の非対称性に注目するモデルを見てきた。その次に分析が進められてきたのは，有権者，政治家それぞれを一枚岩でとらえず，それらが複数のプレイヤーから成り立っていることを考慮するモデルである。

　まず，政治家側については，実際には複数の政治家が有権者のエージェントとなることを考慮しなければならない。そうしたエージェントの複数性を生む要因としては，次のものが挙げられる。①議院内閣制か大統領制かという執政制度，②政党内部のリーダーへの集権の程度，③連立政権か単独政権かという政権党の数，④集権か分権かという中央・地方関係の制度，という4つである[8]。以下，順に見ていこう。

　執政制度の違いがアカウンタビリティの追求を容易にするか否かという問い

に対して，フォーマル・モデルによる解明を試みた代表的研究が，パーションたち（Persson et al. 1997）によるものである。責任の所在が分散すると，有権者は誰に責任を負わせるべきかがわからなくなる。したがって，大統領制のほうがアカウンタビリティを確保し難いと素朴には考えられる。しかし情報の非対称性が存在している場合，複数の政治家の存在は，より多く情報を引き出す可能性をもたらすという利点もある。パーションたちは，この2つの要因のバランスが重要であることを明らかにしている。

彼らのモデルは次のようなものである。政治家は利益の配分権を握り，レント（政治家への分け前）をとったうえで残りを有権者に配る。その配分権を握りたいがゆえに，選挙で生殺与奪の権を握る有権者への一定の配分を行うインセンティブを持つ。ここで2人の政治家が配分を行い，総額はわかるとしても，個別にどちらがどれだけを配分したかがわからないとすると，2人の政治家がとるレントの総額は1人だけの場合よりも大きくなる。しかしさらに両者の合意が配分に必要となると，こうした問題は消滅する。たとえば，一方が配分案を提示し他方が承認をする形にすると，自分の取り分を多くしようとする行為は，むしろ他の政治家と有権者との結託を引き起こしかねない。双方の政治家がこの懸念を抱くことから相互抑制が働くのである。

スティーブンソンたちは，パーションたちのモデルを発展させることで，大統領制における政策決定の権限の配分が，アカウンタビリティの確保の程度にどのような影響を与えるかを明らかにした（Stephenson and Nzelibe 2010）。そこでは，①大統領が政策決定を行う，②大統領の決定には必ず議会の承認を必要とする，③大統領は議会の承認を求めてもよいし単独で決定してもよいという3つの形態が検討された。その結果を見ると，大統領単独での決定よりも議会での承認を必要とするほうが，有権者の期待利得が高まる。これは権力抑制の帰結として理解できよう。しかし意外にも，③の大統領に政策決定方式の選択を認めたほうが，さらに有権者の期待利得は大きくなる。有権者としては，同意を求めた大統領を罰する，議会を罰する，同意を得なかった大統領を罰するといった形で，アカウンタビリティを追求する選択肢が増えるからである。

このような大統領制におけるアカウンタビリティ追求の有利さについては，

データによる確認も進められている。民主主義各国の時系列・クロスナショナルデータを用いることによって，次のことが示されている。第1に議院内閣制よりも大統領制のほうが財政規模が小さいこと。第2にとりわけ1990年代以降にその傾向が強まっており，それは福祉支出の抑制によってもたらされていること。第3に財政赤字の規模には執政制度は影響を与えず，レントの規模については，民主主義の程度が高い国では大統領制のほうがレントは小さいが，その程度が低い国ではその傾向は必ずしも成り立たないことである（Persson and Tabellini 2003: chaps. 6-7）。

同様の主張を，異なる理由から示しているのがヘルウィッグとサミュエルズである（Hellwig and Samuels 2008）。彼らは，議院内閣制では政権交代が選挙以外の要因によっても生じるため，現在の経済状況は現政権以前の政権の政策帰結であることが多く，選挙を通じたアカウンタビリティが機能し難いという。また大統領制の場合，議会との同時選挙と議会単独の選挙があるため両者の使い分けが可能となり，政府全体のパフォーマンスを前者で，地元利益の反映を後者で追求することが可能になる。実際，1975年以降の75の民主主義国を対象としたデータ分析は次のことを示す。現政権の得票率に対して経済状況が与える影響力は，議院内閣制よりも大統領制において大きい。つまり，大統領制においてはより多く業績投票が行われている。また，大統領制の場合，議会選挙よりも大統領選挙において，そして同時選挙のときにその傾向が強い[9]。

議院内閣制におけるアカウンタビリティの確保については，政党の役割を無視することはできない。議会における多数の信任を受ける形で首相が選任されることから，首相は議会のエージェントではあるが，同時に，党首として一般議員を統率する立場にもあるからである。したがって，多数党の党首が首相となることを通じて，首相という一点にアカウンタビリティの対象を集中させることができるかは，政党における一般議員と党首の関係によって左右される。しかしこれまでのところ，政党を明示的にフォーマル・モデルの中に取り込んで，それが議院内閣制におけるアカウンタビリティの確保に与える影響を解明した研究は，管見の限りでは存在しない[10]。

この問題に対して，計量データを通じて解明を試みているものとして，キャリーの研究（Carey 2009）がある。キャリーは，有権者によるアカウンタビリ

ティの追求が議員個人を通じて行われるか,政党を通じて行われるかに注目する。たとえば非拘束名簿式比例代表や予備選挙などの選挙制度と,大統領制の場合に,議員個人を通じてアカウンタビリティが問われる傾向が強まる。そうした場合には,議員個人の議場での投票が可視化されやすく,政党に所属する議員の議場での行動の一体性が低下する。このことを,19 カ国の議員の投票行動データの分析から明らかにしている。

議院内閣制におけるアカウンタビリティの確保を考える際,もう一つ見逃せないのが,政権党を構成する政党の数である。まずは,連立政権の場合にコモンプール問題(あるいは共有地の悲劇)が発生することが指摘される。たとえば,ボーンとローゼンブルースは,利益集団がそれぞれ別個の政党に代表されたうえで連立政権を組む場合と,複数の利益集団を包括する巨大政党が単独政権を構成する場合の違いを明らかにした(Bawn and Rosenbluth 2006)。便益と負担の関係にずれがある場合,連立政権のほうが全体的な利得計算ができないことから,政策の非効率性が高まる。そのうえで彼女らは,このことをヨーロッパ 17 カ国の時系列・クロスナショナルデータを用いて統計的に確認している。

ほぼ同じ論理を,地理的な決定権の分割に援用しているのが,中央・地方関係とアカウンタビリティに関する議論である。集権とはすべての地域において単一の政治家が政策決定をする場合,分権とは地域ごとに異なる政治家が政策決定をする場合と考えることができる。ヒンドリクスとロックウッドは,両者の違いをモデル分析し,集権の場合,政治家が過半数の票を得るために半分の地域に公共財を供給し,残る地域を切り捨てることが可能となるため,全体としてのアカウンタビリティは,分権の場合よりも低下することを示している (Hindriks and Lockwood 2009)。

◆ プリンシパルの複数性

ここまで有権者を一枚岩として,政治家の政策パフォーマンスに応じて選抜と制裁を行う存在と考えてきた。しかし実際の有権者はそのような存在ではない。政治家の業績とは別に,特定の理念やイデオロギーに従って,特定の政治家を支持し続ける有権者も多い。そのような党派性を備えた有権者が存在するとき,アカウンタビリティの実現の程度はどのように変化するのだろうか。こ

の問題に対して定式化を試みたのが，ベスリーのモデルである（Besley 2006: 123-128）。有権者の中に，政党（2つの政党を考える）支持者とそうでない無党派層の2種類が存在し，政策結果から得る効用に加えて，前者のタイプの有権者は，自分が支持する政党が政権にあることからも効用を得るとする。すると，2つの政党の勢力比が大きく競争性が低いほど，また政党支持者が無党派層より多いほど，アカウンタビリティの実現は難しくなることが導かれる。

　キッスはこのモデルを継承・発展させ，争点の性格を政治家が左右する可能性を導入した（Kiss 2012）。すなわち，賛否がはっきりと分かれるような争点を政治家が持ち込むことで，無党派層の一部を党派的な支持者に転換できると考える。政党支持者と無党派層の割合をモデルに内生化するのである。そこからは，こうした争点を持ち出すことが現職政治家の支配的な戦略であり，それを防ぐのは困難なこと，その結果，アカウンタビリティの達成の程度は低下することが示される。

　ほぼ同様のモデルに対して，異なる方向から意義づけを与えているのは，フォックスとショッツである（Fox and Shotts 2009）。ここで彼らが検討するのは，有権者が政策そのものに対して好みを持つ場合と，そうしたものを持たずに政策結果だけに関心を持つ場合である。前者は政治家を代理人（delegate）ととらえる有権者，後者は政治家を信託者（trustee）ととらえる有権者と名づけられる。[11] 分析の結果，信託を行うほうが有権者の効用が高まる場合でも，代理のほうが選ばれやすいこと，とりわけ政治家の政策選好が不明確な場合に，こうした「代理の罠」に陥りやすいことが導かれる。

　代理と信託とは，政治思想で長く論じられてきた2つの代表観であるが，ここでは政策と結果のどちらへの選好を有権者が持つのかという形で再定式化されている。これに加えて，もう一つの軸として時間軸，すなわち有権者が将来志向か過去（業績）志向かという点を加えることで，4つの類型ができあがる（表2-1）。

　この4類型は，プリンシパル・エージェント・モデルを用いることで，次のようにとらえなおすことができる。まず，エージェントに対するプリンシパルのコントロールとして，事前にコントロールをかけるのか，事後にコントロールをかけるのかというのが，時間軸に相当する。プリンシパルである有権者が，

表 2-1　委任とアカウンタビリティ

| | | 有権者の効用の要素 | |
|---|---|---|---|
| | | 政治家が選ぶ（選んだ）政策 | 政策の帰結や効果 |
| 時間軸 | 将来 | よい政策を提示する政治家を選ぶ | 能力ある政治家を選ぶ |
| | 過去（業績） | 政治家が選んだ政策に基づく制裁 | 政策効果に基づく制裁 |

［出所］　筆者作成。

　選挙を基準として，それ以前の業績に基づき投票するということは，エージェントである政治家の側から見れば，政権にあるときの行動やその結果に基づいて事後的にコントロールをかけられるということになる。逆に，有権者が選挙以後の政治家の行動やその結果に期待して投票することは，エージェントである政治家としては，自身が政策を選んだりその結果を出したりする前にコントロールを受けるということになる。

　次に，有権者が政治家の政策選択を重視しているのか，それとも政策結果だけを重視しているのかは，コントロールをエージェントの行動（政策形成）に基づいて行うか，エージェントのタイプ（能力や選好）を基準とするかの違いにつながる。[12] エージェントが選ぶ政策が大事なのであれば，政治家による政策形成自体をコントロールしようとするだろうが，結果がよければ十分なのであれば，よい結果を出す力量を持ったエージェントを選び出せばよい。

　ここで有権者は大きな問題を抱える。4つの目的があるにもかかわらず，手段として与えられるのは投票という1つの手段に過ぎないからである。したがって，選挙による政治家のコントロールのある側面を重視すれば，他の側面の確保は困難になる（Manin et al. 1999b）。たとえば，事前コントロールの側面を重視し，公約に基づいて投票することに有権者が強くこだわるならば，事後コントロールとしてのアカウンタビリティの確保は不可能となる。あるいは，任期制限とは，権力の座に長期間座ろうとするタイプの政治家を排除しようとする事前コントロールであると位置づけられる。しかしこれは，政治家が十分な再選欲求を持っていなければ，政治家への制裁は効果を持たず，それには公職にあることの魅力，たとえば金銭的報酬を十分高める必要があるという見方とは矛盾する。さらには，当選後に公約とは異なる選択をすることに対する批判

は，政治家による状況に応じた対応よりも政治家の態度の一貫性を評価するということである。これは，選挙を事後的な制裁の手段ではなく，よい政策を選択するための事前コントロールとしてとらえているのである。

　実際には，有権者は事前コントロールに傾倒しがちである。その理由をモデルを通じて解明したのが，フィアロンである（Fearon 1999）。もし政治家に悪いタイプしかないのであれば，有権者は事後コントロールに専念することができる。しかし皮肉なことに，少数の良いタイプの政治家の存在が，そうした政治家を選び出すインセンティブを有権者に与えるのである。そのことは，事後コントロールに専念することよりも有権者の効用を下げる。とはいえ，良いタイプを選び出すことに専念することは，次善の方策ではある[13]。さらに，事後コントロールをかけたほうが自分たちの効用は改善するとわかっていても，有権者にとって制裁を科するために必要な情報が十分にないことも多い。したがって，事前コントロールとして選挙を用いるという実際の有権者の選択は理解できると，フィアロンは結論する[14]。

　これに対して，政策選択そのものか政策効果かという観点に注目する研究もある。政治家のほうが情報を持っているにもかかわらず，有権者が政策そのものへの選好を有している場合，政治家は，再選のために有権者の利益にならない政策を選択するか否かのジレンマに立たされる。ベスリー（Besley 2006: 136-141）は，こうした局面をモデル化し，政治家が「臆病」にならないためには，政治家が政権にあること自体から得る利得が小さいことが必要になることを示した。

　同様の結論は，マスキンとティロルのモデルによっても示されている（Maskin and Tirole 2004）[15]。彼らは，有権者自身による政策決定，政治家による政策決定と並んで，官僚による政策決定を比較している。そこでは，政治家と官僚の違いは有権者による置き換えの機会の存否によってとらえられている。置き換えの機会があれば，悪いタイプを良いタイプに取り替えられるものの，政治家が「臆病」になるという欠点も存在するため，官僚に悪いタイプが存在する確率がそれほど高くないのであれば，官僚による政策決定のほうが有権者の利得を大きくするというのが，彼らのモデルの結論である。

　政策か政策結果かという有権者の投票基準の選択は，有権者がどちらについ

ての情報を入手しやすいかに依存している。そうした情報は政治家の選択の結果である，つまり政治家がそういった情報を開示すれば有権者はそれを入手できるということを前提として，モデルを構築したのがフェアジョン（Ferejohn 1999）である。エージェントである政治家は，自分の行動をプリンシパルである有権者が観察できるか否かを選ぶ。それを見て有権者が資源の配分を行う。政治家は努力の程度を選び，有権者はその努力と結果を見て，再選させるか否かを決める。すると，有権者が政治家の行動を観察できるようにすることで，有権者もより大きな配分を行うようになる。さらに，有権者は政治家の努力水準に基づいて再選させるかどうかを決めるようになる。だからこそ，政治家は時として自らの行動が観察可能となるよう，情報の開示を行うとフェアジョンは言う。情報公開法を政治家が自ら制定することの理由が，ここには示されている。

さらに，政治家の政策選択の帰結が一部の有権者にのみわかる場合や，政治家のタイプが政策選択以外の側面から有権者に伝わる場合といった，異なる2種類の情報の伝達が，アカウンタビリティの確保にいかなる影響を与えるかを明らかにしたのが，ベスリーである（Besley 2006: 128-136）。そこからは政策選択の帰結が有権者により多くわかることは，政治家の有権者向けの行動を引き起こすが，政策選択以外の側面から政治家のタイプが伝わるのであれば，かえって規律は失われるということが解明される。つまり，有権者に伝達される情報が増えるほど，有権者の状態が良くなるとは必ずしも言えないのである。

## 3　選挙アカウンタビリティの基礎モデル

◆ モデルのねらい

ここまで述べてきた先行研究の検討から，アカウンタビリティを実現させるための条件，さらにはアカウンタビリティを実現することの帰結について，次の諸点が見えてきた。アカウンタビリティを実現するためには，有権者が政治家に選挙を通じて十分な制裁を与えられなければならないが，そのために必要な情報が存在する。また，アカウンタビリティ実現の重要な手段は選挙であるが，選挙が果たす役割はアカウンタビリティの確保だけではなく，他の目的を

追求するために，アカウンタビリティの実現が損なわれる可能性もある。

以下，本章で取り組みたいのは，前者についての検討である。情報の非対称性が解消されれば，すなわち応答性を確保すれば，アカウンタビリティが実現し，それは有権者にとって望ましいことであると素朴には思える。しかしそれは本当なのだろうか。これが本章のモデルを通じて解明したい問いである。後者のアカウンタビリティ実現以外の選挙の役割との関係も重要な課題であるが，この点の検討は後日に期したい。

具体的にはまず，政治家の能力に違いがある場合に，制裁メカニズムがない場合とある場合の違い，さらに応答性の違いとして，現職の政治家の能力はわからないが，どのような政策を選択したのか，その帰結が何であったのかについての情報が与えられる場合に，有権者はどの程度，自分たちが望む結果を手に入れることができるのかを考える。次に，政治家の政策選好に違いがある場合に，やはり制裁の存否と，何に対して応答性を持つかによって，有権者の状態はどのように変化するのかを考えていく。

## ◆ ゲームの構造

政治家と有権者 V がプレイヤーである。政治家が政策決定を行い，それを見て有権者は政治家を再選させるか否かを決める。政治家には能力の高低と有権者の政策選好との異同があり，計4つのタイプがある。能力の高低を H と L，選好の距離を C と D で表現する。H タイプである事前確率を $\pi$，C タイプである事前確率を $\theta$ とする。

有権者と C タイプの政治家は政策選好が完全に合致する。すなわち理想点 0 を共有し，それが実現することで $\Delta$ の利益をそれぞれ得る。D タイプの政治家と有権者の理想点の距離を $d$ とする。したがって，D の理想点が実現したときの有権者の利得は $\Delta-d$ となる。D タイプの政治家は自分の理想点の政策を実現することで $\Gamma$ を得る。$\Gamma$ の期待値を $\gamma$ とする。

政治家が政策決定を行うが，政策選択と帰結の間には不確実性が存在し，政策 $x$ に対する政策帰結は $x+E$ となる。$E=\{0,e\}$ であり，$\Pr(E=0)=\alpha$，$\alpha>1/2$ とし，期待値 $0\cdot\alpha+e(1-\alpha)=\varepsilon$ とする。能力が高いタイプ H は費用 0 を，低いタイプは費用 $c$ を払うことで $E$ を観察できる。$c>e(1-\alpha)$ とする。

したがって，能力が低いタイプは1回だけの選択ならば観察を選ぶことはないと予測できる。

政治家が政策選択を行った後，有権者は選挙において政治家を置き換えるか否か，すなわち現職への制裁を科するか否かを選択する。置き換えを行う場合，政治家は同じ候補者の集まりの中から選ばれる（したがって，各々のタイプが選ばれる確率は事前確率と同じである）。2期目の政策は，再選された政治家，あるいは新たに選出された政治家が決定をする。再選されなかった場合の政治家の2期目の利得は0とする。2期目の利得は，政治家と有権者に共通する割引因子 $\delta$ によって割り引かれる。

◆ ゲームの帰結

後戻り推論を用いながら，このゲームの帰結を考えていこう。まず，2期目の政治家に対する有権者からの制裁は存在しないので，政治家は自身の理想点を実現するように政策選択を行う。Lタイプは費用を払って観察を行うことはない。そして1期目において，有権者はこうした2期目の政治家の行動を予測しながら選択を行う。その有権者の選択を予測しながら1期目の政治家は政策選択を行う。その際，情報の非対称が存在することによって，いかなるゲームの帰結の変化が生じるかについて，場合分けをしながら，以下では考えていく。

第1に，能力の違いが有権者にはわからない場合を考える。能力の違いに注目するため，HCとLCの2つのタイプが存在し，有権者にはその区別がつかないと考える。このとき，さらに有権者が政治家の行動や政策帰結もわからないのであれば，有権者は政治家の置き換えを行うことはない。政策帰結がわかる場合は，政策帰結に基づいてタイプの推測を更新し，その結果LCタイプであるという確率が事前確率よりも高まるのであれば，置き換えを選択する。

HCタイプの最善手は能力を生かして観察を行い，自身および有権者の理想点を実現することである。$E$ の実現値にあわせて，$x=0$，あるいは $x=-e$ という選択を行う。LCタイプの場合，費用を支払って観察を行うか否かの選択を行う。観察を行わない場合は，$x=0$ を選択し，実現値は $\alpha$ の確率で 0，$1-\alpha$ の確率で $e$ となる。観察を行うのは，

第 2 章　選挙アカウンタビリティの構造

$$\Delta - c + \delta(\Delta - e) > \alpha\Delta + (1-\alpha)(\Delta - e)$$
$$\therefore c < (1-\alpha)e + \delta(\Delta - e)$$

のときである。この条件が満たされる確率を $\lambda$ とおく。政権を担当することの利益が大きく、不確実性が大きいほど、この確率は高くなる。

　これに対して、有権者は自身の理想点が実現した場合は、ベイズ・ルールに従い、政治家のタイプについての予測を、次のように更新する。

$$Pr(\mathrm{H}|x_\mathrm{R} = 0) = \frac{1 \cdot \pi}{\pi + (1-\pi)(\lambda + \alpha)}$$

これは $\pi$ よりも大きいので、理想点が実現した場合、有権者は政治家の置き換えを行わない。理想点が実現しない場合は置き換えを行う。

　有権者の期待利得は、政治家の置き換えができない場合、あるいは有権者に何らの情報も与えられない場合、LC タイプの置き換えが行われないので、

$$EU_\mathrm{V} = (1+\delta)\{\pi\Delta + (1-\pi)(\Delta - \varepsilon)\}$$

となる。以下、これを $(1+\delta)T$ と表記する。

　政治家の置き換えが可能であり、情報も完全にある場合、つまり LC への制裁が完全に行われ、それを知っているので LC タイプが情報収集を行わない場合は、

$$EU_\mathrm{V} = \pi\Delta + (1-\pi)(\Delta - \varepsilon) + \delta[\pi\Delta + (1-\pi)\{\pi\Delta + (1-\pi)(\Delta - \varepsilon)\}]$$
$$= (1+\delta)T + \delta\varepsilon\pi(1-\pi)$$

となる。つまり、アカウンタビリティが完全であることの利益は、有権者が将来価値を重視し、不確実性が大きく、L と H タイプの割合が同じくらいのときに、大きくなる。

　有権者が政治家のタイプを知らないが、政策帰結はわかる場合、有権者の期待利得は次の通りである。

$$EU_V = \pi\Delta + (1-\pi)\{\lambda\Delta + (1-\lambda)(\Delta-\varepsilon)\}$$
$$+ \delta[\pi\Delta + (1-\pi)\{(\alpha+\lambda)(\Delta-\varepsilon) + (1-\alpha-\lambda)T\}$$
$$= (1+\delta)T + \lambda\varepsilon(1-\pi) + \delta\pi\Delta(1-\alpha-\lambda) \quad \cdots\cdots (1)$$

第2に、有権者が政治家のタイプを知らず、政策帰結もわからないが、政策選択はわかる場合を考えよう。政策選択を見た場合のタイプの更新は、LCタイプが観察をしないとするならば、

$$Pr(H|x=-e) = \frac{(1-\alpha)\pi}{\pi(1-\alpha)} = 1 > \pi$$

$$Pr(H|x=0) = \frac{\alpha\pi}{\alpha\pi+1-\pi} < \pi$$

したがって、政策選択が $x=-e$ の場合は政治家の置き換えを行わず、$x=0$ の場合に置き換えを行う。これに対してLCが観察を行う動機を持つのは、

$$\Delta - c + \delta(1-\alpha)(\Delta-e) > \alpha\Delta + (1-\alpha)(\Delta-e)$$
$$\therefore c < (1-\alpha)e + \delta(1-\alpha)(\Delta-e)$$

ところがこのとき、

$$Pr(H|x=-e) = \frac{\pi(1-\alpha)}{(1-\alpha)\pi + (1-\pi)\lambda(1-\alpha)} \leq \pi$$

となるので、この場合にも有権者は置き換えを行う。結局置き換えられるのでは、観察費用を払う意味が失われるので、それを予期したLCはやはり観察を行わない。有権者はこれに対して、$x=0$ の場合は置き換えをすればよいということになる。

ところがさらにこの場合、$E=0$ を受け取ったHCはそのまま素直に $x=0$ を提案したのでは、有権者の目にはLCと見分けがつかないために、HCであるにもかかわらず置き換えられてしまう。あえて $x=-e$ を選択することと比較して、

$$\Delta - e + \delta\Delta > \Delta + 0$$
$$\therefore \delta\Delta > e$$

ならば，$E=0$ の場合も $x=-e$ を提案する。この場合，有権者のタイプの予測は次のように更新される。

$$Pr(\mathrm{H}|x=-e) = \frac{\alpha\pi}{\pi} = \alpha$$

したがって，$\alpha \geq \pi$ のとき，有権者は $x=-e$ を見ても政治家の置き換えを行わない。$\alpha < \pi$ のときは置き換えを行う。

結局，$\alpha < \pi$ のとき，すべての場合に置き換えるので，有権者の期待利得は，

$$EU_\mathrm{V} = (1+\delta)T$$

となる。$\alpha \geq \pi$ のときは，

$$EU_\mathrm{V} = \pi\{\alpha\Delta + (1-\alpha)(\Delta-e)\} + (1-\pi)(\Delta-\varepsilon)\} + \delta\{\pi\Delta + (1-\pi)T\}$$
$$= (1+\delta)T + \pi(\alpha e - 1) + \delta\varepsilon(1-\pi)$$

すなわち，この場合の期待利得は，アカウンタビリティ・メカニズムが存在せず，政治家の置き換えを行えない場合よりも低下することもありうるのである。HC が LC と自らを有権者に区分してもらうために，あえて「間違った」政策を選ぶためである。

第3に，有権者とは別の政策選好を持つ政治家が存在する場合に，どのように帰結が変化するかを考えよう。選好の違いに注目するために，HC と HD の2つのタイプの政治家が存在すると考える。

政治家の置き換えを行えない場合の有権者の期待利得は，

$$EU_\mathrm{V} = (1+\delta)\{\theta\Delta + (1-\theta)(\Delta-d)\}$$

以下，$\theta\Delta + (1-\theta)(\Delta-d) = P$ と置く。

有権者にタイプがわかっており，完全に政治家の置き換えを行える場合の有権者の期待利得は，

$$EU_\mathrm{v} = P + \delta\{\theta\Delta + (1-\theta)P\}$$
$$= (1+\delta)P + \delta d\theta(1-\theta)$$

　有権者は政治家のタイプを知らないが，政策帰結はわかる場合に，HC タイプの最善手は能力を生かして観察を行い，自身および有権者の理想点を実現することである。$E$ の実現値にあわせて，$x=0$，あるいは $-e$ という選択を行う。HD タイプの場合，$E$ の観察を行ったうえで，自身の理想点を実現しようとするか，HC タイプを装い，有権者による自らの置き換えを防ぎ，2 期目を狙うかという 2 つの戦略が考えられる。HC タイプを装うのは，

$$\Gamma - d + \delta\Gamma > \Gamma$$
$$\therefore d < \delta\Gamma$$

　つまり，将来価値を重視し，政権担当の利益が大きく，有権者との選好の乖離(かい り)が小さいほど，HC タイプを装う。この条件が成り立つ確率を $\mu$ とする。このとき，有権者は自身の理想点が実現したという帰結を見て，ベイズ・ルールに従い，政治家のタイプについての予測を，次のように更新する。

$$Pr(\mathrm{HC}|x_\mathrm{R} = 0) = \frac{1 \cdot \theta}{\theta + (1-\theta) \cdot \mu}$$

これは $\theta$ よりも大きいので，理想点が実現した場合，有権者は政治家の置き換えを行わない。そうでない場合には置き換えを行う。有権者の期待利得は，式 (1) の $T$ を $P$，$\lambda$ を $\mu$，$\pi$ を $\theta$ に代えたものである。
　第 4 に，政治家の政策選好が有権者のそれと異なる可能性があり，現職の政治家の政策選好も政策帰結もわからないが，政治家の政策選択だけはわかる場合を考える。
　$d \geq e$ のとき，

$$Pr(\mathrm{HD}|x \in [0,d]) = 1$$
$$Pr(\mathrm{HC}|x \in [-\infty, 0]) = \frac{1 \cdot \theta}{\theta + (1-\theta) \cdot \mu}$$

なので，負の政策選択であった場合には政治家の置き換えを行わず，正の政策選択であった場合は必ず置き換えるのが有権者の戦略となる。

$d<e$ の場合，$Pr(\text{HD}|x \in [0,d])=1$ なので，この場合は必ず政治家の置き換えを行う。また，$Pr(\text{HC}|x<0)=\dfrac{\theta\alpha}{\theta\alpha}$ であり，これは $\theta$ より大きいので，置き換えは行わない。さらに，

$$Pr(\text{HC}|x=0) = \frac{(1-\alpha)\cdot\theta}{\theta(1-\alpha)+(1-\theta)\cdot\mu}$$

となる。これは $1\leq\alpha+\mu$ のときには，$\theta$ よりも大きく，逆の場合には $\theta$ よりも小さい。したがって前者の場合には政治家の置き換えを行わず，後者の場合には置き換えを行うのが，有権者の戦略となる。

有権者の期待利得は，$d\geq e$ のとき，

$$\begin{aligned}EU_v &= \theta\Delta+(1-\theta)\mu\Delta+(1-\theta)(1-\mu)(\Delta-d)\\&\quad+\delta\{\theta\Delta+(1-\theta)\mu\Delta+(1-\theta)(1-\mu)(\Delta-d)\}\\&= (1+\delta)P+d(1-\theta)\{\mu+\delta\theta(1-\mu)\}\end{aligned}$$

$d<e$，$1\leq\alpha+\mu$ のとき，

$$\begin{aligned}EU_v &= \theta\Delta+(1-\theta)\mu\Delta+(1-\theta)(1-\mu)(\Delta-d)+\delta\{\theta\alpha\Delta+(1-\theta\alpha)P\}\\&= (1+\delta)P+d(1-\theta)(\mu+\delta\theta d)\end{aligned}$$

$d<e$，$1>\alpha+\mu$ のとき，

$$\begin{aligned}EU_v &= \theta\Delta+(1-\theta)\mu\Delta+(1-\theta)(1-\mu)(\Delta-d)\\&\quad+\delta\{\theta\Delta+(1-\theta)\mu(\Delta-d)+(1-\theta)(1-\mu)P\}\\&= (1+\delta)P+(\Delta-P)\{\mu+\delta\theta(1-\mu)\}\end{aligned}$$

となる。

◆ **まとめと検討**

モデルから導出された命題は，次のようにまとめられる。

(1) 有権者にとって，政治家の能力はわからないが，政策の帰結を知ること

第Ⅱ部 選挙アカウンタビリティ

表 2-2 モデル分析の結果

|  | 制裁が不可能、または応答性が皆無 | 制裁が可能 | | |
|---|---|---|---|---|
|  |  | 政策選択は応答的 | 政策帰結は応答的 | タイプそのものが応答的 |
| 政治家のタイプ＝能力に違い | $(1+\delta)T$ | $\alpha<\pi$ ならば $(1+\delta)T$<br>$\alpha\geq\pi$ ならば $(1+\delta)T$<br>$+\pi(\alpha e-1)+\delta\varepsilon(1-\pi)$ | $(1+\delta)T+\lambda\varepsilon(1-\pi)$<br>$+\delta\pi\Delta(1-\alpha-\lambda)$ | $(1+\delta)T+\delta\varepsilon\pi(1-\pi)$ |
| 政治家のタイプ＝選好に違い | $(1+\delta)P$ | $d\geq e$ ならば $(1+\delta)P$<br>$+d(1-\theta)\{\mu+\delta\theta(1-\mu)\}$<br>$d<e,\ 1\leq\alpha+\mu$ ならば $(1+\delta)P+d(1-\theta)(\mu+\delta\theta d)$<br>$d<e,\ 1>\alpha+\mu$ ならば $(1+\delta)P+(\Delta-P)\{\mu+\delta\theta(1-\mu)\}$ | $(1+\delta)P+\mu\varepsilon(1-\theta)$<br>$+\delta\theta\Delta(1-\alpha-\mu)$ | $(1+\delta)P+\delta d\theta(1-\theta)$ |

［出所］ 筆者作成。

ができる場合、有権者の期待利得は、情報が完全完備な場合に比べると小さく、制裁の機会が存在しない場合に比べると大きくなる。

(2) 有権者にとって、政治家の能力はわからないが、政策選択を知ることができる場合、有権者の期待利得は、情報が完全完備な場合に比べると小さく、制裁の機会が存在しない場合に比べても小さくなる場合もある。

(3) 有権者にとって、政治家の選好はわからないが、政策の帰結を知ることができる場合、有権者の期待利得は、情報が完全完備な場合に比べると小さく、制裁の機会が存在しない場合に比べると大きくなる。(1)の場合と期待利得としては同じになる。

(4) 有権者にとって、政治家の選好はわからないが、政策選択を知ることができる場合、有権者の期待利得は、情報が完全完備な場合や政策帰結を知ることができる場合（(3)の場合）に比べると小さく、制裁の機会が存在しない場合に比べると大きくなる。

具体的に有権者の効用をそれぞれの場合について表記したものが、表 2-2 である。

選挙アカウンタビリティの存在は，政治家の能力と選好についての情報が十分にあるときに，有権者の効用を最もよく改善する。ただし，選挙によって政治家の置き換えができるからといって，考えうる最高の結果，すなわち2回目の政策決定をすべてHCタイプによって行うという結果が得られるわけではない。候補者たちの中から無作為に政治家の抽出を行うので，再び好ましくない政治家が2回目の政策決定を行う可能性もあるからである[16]。

次に，政治家の能力や選好がわからずとも，政策帰結がわかっていれば，選挙アカウンタビリティは有権者の効用を相当に改善する。有権者は政策帰結から効用を得ているので，政策帰結がわかっていれば，かなり正確に，政治家の置き換えを行える。ただし，能力が低い政治家や選好を本来は異にする政治家がその姿を偽り，有権者はそれを見抜けない場合が出てくるので，情報が完全完備のときと同じだけの効用を得られるわけではない。

ここまでは直観的にも理解しやすい結論であろう。しかし驚きなのは，選挙による制裁は可能だが，政治家の能力についての情報がない場合に，政策選択そのものが何であったかがわかるようになることは，選挙による制裁が不可能な場合，あるいは全く情報がなく，そのため政治家の置き換えを全くしない場合よりも，むしろ有権者の効用は低下するということである。他方で，政治家の政策選好についての情報がない場合，選挙による制裁がない場合よりも有権者の期待利得が低下することはない。つまり，能力と選好を比べたとき，能力についての予測のほうが有権者にとっては難しい。これは，能力が低い者であっても，いわば「まぐれ当たり」によって能力が高い者と同じ結果を出すことがあるからである。選好が違う場合には，選好が異なる者が意図的に選好が同じであると装うことをしない限り，選好を異にする二者が同じ結果を出すことはない。こうした違いがあるために，能力についての予測を行うほうが難しいのである[17]。

このため，能力が高い政治家も能力が低い政治家と区別されることなく，置き換えられてしまう可能性が出てくる。政権を担うことの利得 $\Delta$ が十分大きいならば，能力が高い政治家は，政策帰結としては自分と有権者双方に悪い結果をもたらすと知りつつ，能力の低い政治家が選ばない政策をあえて選択することによって，自らの能力の高さを有権者に伝えようとする。その結果，確か

に，能力の高い政治家は再選され，能力の低い政治家は置き換えられるが，その情報を伝達するために，1期目であえて結果が悪い政策が選択された分，有権者の期待利得は置き換えを全く行わない場合よりも，低下してしまうのである。

そうであるならば，有権者は政治家が選んだ政策という情報をむしろ捨てたほうがいいということになる。仮にそのように有権者が自分自身の手を縛れるのであれば，そのほうが有権者の効用は改善する。しかし，それは悪いタイプの政治家を置き換える可能性も放棄するということである。一度手に入れた情報をあえて使わないという戦略は，事後的な結果もすべて見通したうえで，鳥瞰的に全体を見渡している観察者にはとりえても，実際の行為者にはとりえないものである。

あるいは，2期目を担いたいという政治家の意欲が，全体としての効用を低下させているという見方もあるだろう。したがって $\Delta$ を低くすることによって，能力の高い政治家が嘘をついてでも2期目を担おうとするインセンティブを小さくすることはできる。しかし他方で，$\Delta$ の大きさは，有権者を満足させ再選することが政治家自身の利益にもつながるという形で，政治家と有権者の利益を合致させる源泉にもなっている。制度設計をするのであれば，この2つのインセンティブのバランスをとりながら，適切な $\Delta$ を与えるようにすることが，アカウンタビリティを有権者の効用の改善につなげるためのポイントとなる。

## 4 現代民主制とアカウンタビリティ

本章では，選挙を通じたアカウンタビリティを成立させる条件について，フォーマル・モデルを用いて解明を試みた。本章のモデルは，政治家の能力と選好に違いがあるとき，どのような情報の存在が，つまりいかなる応答性の存在が有権者の状態を改善するのかを明確化した。政策帰結に関する情報が選挙という制裁の機会と結び付くことは，有権者の効用を改善するが，政策選択そのものに関する情報だけが選挙による制裁と結び付くと，有権者の効用は時として低下する。もちろん，これは応答性が常に有権者にとって有害であると主張

しているわけではない。しかしそういった留保をつけつつ，選挙アカウンタビリティは，適切な情報と組み合わさなければ，有権者にとっての福音とはならないというのが，本章の結論である。

　この結論に基づけば，たとえば，短期的に政治家のとった行動だけを伝え，その行動が長期的にはどのような効果を持ったのかをマスメディアが伝えないとき，有権者の状況はかえって悪化する可能性がある。有権者が政治について入手する情報の多くがマスメディアを通じてのものである以上，マスメディアが政治についていかなる時間軸を設定して情報を伝達するかの違いは大きい。政策の長期的な効果に関する情報が存在してはじめて，選挙アカウンタビリティはその真の効果を発揮するのであり，そこにおけるマスメディアの役割は大きい。また，政策効果の事後的な検証を正確に行ううえでは，学術研究が不可欠となる。

　アカウンタビリティとは，答える側に責任を課するだけではない。いかなる問いを発するかという点で問う側にも責任を課するものである。時としてアカウンタビリティの過剰が指摘されることがあるが，正確に言うならば，何に対して応答性を求めるかによって，アカウンタビリティとは，それを問う側の状態を良くも悪くもすることがあるということである。私たちがアカウンタビリティという道具に振り回されないためには，目につきやすい政治家の行動だけではなく，その帰結や効果こそを問うていかなければならないのである。

● 注
1) これ以外に，「どちらとも言えない」あるいは「どちらかと言えばあまり知らない」という1181人の回答者が存在する。これらの回答者の傾向は，図2-1で示した2つのタイプの有権者の中間に位置する。
2) 2012年12月15日実施。有効回答数1900（回収率63.3%）。
3) ここから，アカウンタビリティの定義の中に情報の確保を含める論者もいる。「アカウンタビリティとは議員たちがプリンシパルの選好と要求に対して応答的であり，議員の行動についての情報がプリンシパルにとって入手可能であり，議員が応答的でない場合にはプリンシパルが罰を与えることができることを意味する」（Carey 2009: 3）。
4) この節の整理は，ベスリーによるまとめと重なる部分が大きい（Besley 2006: ch. 3）。日本語の文献としては，小西（2009）がここで取り上げたいくつかのモデルと類似のモデルを示している。

5) 通常は，政治家が私的情報を持つことを前提として，政治家から有権者に対するアカウンタビリティが発生すると考える。逆に，有権者が政治家に対し私的情報を持つことは民主制の前提である。誰に投票したかということは有権者の私的情報でなければならず，これが政治家側にもわかるのでは，有権者から政治家への逆責任（perverse accountability）が発生する（Stokes 2005）。
6) 発生後に，政治家はそれが何であるかを知る。有権者にはわからない。
7) 関連して，パーションとタベリニは，有権者のみならず政治家自身も自分の能力がわかっておらず，政策を実現していく中で初めてそれがわかっていくという状況を分析している（Persson and Tabellini 2000: ch. 4）。
8) この他，政治制度や政治体制の違いを独立変数として，アカウンタビリティの実現の程度を媒介しつつ，それが経済パフォーマンス（Hicken et al. 2005）や政治腐敗（Adserà et al. 2003）など多様な帰結に結び付いていることを示す実証研究も多い。
9) 同様の結果を，アメリカの州政府を対象として得ているのが，ローリーたちである（Lowry et al. 1998）。議会選挙よりも知事選挙において，両者が同時選挙の場合に，また分割政府よりも統一政府の場合に，業績投票が行われる傾向が強い。ただし，その業績投票における賞罰は，単純に財政規模を拡大したり縮小したりすることに対してではなく，有権者の期待に反したとき，たとえば民主党なのに財政規模が縮小したときに発動されるという。
10) この点について，厳密なモデル分析によるものではないが，ストロームによる議院内閣制と大統領制における権限委譲とアカウンタビリティの議論では，次のことが論じられている（Strøm 2000）。権限委譲の連鎖が1本か複数かという形で議院内閣制と大統領制を対比すると，議院内閣制では政党を中心として誰を党首・首相とするかという選別機能への依存が大きく，逆選抜への対処が中心となるのに対して，大統領制では事後的なモニタリングを通じたモラルハザードへの対処が中心となるのである。ただし，論理必然的にそうなると言えるのかについては，疑問の余地が残る。
11) 同じことをマニンらは，有権者が支持する政策が有権者にとってよい結果をもたらさない場合でもそれを選ぶことは，政治家が応答的（responsive）ではあるが，代議制的（representative）ではないと述べている（Manin et al. 1999a）。
12) 狭義のアカウンタビリティとは，表2-1の右下の類型，すなわち政策効果に基づく賞罰を事後的に課すことだと位置づけられてきた。マニンたちによれば，アカウンタビリティとは，政策によって生じた帰結（outcome）と選好を比較し，本人が罰を与えうるようにすることを指すととらえられる（Manin et al. 1999a: 8-9）。
13) フォウラーらは，異なる状況下でのモデルを用いながら，政治家のタイプの良し悪しについて，繰り返される選挙における公約を通じて有権者が学習していき，良いタイプを選出できることをモデルから明らかにしている（Fowler and Frederking 2000）。
14) さらに，有権者が事前コントロールを用いるのは，有権者が政策そのものに対する好みを実現しようとしているのではなく，能力のある政治家を選出し，状況に合わせた政策選択を行うことをその政治家に期待しているからだという主張もある（Esterling 2004）。
15) このモデルについては，小西（2009: 267-278）が詳しく紹介している。
16) この仮定を変更し，有権者が政治家のタイプの選択をより適切に行うことができる

とすれば，有権者の期待利得はさらに高まりうる。ただし，そうしても議論の大筋は変化しない。
17) 政策帰結がわかる場合は，能力が不明の場合と選好が不明の場合で有権者の期待利得に違いがないのは，政策帰結は，予測がより難しい能力の違いを予測するのにも十分な情報だからである。それは当然，選好の違いを知るには十分な情報となる。このため，予測精度には違いがなくなるのである。
18) たとえばナイブレイド（2011）は，現在日本の頻繁な政権交代は，有権者がハイパー・アカウンタビリティを政権担当者に求める結果であると指摘する。また，ベスリーとプラットの研究は，メディアの報道の自由の拡大が，政権交代の頻繁さなどにつながることをデータから示している（Besley and Prat 2006）。

● 引用・参考文献

遠藤晶久 2009「業績評価と投票」山田真裕・飯田健編『投票行動研究のフロンティア』おうふう。
小西秀樹 2009『公共選択の経済分析』東京大学出版会。
ナイブレイド，ベンジャミン 2011「首相の権力強化と短命政権」樋渡展洋・斉藤淳編『政党政治の混迷と政権交代』東京大学出版会。
Adserà, Alícia, Carles Boix, and Mark Payne 2003, "Are You Being Served? Political Accountability and the Quality of Government," *Journal of Law, Economics, and Organization*, 19 (2): 445-490.
Austen-Smith, David, and Jeffrey S. Banks 1989, "Electoral Accountability and Incumbency," in Peter Ordeshook ed., *Models of Strategic Choice in Politics*, University of Michigan Press.
Bawn, Kathleen, and Frances Rosenbluth 2006, "Short versus Long Coalitions: Electoral Accountability and the Size of the Public Sector," *American Journal of Political Science*, 50 (2): 251-265.
Besley, Timothy 2006, *Principled Agents?: The Political Economy of Good Government*, Oxford University Press.
Besley, Timothy, and Andrea Prat 2006, "Handcuffs for the Grabbing Hand? Media Capture and Government Accountability," *American Economic Review*, 96 (3): 720-736.
Carey, John M. 2009, *Legislative Voting and Accountability*, Cambridge University Press.
Esterling, Kevin M. 2004, *The Political Economy of Expertise: Information and Efficiency in American National Politics*, University of Michigan Press.
Fearon, James D. 1999, "Electoral Accountability and the Control of Politicians: Selecting Good Types versus Sanctioning Poor Performance," in Adam Przeworski, Susan C. Stokes, and Bernard Manin eds., *Democracy, Accountability, and Representation*, Cambridge University Press.
Ferejohn, John A. 1986, Incumbent Performance and Electoral Control, *Public Choice*, 50 (1-3): 5-25.
—— 1999, "Accountability and Authority: Toward a Theory of Political Accountability," in

Adam Przeworski, Susan C. Stokes, and Bernard Manin eds., *Democracy, Accountability, and Representation*, Cambridge University Press.

Fowler, Linda L., and Brian Frederking 2000, "Representation, Careerism, and Term Limits: A Simulation," in William T. Bianco ed., *Congress on Display, Congress at Work*, University of Michigan Press.

Fox, Justin, and Kenneth W. Shotts 2009, "Delegates or Trustees? A Theory of Political Accountability," *Journal of Politics*, 71 (4): 1225-1237.

Hellwig, Timothy, and David Samuels 2008, "Electoral Accountability and the Variety of Democratic Regimes," *British Journal of Political Science*, 38 (1): 65-90.

Hicken, Allen, Shanker Satyanath, and Ernest Sergenti 2005, "Political Institutions and Economic Performance: The Effects of Accountability and Obstacles to Policy Change," *American Journal of Political Science*, 49 (4): 897-907.

Hindriks, Jean, and Ben Lockwood 2009, "Decentralization and Electoral Accountability: Incentives, Separation and Voter Welfare," *European Journal of Political Economy*, 25 (3): 385-397.

Kiss, Áron 2012, "Divisive Politics and Accountablity," *European Journal of Political Economy*, 28 (2): 208-214.

Lowry, Robert C., James E. Alt, and Karen E. Ferree 1998, "Fiscal Policy Outcomes and Electoral Accountability in American States," *American Political Science Review*, 92 (4): 759-774.

Manin, Bernard, Adam Przeworski, and Susan C. Stokes 1999a, "Introduction," in Adam Przeworski, Susan C. Stokes, and Bernard Manin eds., *Democracy, Accountability, and Representation*, Cambridge University Press.

—— 1999b, "Elections and Representation," in Adam Przeworski, Susan C. Stokes, and Bernard Manin eds., *Democracy, Accountability, and Representation*, Cambridge University Press.

Maskin, Eric, and Jean Tirole 2004, "The Politician and the Judge: Accountability in Government," *American Economic Review*, 94 (4): 1034-1054.

Persson, Torsten, and Guido Tabellini 2000, *Political Economics: Explaining Economic Policy*, MIT Press.

—— 2003, *The Economic Effects of Constitutions*, MIT Press.

Persson, Torsten, Gérald Roland, and Guido Tabellini 1997, "Separation of Powers and Political Accountability," *Quarterly Journal of Economics*, 112 (4): 1163-1202.

Przeworski, Adam, Susan C. Stokes, and Bernard Manin, eds. 1999, *Democracy, Accountability, and Representation*, Cambridge University Press.

Stephenson, Matthew C., and Jide O. Nzelibe 2010, "Political Accountability under Alternative Institutional Regimes," *Journal of Theoretical Politics*, 22 (2): 139-167.

Stokes, Susan C. 2005, "Perverse Accountability: A Formal Model of Machine Politics with Evidence from Argentina," *American Political Science Review*, 99 (3): 315-325.

Strøm, Kaare 2000, "Delegation and Accountability in Parliamentary Democracies," *European Journal of Political Research*, 37 (3): 261-289.

第3章

## 選挙アカウンタビリティの実証分析
### 現代の日本政治を事例として

大村 華子

## *1* 問題の所在——選挙アカウンタビリティを測る

　本章は日本政治の動態を事例としながら，選挙アカウンタビリティについて実証的に分析することを目的とする。第1章において定められたアカウンタビリティの定義をもとにすると，選挙アカウンタビリティとは，「政府，政党，または候補者が，有権者に対してその過去または将来の活動について説明をする義務があるとき，有権者に対してアカウンタビリティを有する。加えて，有権者はポジティブまたはネガティブな制裁を政府，政党，または候補者に対して科することもできる」ものとして定めることができる（本書第1章：29頁）。このように定義される選挙アカウンタビリティを経験的に分析するに際しては，次の3つの課題があることが示唆される。

　第1の課題は，選挙アカウンタビリティが満たされている度合いを，政府や政党による政策の実行の程度に応じていかに表すことができるのか，という点である。これまでの主な政治代表の研究においては，有権者からの負託に対する政策的応答性（policy responsiveness）が満たされることを通じて，選挙アカウンタビリティが達せられているのか否かが検証されてきた（Erikson et al. 2002; Adams et al. 2004）。これらの基盤的な研究においては，アカウンタビリティの成否を確かめるために公約と政策選択の間の整合性が問われたのに対して，さらなる研究の対象は，アカウンタビリティを含む広範な政治過程へと及んだ。[1]

すなわち，第2の課題として，政府や政党によるアカウンタビリティは何によって決まり，第3の課題として，アカウンタビリティが選挙にどのように影響を及ぼすのかということである（Ashworth 2012）。これらの研究を進めるためには，従来の研究において見られたようにアカウンタビリティの有無や成否といった決定的な（deterministic）仮説を検証するだけでは不十分であった。アカウンタビリティが満たされている程度を連続的にとらえ，その推移が何によって決まり選挙結果にどのような影響を与えるのか，を分析することができる「アカウンタビリティの操作化・指標化」が求められることになった。言い方をかえるならば，アカウンタビリティが満たされているときにどのような政治経済的な現象が観察されるのかという，いわば「アカウンタビリティの観察可能な含意」に焦点を当てた新しい試みが公表されるようになってきている（参考：Healy and Malhotra 2013; Ashworth 2012）。本章は，こうした新しい研究の動向に目を向けつつ，本書における選挙アカウンタビリティの定義に依拠したうえで，アカウンタビリティの操作化・指標化，規定要因の特定，選挙結果への影響の分析という3つの課題に順次取り組む。

以下では，次節で新たな研究動向を整理し，第3節で日本政治の背景も考慮しつつ，選挙アカウンタビリティの操作化・指標化を試みる。続けて第4節では，アカウンタビリティの程度を規定する要因は何かを，特に世論の影響に注目しながら検証する。第5節において，業績投票モデルの含意を念頭に置きながら，アカウンタビリティが選挙結果に与える影響を分析する。最後に第6節において，分析結果をまとめたうえで，さらなる分析の可能性についてふれる。

## 2　先行研究の整理と本章の分析課題の設定

### ◆ 選挙アカウンタビリティをめぐる伝統的な実証研究

選挙アカウンタビリティに関する実証研究は，政策をめぐる政党の約束（以下，主に「公約」）が政権与党によって守られ，政策選択に反映されているのかを問うところから始まった。これは，政府が世論に応答しているのかを分析する「負託代表制（mandate representation）」とはわずかに異なる政治過程を扱うものであり，「アカウンタビリティ代表制（accountability representation）」と呼

びうる政治過程を検証することを目的としたものである（Manin et al. 1999: 30-44)[2]。このなかでは，政党が有権者に対して約束した公約を実行し，与党に対して付与された負託に応えているのかが関心の対象となった（Budge and Hofferbert 1990; Stimson et al. 1995; Cheibub and Przeworski 1999; Stokes 2001, 2005; Erikson et al. 2002: Chap. 7; McDonald and Budge 2005)[3]。具体的には，公約と政策実行の間の一致・不一致を探る研究設計がとられ，政治代表を経験的に分析することを念頭に，伝統的な（orthodox）かたちでアカウンタビリティの政治過程を検証しようとしたところに特徴があったと言える。

しかし，こうした従来の研究には一定の限界も存在した。たとえば，公約量の増加と当該分野での財政支出の増加に連動性が見出せたとしても（Budge and Hofferbert 1990)，それは公約の財政支出に対する平均的効果を導いたものにすぎない。そのもとで，アカウンタビリティが満たされていたのかを判別することが可能でありながらも，時期ごとのアカウンタビリティの変動を連続的にとらえることまでは分析の射程外とならざるをえなかった。すなわち，決定的な「アカウンタビリティの成否」が取り上げられたのに対して，「アカウンタビリティが果たされている程度の強弱・高低」を明らかにし，それが何によって決まっているのか，またそれがどのような政治的帰結に影響を与えるのか，ということまでは明らかにできなかったのである。そして，アカウンタビリティの成否を問う伝統的な研究の枠組みを越え，その連続的推移をとらえるための操作化・指標化の工夫が進められるようになった。

#### ◆ 新しい研究の方向性——アカウンタビリティの操作化と指標化をめぐる工夫

2000年代後半からの研究においては，アカウンタビリティが満たされている状態をいかに適切に操作化するのか，をめぐる新しい研究設計に主要な関心が移行した。そこでは，アカウンタビリティが満たされているとするならば，政治経済的な現象として何が起こりうるのかという，いわば「アカウンタビリティの観察可能な含意」に関心が集まった。単に政策をめぐる約束が守られ，政策選択との間に一貫性があることをアカウンタビリティが満たされている状態であるとするのではなく，アカウンタビリティが働いているときに政府は何に注力するはずなのか，という理論的予測と，その含意をとらえることがめざ

された。

　加えて，これらの研究においては，ただ操作化の工夫が追求されただけではなかった。制度・情報からの影響のモデル化や「複数課題モデル（multitask model）」といった理論研究の進展を背景に，それらの理論モデルの検証を視野に入れた実証分析が試みられることにもなった（参考：Ashworth 2012: 188-190, 191-192; Besley 2006: 108-146）。そして，アカウンタビリティが満たされている状態を操作的に定義することを通して，アカウンタビリティの程度が業績投票に与える影響の検証にまで，分析の射程が拡張された（Besley and Burgess 2002; Strömberg 2004; Berry and Howell 2007; Gordon and Huber 2007）。

　そうした先行研究において，日本政治分析への応用可能性も視野に入れて興味深い分析枠組みを提供していると考えられるのが，複数課題モデルの検証を試みた一連の研究群である。中でも，自然災害に対する（地方）政府の対応とそれに対する有権者の業績投票の関係を扱った分析は，有用な視点を提供している。チェンは，アメリカ連邦緊急事態管理局（Federal Emergent Management Agency: FEMA）による災害復旧政策の重点化によって，それが十分な地域ほど，知事選挙に際して現職の得票率が伸びることを明らかにした（Chen 2013）。またヒーリーとマルホトラは，アメリカの郡（county）を分析単位とし，政府がよりアカウンタビリティを重視するならば，事後的で救済的な意味合いを帯びる復旧費ではなく，事前の災害準備対策費に振り分ける支出のほうが多くなるはずである，という仮説を定めた（Healy and Malhotra 2009）。そして実際には，事後的な救済の重点化が現職の再選に有利に働き，政府もより再選につながりやすい救済の方向性を重視する傾向にあることを明らかにしている。チェンやヒーリーらの主要な関心はあくまで業績投票モデルの実証にあり，政府のパフォーマンスの成否が有権者の投票選択に与える影響を主眼としたものである。しかし注目するべき点は，政府のパフォーマンスを単に失業率や消費者物価指数といったような経済指標で近似する経済投票モデルの枠組みに依拠するのではなく，アカウンタビリティが満たされている程度をもとに，業績評価の一端をとらえようとしたところにある。

　こうした研究の特徴は，アカウンタビリティが満たされるときに「代理人」たる代表者はどのような政策選択・施策に重点を置くのかということを特定し，

それをアカウンタビリティの度合いの操作化に反映しようとしたところである。では、そうした操作化の試みにおいて、政府のどのような性質がアカウンタビリティの程度を測るための要素として注目されているのだろうか。

そこで検討するべき点は、政府や政党の公共財と私的財への力点の置き方の問題である。すなわち、公共財の拡充に重きを置く政府または政党ほど、より有権者に対する誠意に富み、私的財を重視するものほど政権の維持・獲得、得票の最大化といった自己利益を追求しようとする、という見方である（Healy and Malhotra 2009）。与党にとっての主要な目的は政権維持であり、得票の伸張につながる政策選択を図る誘因が働きやすい。一般的には、特定の集団に対する特殊利益の誘導や、幅広い有権者層に対する再分配を通じた財政出動が好まれる傾向にあるとされる（Cox and McCubbins 2000）。しかし与党が、良心的に有権者の真のニーズを把握しようと努め、各選挙区単位でもその志向性が実現されるならば、与党は幅広い有権者が利益を享受でき、いったんそれが形づくられることで磨耗することの少ない公共財志向の分配に注力するはずである。このように考えると、単に、公約と政策選択が一致しているかを問う設計からだけでは、政府が真の意味において真摯にアカウンタビリティを重視しているのかをとらえることはできない。公共財志向なのか、私的財志向なのかという対照から浮かび上がる、いわば政府の「誠実さ」ともいいうる側面を加味してはじめて、アカウンタビリティが実質的な意味において機能しているのかを評価することができるようになる。そしてまさに、政府の性質までをも組み込んだうえでの操作化・指標化の試みが、現在の選挙アカウンタビリティ研究における中心的な取り組みの一つとなってきている。

### ◆ 選挙アカウンタビリティの指標化、規定要因、影響

ここまで整理してきた選挙アカウンタビリティの実証研究の動向から、日本政治をめぐる分析に際して、どのような分析視点を重視し、研究を設計していくことが求められるであろうか。[4]

第1に、正統なアカウンタビリティ研究の系譜をふまえて、公約と政策選択の一致・不一致を考慮する必要性は依然として大きい。政府が約束したことをなるべく多く実行することが、アカウンタビリティが満たされている状態であ

ると定め，その程度を操作化・指標化に組み込むということである。しかし既述の通り，そうした約束と実効の間の一致・不一致を分析するだけでは，アカウンタビリティの実質的側面をとらえるには不十分である。

　したがって第2に，近年のアカウンタビリティに関する新しい操作化・指標化の取り組みの動向に基づき，政党と政府の公共財と私的財への分配の志向性を反映させる工夫が求められる。公共財と私的財への重点の置き方を分析に反映させるためには，どの政策分野の拡充が図られる場合に，政府は公共財ないしは私的財を重視していると言えるのか，を分析者が定める必要がある。

　そこで日本政治分析における従来の知見も参考にしたうえで，政策分野を公共財志向，または私的財志向のいずれかに区分するための基準として有用と考えられるのが，一般利益と特殊利益という分類の仕方である（建林 2004; Pekkanen et al. 2006; Fujimura 2013）。この区分は，特に選挙・議員行動研究において，議員の政策選好，部会・委員会の選択などを分析する際の主要な基準となってきたものである。近年のアカウンタビリティの研究においても，こうした分類の意義が意識されつつある（Healy and Malhotra 2009: 389）。したがって本章では，日本政治分析における標準的な政策分野の区別とアカウンタビリティ研究における動向との接合を図る意味を含めて，政策分野を一般利益分野か，特殊利益分野かのいずれかに分類し，公約と政策選択のそれぞれにおいて，「公共財――一般利益」または「私的財―特殊利益」のどちらに重きが置かれているのかを確かめる。そして公約面での「一般・特殊利益への重点の度合い」と，政策選択面での「一般・特殊利益への重点の度合い」がどの程度一致しているのかをもとに，アカウンタビリティの程度を測るという方法をとる。

　また日本においては，世論と政策選択の関係を扱う研究はいくつか取り組まれてきた一方で，アカウンタビリティを含む政治過程を量的に検証しようとする試みは限定的であった（Fujimura 2009; 斉藤 2010; 大村 2012）。55年体制下の日本においては，自民党が利益分配の政治を通して負託への応答の程度を調整し，有権者は自民党に対して自らのパフォーマンスを釈明するような「逆説明責任（perverse accountability）」のメカニズムが働いていた，とする指摘もなされてきた（斉藤 2010; Stokes 2005）。しかし，こうした研究において分析の対象となってきたのは，支持率と政府補償という，あくまでも有権者と政府という

広範な政治過程をめぐってのものであり，両者を媒介する政党の公約レベルの要素は明示的に分析に組み込まれてこなかった。

これに対して本章では，アカウンタビリティを含む政治過程の実証分析とは，すなわち，アカウンタビリティの程度を従属変数としてその「起因」を探る分析と，アカウンタビリティの程度を独立変数としてそれが「帰結」に与える影響を特定しようとする分析のことを指す，という立場をとる。「有権者—政府間」という広い関係を見るだけでは，その内部において政権与党が負託をどの程度実行するのかという戦略的思考の影響を特定することができない。したがって次節以降では，分析の基盤となる日本における「アカウンタビリティ指数」をもとに，それが世論，経済状況，政治的変化からどのような影響を受け，また選挙結果にどういった影響をもたらすのかを検証していく。

## 3 実証分析 I——日本政治分析と選挙アカウンタビリティの操作化・指標化

本節以降では，ここまで整理してきた検証課題をふまえて，1960年から2001年の41年間，42時点分を分析対象とした時系列分析を進める。本節の作業は，鍵となる「アカウンタビリティ指数」の定義について説明し，それを導出することである。指標化の手順をあらかじめまとめておく。第1に，「公約における一般・特殊利益比率」変数を定める。第2に，「政策選択における一般・特殊利益比率」を同様に定義する。第3に「政策選択における一般・特殊利益比率」変数を「公約における一般・特殊利益比率」変数に回帰して予測値と実測値との間の残差を導く。この残差値は，「政策選択における一般・特殊利益比率（公共財—私的財の志向性）」が「公約における一般・特殊利益比率（公共財—私的財の志向性）」によって説明されていない程度を表すことになる。そしてその残差値が負の値をとるということは，一般利益志向が予測値に満たないことを意味し，アカウンタビリティが十分に満たされていないことを指すことになる。逆に，正の値の場合は予測値を超えて十分に一般利益志向が高いことを意味することから，公約との一致性は限定されるものの，アカウンタビリティが十分に満たされているものとして解釈されることになる。以下では，それぞれの指標化の段階ごとに，詳しい説明を加えていくことにしよう。

## ◆ 公約における一般・特殊利益比率

　指標化のための第1の作業として，政党の公共財―私的財の志向性を「公約における一般・特殊利益比率」として算出する。なお，政党の政策公約に関するデータは，各国の国政選挙時に政党が発表した公約を数量化した「マニフェスト・プロジェクト（Manifesto Project; MP）」データのものを使用する。[5]

　さて MP データでは，「1. 対外関係」「2. 自由と民主主義」「3. 政治システム」「4. 経済」「5. 福祉と生活の質」「6. 社会基盤」「7. 社会的集団」という7つの政策領域が指定されている。それぞれのカテゴリ内には，4〜14程度の下位カテゴリが設けられ，全体として56の下位カテゴリに政策分野が分類されている。そして56の下位カテゴリに，各政党が文言を割いている割合値をもとに，当該政策分野への力点を推し量るという構成になっている。たとえば，政党 A の1975年の「特定国との関係：積極（変数名，PER101）」という変数の値が「2.5」であるということは，1975年に行われた国政選挙において，政党 A の公約全体に占める特定国との関係の緊密化を表明する文言の割合が2.5% であったことを意味し，その程度に応じて，政党 A が特定国との関係の強化に力を入れていたと解釈できる。それら56の下位カテゴリのうち，少なくない項目は何らかの一般利益，特殊利益といった「有権者が何を受け取ることができるのか」に関する約束を述べるものではなく，政党の理念・価値観を表明するものとなっている。したがって，56の下位カテゴリを，第1に「理念・価値観の表明」，第2に「一般利益に関する約束」，第3に「特殊利益に関する約束」という3種類にまずは分類する。分類は表3-1に示した。

　表3-1の末尾には，全政党の全期間にわたる公約の傾向を概観するために，簡略な記述統計を付記している。最も多いタイプの公約は「理念・価値観」を表明するもので，全体の40% 以上を占めている。次に一般利益，特殊利益と続くが，特殊利益に含まれる下位カテゴリの数が限定的であるのに比して，そこでの文言の割合は一般利益におけるものと拮抗している。また標準偏差も大きく，政党ごとの，あるいは時期ごとのばらつきが大きいことも示唆される。指標化に際しては，「理念・価値観」に関する公約項目を除外し，表3-1内で網かけされているセル内の一般利益と特殊利益のみに注目して分析を進めていくことになる。

## 表3-1 政策分野の3類型への分類

| | 理念・価値観の表明 | 一般利益に関する約束* | 特殊利益に関する約束 |
|---|---|---|---|
| 項目 | ・反帝国主義：積極（PER103）<br>・平和（PER106）<br>・自由と人権（PER201）<br>・民主主義（PER202）<br>・立憲主義：積極（PER203）<br>・立憲主義：消極（PER204）<br>・脱集権化（PER301）<br>・中央集権化（PER302）<br>・政府と行政の効率性（PER303）<br>・汚職（PER304）<br>・政治的権威（PER305）<br>・経済目標（PER408）<br>・伝統主義的経済観（PER414）**<br>・マルクス主義的姿勢（PER415）<br>・反経済成長（PER416）<br>・文化（PER502）<br>・愛国心：積極（PER601）<br>・愛国心：消極（PER602）<br>・伝統的価値：積極（PER603）<br>・伝統的価値：消極（PER604）<br>・法と秩序（PER605）<br>・社会的調和（PER606）<br>・多文化主義：積極（PER607）<br>・多文化主義：消極（PER608） | ・特定国との関係：積極（PER101）<br>・特定国との関係：消極（PER102）<br>・防衛力：積極（PER104）<br>・防衛力：消極（PER105）<br>・国際主義：積極（PER107）<br>・国際主義：消極（PER109）<br>・企業活動・資本主義（PER401）<br>・税制などのインセンティヴ形成（PER401）<br>・計画経済（PER404）<br>・保護主義：消極（PER407）<br>・生産性（PER410）<br>・統制経済（PER412）<br>・国営化（PER413）<br>・環境保護（PER501）<br>・社会正義（PER503）***<br>・福祉国家の縮小（PER505）<br>・教育：積極（PER506）<br>・教育：消極（PER507）<br>・労働組合：消極（PER702） | ・市場規制（PER403）<br>・コーポラティズム（PER405）<br>・保護主義：積極（PER406）<br>・ケインズ的需要調整（PER409）<br>・技術とインフラ（PER411）****<br>・福祉国家の拡充（PER504）<br>・労働組合：積極（PER701）<br>・農家（PER703）<br>・中産階級と専門家集団（PER704）<br>・マイノリティ集団（PER705）<br>・特定利益にかかわるその他の集団（PER706） |
| 観察数 | 250 | | |
| 平均値（%） | 41.44 | 26.59 | 25.64 |
| 標準偏差 | 12.48 | 7.66 | 12.34 |

[注] * 「PER108／PER110. ヨーロッパ共同体・ヨーロッパ連合：積極／消極」は日本の政党の公約に関する言及がないため、分類から除外している。
** 「伝統主義的経済観（economic orthodoxy）」は、負債の抑制、経済危機時の緊縮財政、株式市場や銀行システムといった伝統的経済制度の維持、強い通貨への支持などの内容を含む。
*** 「社会正義（social justice）」は、資源の公平な分配などを含むことから一般利益に分類している。
**** 「技術とインフラ（technology and infrastructure）」の主要な項目は、道路や港湾などのインフラ整備費用を含むことから、特定利益に分類している。
[出所] 筆者作成。

次に，公約における一般利益と特殊利益への力点の置き方の比率を見ることによって，政党ないしは政府の公約における公共財—私的財の志向性を表す指標をまずは作成する。[6]

$$公約における一般・特殊利益比率_{it} = \frac{一般利益に関する文言の割合_{it}}{特殊利益に関する文言の割合_{it}}$$

この定式化によって，一般利益により力点を置く場合に大きな値をとり，特殊利益の場合には小さく，両方が全く同じ値の場合に「1」となる比率変数が導かれる。

次に公約における一般・特殊利益比率変数の傾向を政党の違いに応じて記述したものが，表3-2と表3-3である。表3-2に示した政党ごとの違いに関する結果からは，日本新党，新生党，新進党といった概して存続期間が短い野党ほど，一般利益志向の公約を提示する傾向が見てとれた。また，中選挙区単記非移譲式制度のもと利益誘導を率先したとされる自民党の値は，必ずしも特殊利益志向を示唆するものではない。[7] また表3-3より，与野党の比率変数の平均値間には有意な差があり（$t=8.976$, $p<0.000$），野党のほうが一般利益志向のアピールが限定的であることもまた見てとれる。公約における一般・特殊利益比率は政党ごとに算出される値であり，ここでは政党ごとの特徴についても概観した。しかし以降の分析においては，国政レベルでの政権与党の公約と政策選択の関係に焦点を絞ることから，政権与党となった政党に関する値のみを抽出して分析していく。

#### ◆ 政策選択における一般・特殊利益比率

続いて第2の作業として，「政策選択における一般・特殊利益比率」変数について説明する。主な手順は，一般利益が反映された領域と特殊利益が反映された領域を区分し，それらの比率を政策選択における一般・特殊利益比率として定義する，というものである。本章においては，政策選択として一般会計内の目的別歳出決算額に注目する。歳出の中でも一般利益比率に該当する領域として，「外交費」「防衛関係費」「教育文化費」「一般行政費」「司法，警察および消防費」を和した値を定める。そして特殊利益に該当するものとして，「国

表3-2 政党ごとの公約における一般・特殊利益比率

| 政党名 | 平均値 |
|---|---|
| 民主党 | 0.865 |
| 共産党 | 0.971 |
| さきがけ | 1.097 |
| 社会（民）党 | 1.202 |
| 自由党 | 1.3 |
| 公明党 | 1.347 |
| 自民党 | 1.399 |
| 民社党 | 1.422 |
| 保守（新）党 | 2.2 |
| 日本新党 | 2.5 |
| 新生党 | 2.5 |
| 新進党 | 2.8 |
| 新自由クラブ | 4.899 |
| 全体 | 1.45352 |

[出所] 筆者作成。

表3-3 与野党での政策における一般・特殊利益比率

|  | 与党 | 野党 |
|---|---|---|
| 平均値 | 3.204 | 0.994 |

[出所] 筆者作成。

土保全および開発費」「農林水産業費」「商工鉱業費」「運輸通信費」「社会福祉費」を和したものとする。これをもとに，政策選択における一般・特殊利益比率を以下のように定義する。

政策選択における一般・特殊利益比率$_t$

$$= \frac{[外交費+防衛費+教育費+行政費+司法警察費]_t}{[国土保全および開発費+農林費+商工費+運輸費+社会福祉費]_t}$$

◆ アカウンタビリティ指数の算出

最後に，政策選択における一般・特殊利益比率の変動が公約における一般・特殊利益比率の変動によって，どの程度説明されているのかを確かめる。もし，政策選択における傾向が公約によってより多く説明されているならば，政策選択における一般・特殊利益比率の予測値と実測値の乖離が小さくなるはずであ

る。したがって，政策選択における一般・特殊利益比率を公約における一般・特殊利益比率に回帰し，その予測値と実測値との間に生じた残差を「アカウンタビリティ指数（$=e_t$）」として，以下（3-1）式のように定義する。[10]

$$y_{t,\ 政策選択} = \beta_0 + \beta_1 x_{t,\ 公約} + e_t,$$
$$e_t = y_{t,\ 政策選択} - (\beta_0 + \beta_1 x_{t,\ 公約}), \quad ただし，\ t = 1960, 1961, ..., 2001. \qquad (3\text{-}1)$$

このアカウンタビリティ指数と呼びうる指標の特徴について，概観しておくことにしよう。図3-1は，政策選択における一般・特殊利益比率を公約における一般・特殊利益比率を回帰したプレイス＝ウィンステン法（Prais-Winsten estimation）推定の結果をもとに，回帰直線と観測値の散布図を併記したものである。推定結果は図3-1内・右上部に記した式にあるように統計的に有意ではないが，傾向としては公約における公共財志向が高まった場合に，政策選択におけるそれは低下することを示したものとなっている。概して，日本政治においては，公約における公共財志向が政策選択には反映されてこなかったことがうかがいしれる結果である。

では，この回帰直線と各観測値の関係はどのように解釈することができるであろうか。たとえば，1977年の観測値に目を向けてみよう。1977年の公約における一般・特殊利益比率の値は「0.838」，政策選択における一般・特殊利益比率値は「0.932」である。そのもとで回帰直線からは，公約における一般・特殊利益比率が0.838であるときに，政策選択における予測値は「1.049」となるが，観測値である0.932との間には「－0.117」の残差が生じることになる。ここで算出される負値の残差は，公約の傾向から予測される程度にまで，政策選択における傾向が満たされていないことを表している。この負値が小さい（絶対値が大きい）ことは，アカウンタビリティ指数が低値であることを示し，公約における一般利益志向が政策選択にまでは十分に反映されていないことを示すものとなる。これに対して，回帰直線より上側に位置している観測値は，アカウンタビリティが予測値以上に満たされていることを意味している。

このような特徴を持つアカウンタビリティ指数について，回帰直線からより近いところに観測値が位置していることを「公約と政策選択の志向性が一致」しているものとみなし，離れていることを「不一致」であるとしたうえで，そ

### 図 3-1 公約における一般・特殊利益比率と政策選択における一般・特殊利益比率に関する回帰直線と散布図

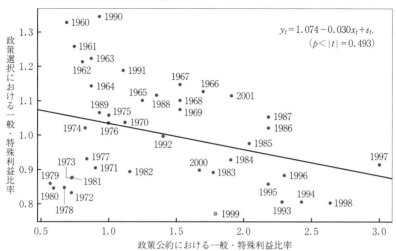

[出所] 筆者作成。

### 表 3-4 回帰直線と観測値の関係とアカウンタビリティ指数の高低の対応および整理

|  | 公約と政策選択の一致 | 公約と政策選択の不一致 |
|---|---|---|
| 正の値の残差 | アカウンタビリティ指数〈中程度の値〉 | 〈大きい値〉 |
| 負の値の残差 | 〈中程度〜小さい値〉 | 〈小さい値〉 |

[出所] 筆者作成。

れと残差の正負との組み合わせをまとめたものが表 3-4 である。各セルの括弧内に，それぞれの組み合わせに対応するアカウンタビリティ指数の高低の度合いが整理されている。観測値が回帰直線に近いところにあって正の残差値をとる場合，アカウンタビリティ指数はゼロの近傍となり，おおよそ中程度の値となる。次に回帰直線から正の方向に観測値が離れて位置する場合，指数値は大きい正の値となる。そして観測値が回帰直線に近い負の残差値をとる場合，指数値はゼロ近傍から負の穏当な値をとり，回帰直線から離れた負の残差値をとる場合，指数値は負のより小さな値をとることになる。

このもとで，「アカウンタビリティ指数」の推移を見ると，図 3-2 のような

第Ⅱ部 選挙アカウンタビリティ

図 3-2 アカウンタビリティ指数の推移

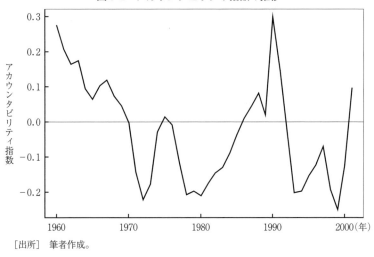

［出所］ 筆者作成。

傾向が見てとれる。時期ごとの傾向について，図 3-1 の示唆するところもふまえて概観しておくことにしよう。

　1960 年代初頭に高値に位置したアカウンタビリティ指数は，60 年代後半から 70 年代初頭にかけて徐々に低下する。この背景には，1966 年の建設国債の発行に代表されるように公共投資が拡大し，特殊利益に相応する歳出が増加したことが指摘できる。しかし 1973 年には，第 1 次石油危機を受けて緊縮財政への転換がなされたことを受け，政策選択における一般・特殊利益比率は穏当なものとなり，公約における志向性に見合ったものへと回帰した。それが，1973 年から 75 年へと続く上昇傾向に反映されたと見ることができるであろう。しかし 1980 年代にかけて，指数は再び低値へと下り 80 年には底を打つ。1975 年以降，総需要抑制から景気刺激への転換が図られ，公共事業費や社会保障費が増額されたことによって，特殊利益志向に傾いたことがその主因と考えられる。そして 1980 年代に入り中曾根政権下での財政再建を経て，政策選択においては特殊利益志向が抑制され，公約における一般利益志向との間にも整合性が高まった。指数値もゼロの近傍，すなわち残差が小さい領域にまで回帰したことが見てとれる。竹下政権以降，公約上は特殊利益傾向の文言が増えながら

も，政策選択上は財政規律の維持を背景として一般利益の重みが総じて高い時期が続き，1990年に指数値は最大値に至る。本章においては，一般利益傾向が強まり，公共財志向が強まることが選挙アカウンタビリティの高まりを意味する，という理解に基づいて分析を進めてきた。したがって1990年近辺の高い指数の値は，アカウンタビリティが最も満たされていた時期を示唆するものとして解釈できるであろう。しかし1992年以降，主として日本経済団体連合会（経団連）の要請のもとで図られた公共投資の再拡充，積極財政の方向性に呼応するかたちで特殊利益志向は再び強まり，公約次元での一般利益志向との乖離が指数値の大きな低下をもたらしているようである。こうした傾向は，図3-1内の右下部に選挙制度改革以降の観測値が集中していることからもうかがいしれる。そして，その趨勢は1990年代後半にわたって続くが，小泉政権の発足を経た2001年以降に，公約における一般利益志向と政策選択における特殊利益志向がそれぞれ穏当なものとなるのを背景に，指数はゼロ近傍へと回帰し，その後高値に転じていったことが示されている。

このように概観してくると，アカウンタビリティ指数には，「山と谷」が形成される時期があるようであり，選挙アカウンタビリティが限定的であった時期と相対的に満たされていたと考えられる時期が，ある程度循環的に生じていたことがうかがいしれる。そこからは，なぜアカウンタビリティが満たされる場合とそうでない場合が生じるのか，という問いが導かれる。次節においては，この問いに応えるかたちで，選挙アカウンタビリティの規定要因を探る分析を進めることにしよう。

## 4 実証分析Ⅱ──選挙アカウンタビリティを決める要因

### ◆ 推定に加える変数と分析方法の説明

本節では，選挙アカウンタビリティが何によって規定されてきたのかを検証する。言い換えるならば，「従属変数としての選挙アカウンタビリティ」に注目する分析である。前節では，日本政治において，公共財─私的財志向の観点も加えたうえでの選挙アカウンタビリティは限定的なものであったことが示された。しかし，図3-2から読み取れる特徴として確かめたように，アカウンタ

ビリティ指数にはある程度の「循環性」があり，少なくとも値の高低が時期によって異なって推移するという特徴が見出せる。なぜ選挙アカウンタビリティが満たされる時期とそうでない時期が繰り返される，という変動がもたらされたのであろうか。

第1の要因として考慮すべきは世論の影響である。政府ないし政権与党が公約とその実行との一致を図ろうとするということは，政府が世論の動向に配慮し意思決定に臨んでいることを前提としている。そのもとで世論もまた，政府や政権与党に対する支持の高低は，政府がどの程度公約における姿勢を政策選択に反映させるかを決定づけることになるであろう。より一般的には，支持率が高いときほど，政府や政権与党は選挙時に提示した政策への支持が十分にあると考え，それを実行に移すことが想定される。しかし理論的には，支持率が高いことが必ずしもアカウンタビリティの改善をもたらすとは限らない。政府や政権与党に対する支持率が限られているときこそ，政府は公約で表明した姿勢を実行しようと努め，それがアカウンタビリティの充足をもたらすとも考えられるからである。したがって本節では，支持率の高低がもたらす効果は正負どちらもとりうるものとして仮説を定める[11]。

第2に，選挙制度が小選挙区制を含んだものに変わることによって，政策選択に際しての責任の帰属が明確となり選挙アカウンタビリティが総じて高まることが想定される (Bonoli 2001; 本書第2章)。この見方に従うならば，1993年の選挙制度改革以降に選挙アカウンタビリティは高まり，それがアカウンタビリティ指数の上昇をもたらすという結果が導かれるはずである。そこで，1993年以降を「1」，それ以前を「0」とする「制度改革ダミー」変数の影響を測り，符号条件を正の方向に課す。

しかし，こうした「制度改革ダミー」変数のみでは，改革前後の決定的な効果の違いを測ることはできても，制度改革によって生じた野党による反発の機会の増大や，有権者に伝わる政策情報量の変化といった要素の効果を実質的にとらえることは難しい。したがって第3に，有効政党数の変化の効果を測る (Laakso and Taagepera 1979)[12]。政党間競争が高まることによって，野党からの政策に対する反発や情報公開の要求に応じて，政権与党はよりアカウンタビリティを重視することが想定される。また，選挙制度改革の影響とも関連して，

## 第3章 選挙アカウンタビリティの実証分析

表3-5 推定に用いる各変数の記述統計

| 変数名 | 平均値 | 標準偏差 | 最小値 | 最大値 |
| --- | --- | --- | --- | --- |
| アカウンタビリティ指数 | -0.029 | 0.146 | -0.250 | 0.299 |
| 内閣支持率平均値 | 35.477 | 7.381 | 18.292 | 51.092 |
| 有効政党数 | 3.570 | 0.721 | 2.4 | 5.3 |
| GDP成長率 | 4.779 | 4.140 | -2 | 14.5 |
| インフレ率 | 4.255 | 4.361 | -0.8 | 23.18 |
| 失業率 | 2.414 | 1.226 | 0.7 | 5.5 |
| 経済開放度 | 20.838 | 3.526 | 16.01 | 28.26 |
| 対数化財政赤字 | 13.672 | 1.797 | 11.040 | 17.646 |

［出所］ 筆者作成。

制度改革以降は政権与党が制度改革の目的に沿って政策にかかわる透過性を高め，それがアカウンタビリティの高まりをもたらすことも考えられる。これに従い，前述の制度改革ダミー変数と有効政党数を乗した交差項の効果についてもあわせて検討する。

そして第4に，政府の政策選択を財政支出という経済的指標に依拠して測ることから，「政策選択における一般・特殊利益比率」に影響を与えると考えられるいくつかの経済的指標の影響を制御する。具体的には，経済成長率（以下，「GDP成長率」），インフレ率，失業率，対数比財政赤字，経済の開放度の前期値の効果を測る。また選挙景気循環の議論に即して，衆議院選挙が行われた年を表すダミー変数も推定式に加える[13]。

以上の分析に加える変数の記述統計は，表3-5に報告している。

最後に推定方法は，時系列データに対する自己相関移動平均（Autoregressive Moving Average）モデルを用いる（Box and Jenkins 1976; 沖本 2010）。これは従属変数であるアカウンタビリティ指数に，1次の自己相関過程が認められていることによる。ここではさらに，1次の移動平均過程を加えた，ARMA (1, 1) モデルに従って推定を進める[14]。

◆ 推定結果

表3-6は，ARMAモデル推定の結果である。モデルの特定化に関しては，

仮説のすべてを組み込んだ「全変数モデル」，政治的要素に限定した「政治的変数モデル」，経済的要素に限定した「経済的変数モデル」の3種類の結果を報告している。

　まず，選挙アカウンタビリティの変動を最もよく説明している変数は内閣支持率である。係数の符号が負であることから，内閣支持率が上昇することによって，アカウンタビリティ指数は低下することがわかる。これは支持率が低いときほど，政府は公約と政策選択の間の一致をなるべく図ろうとし，アカウンタビリティを果たそうとしていたことが見てとれる結果である。

　次に，政治的変数をめぐっては，選挙制度改革の導入と政党間競争の高まりがアカウンタビリティを高めるという結果を予測したが，それとは異なる方向の有意な結果が見てとれた。しかし交差項の結果からは，図3-3にも見てとれるように，1993年より前には政党間競争が公約と政策選択の一致を妨げているのに対して，93年以降にはその程度が穏当になることが示唆されている。選挙制度改革以降は，政党間の対立が増すことによって公約と政策選択間の志向の整合性が図られたことが示唆される結果であった。

　最後に，経済的変数に関する結果からは，GDP成長率，失業率，インフレ率，財政赤字が上昇することでアカウンタビリティが高まり，対外的な経済開放度が低下することでアカウンタビリティは高まる傾向が示唆されるが，失業率の場合を除いて，実質的な係数値も小さく統計的に有意な結果とはなっていない。

　選挙アカウンタビリティの規定要因に関するARMAモデルの推定結果を概括すると，政府に対する支持が十分ではないときに，政権与党がアカウンタビリティを充実させることで有権者にアピールしていたことが示唆される結果であった。そして，制度変化や政党間競争といった主要な政治的変数に関しては，それぞれの単独での効果には留保が必要だが，制度変化後に与野党間の対立が増すことでアカウンタビリティが改善されていることがうかがいしれる。ではアカウンタビリティ指数は，翻って，どのような影響を政治的帰結にもたらすのだろうか。

第3章 選挙アカウンタビリティの実証分析

**表3-6 選挙アカウンタビリティの規定要因に関する自己回帰移動平均モデル推定の結果**

| 従属変数：<br>アカウンタビリティ指数 | 全変数モデル | 政治的変数モデル | 経済的変数モデル |
|---|---|---|---|
| 内閣支持率平均値 $(t-1)$ | −0.006***<br>(0.002) | −0.004***<br>(0.002) | |
| 制度改革ダミー | −1.467***<br>(0.443) | −0.782**<br>(0.394) | |
| 有効政党数 | −0.166†<br>(0.103) | −0.104<br>(0.081) | |
| 制度改革×有効政党数 | 0.310**<br>(0.126) | 0.170*<br>(0.101) | |
| 衆議院議員選挙年 | −0.020<br>(0.024) | −0.021<br>(0.016) | |
| GDP成長率 $(t-1)$ | −0.004<br>(0.008) | | 0.004<br>(0.008) |
| インフレ率 $(t-1)$ | −0.001<br>(0.010) | | 0.008<br>(0.010) |
| 失業率 $(t-1)$ | −0.104*<br>(0.061) | | 0.064<br>(0.093) |
| 経済開放度 $(t-1)$ | −0.008<br>(0.015) | | −0.004<br>(0.019) |
| 対数化財政赤字 $(t-1)$ | 0.001<br>(0.017) | | 0.001<br>(0.022) |
| 定数項 | 0.711**<br>(0.294) | 0.518*<br>(0.277) | −0.142<br>(0.528) |
| 自己相関 (1) | 0.206<br>(0.239) | 0.401*<br>(0.208) | 0.726*<br>(0.394) |
| 移動平均 (1) | 1.000 | −0.842***<br>(0.282) | 0.171<br>(0.389) |
| 誤差分散 $(\sigma^2)$ | 0.062***<br>(0.0010) | 0.075***<br>(0.010) | 0.084***<br>(0.009) |
| 観察数 | 39 | 40 | 39 |
| Waldカイ2乗値<br>($p<$カイ2乗) | 76.54<br>(0.000) | 27.01<br>(0.000) | 33.99 |
| 対数尤度 | 49.674 | 45.111 | 40.547 |

［注］（ ）内は標準誤差。*** $p<0.01$  ** $p<0.05$  * $p<0.10$  † $p<0.11$
［出所］筆者作成。

### 図 3-3 制度変化ダミー変数と有効政党数の交差項に関する結果

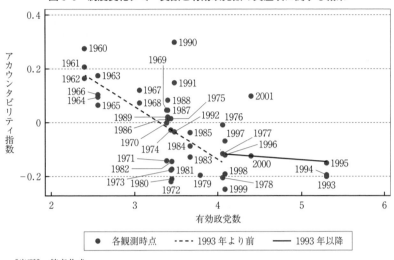

[出所] 筆者作成。

## 5　実証分析Ⅲ——選挙アカウンタビリティが選挙に与える影響

### ◆ 推定に加える変数と分析方法の説明

本節では，「独立変数としての選挙アカウンタビリティ」がどのような影響を選挙結果に与えるのかを分析する。選挙アカウンタビリティと業績投票との関係を定式化した「選択・再選択（selection-sanction）モデル」は，有権者が良い政府に報奨を，悪い政府に制裁を与える，とする含意を提示している（Fearon 1999; 参考：本書第 1，2 章；Meirowitz 2007, 2008; Ashworth 2006）。これに従えば，アカウンタビリティの充足は「良い政府」であることの主要なシグナリングとなり，政権与党の得票率の上昇に寄与することになるであろう。これに対して，アカウンタビリティが限定的である場合には懲罰的に得票率は下降するであろう。この仮説を検証するために，従属変数として，衆議院議員選挙時の政府与党の得票率を定める。[15]

そして鍵となる独立変数は，分析年の前年に当たる年（$t-1$ 期）のアカウンタビリティ指数である。「アカウンタビリティが高まれば，得票率は上昇する」ことを予測するので，係数の符号条件は正とする。そして他に加える制御変数

第3章 選挙アカウンタビリティの実証分析

**表3-7 推定に用いる変数の記述統計**（表3-5では挙げられていないもの）

| 変数名 | 平均値 | 標準偏差 | 最小値 | 最大値 |
|---|---|---|---|---|
| 与党得票率 | 0.555 | 0.056 | 0.476 | 0.681 |
| 公約における一般・特殊利益比率 | 1.358 | 0.623 | 0.572 | 3.000 |

［出所］　筆者作成。

は，前節の分析と同様の経済的変数（GDP成長率，インフレ率，失業率，経済開放度，対数化財政赤字のそれぞれ前期値）と政治的変数（制度改革ダミー，当期の有効政党数）に加えて，当期の「公約における一般・特殊利益比率」の効果を測る。これは当期の政党の政策的志向の影響を特に制御するためである。これらの変数のもとで，推定法はARMA (1, 1) モデルに依拠する。

◆ **推定結果**

表3-8は，ARMAモデル推定の結果である。モデルの特定化は，前節と同様の3種類のものに加えて，アカウンタビリティ単独の効果を測る「単回帰モデル」の結果もあわせて報告している。

第1に注目するべき推定結果は，アカウンタビリティ指数が経済変数の影響を制御した場合に統計的に有意な結果を示していない，ということである。前節の「選挙アカウンタビリティの規定要因」に関する分析結果からは，アカウンタビリティに有権者の世論が与える影響が見てとれるのに対して，アカウンタビリティが再度世論に影響を与え，政権与党の選挙パフォーマンスを左右することまでは確認できなかった。これは，「選択・制裁モデル」の想定が日本政治においては確かめられなかったことを意味するもののようでもある。

第2に注目するべきは，経済変数をめぐる結果である。アカウンタビリティ指数をはじめとする政治的変数の結果に比して，いくつかの経済的指標が統計的に有意な結果を示している。たとえば，経済開放度は総貿易量を意味していることから，特に輸入の増大によって保護産業が圧迫を受けた際の自民党に対する支持率の低下を反映していると見ることもできるであろう。少なくとも，統計的有意性をめぐる判断からは，経済状況に増してアカウンタビリティに関する確からしいとする結果は導かれていない。こうした点から，日本における

### 表 3-8 　選挙アカウンタビリティと選挙結果の関係に関する自己回帰移動平均モデル推定の結果

| 従属変数：<br>政権与党の得票率 | 全変数モデル | 政治的変数モデル | 経済的変数モデル | 単回帰モデル |
|---|---|---|---|---|
| アカウンタビリティ指数 ($t-1$) | 0.010<br>(0.126) | 0.066<br>(0.089) | 0.107<br>(0.103) | 0.094**<br>(0.044) |
| 公約一般・特殊利益比率 ($t-1$) | −0.008<br>(0.014) | −0.015<br>(0.012) | | |
| 有効政党数 | −0.044*<br>(0.024) | −0.056***<br>(0.170) | | |
| 制度改革ダミー | −0.020<br>(0.037) | 0.042<br>(0.028) | | |
| GDP 成長率 ($t-1$) | 0.002<br>(0.003) | | 0.004<br>(0.003) | |
| インフレ率 ($t-1$) | 0.006**<br>(0.003) | | 0.007**<br>(0.003) | |
| 失業率 ($t-1$) | 0.026<br>(0.019) | | 0.012<br>(0.014) | |
| 経済開放度 ($t-1$) | −0.007*<br>(0.004) | | −0.005*<br>(0.003) | |
| 対数化財政赤字 ($t-1$) | −0.0010<br>(0.008) | | −0.011<br>(0.007) | |
| 定数項 | 0.897***<br>(0.176) | 0.759***<br>(0.066) | 0.743***<br>(0.130) | 0.553***<br>(0.117) |
| 自己相関 (1) | 0.196<br>(0.712) | 0.305<br>(0.483) | 0.421<br>(0.499) | 0.695<br>(0.233) |
| 移動平均 (1) | 0.358<br>(0.698) | 0.288<br>(0.562) | 0.266<br>(0.543) | 0.001<br>(0.457) |
| 誤差分散 ($\sigma^2$) | 0.021***<br>(0.003) | 0.024***<br>(0.003) | 0.026***<br>(0.543) | 0.031***<br>(0.457) |
| 観察数 | 38 | 40 | 39 | 41 |
| Wald カイ 2 乗値 ($p<$ カイ 2 乗) | 38.28<br>(0.000) | 26.63<br>(0.000) | 27.35<br>(0.000) | 21.98<br>(0.000) |
| 対数尤度 | 92.097 | 91.82 | 86.645 | 84.232 |

［注］　（ ）内は標準誤差。*** $p<0.01$　** $p<0.05$　* $p<0.10$
［出所］　筆者作成。

第3章　選挙アカウンタビリティの実証分析

政治代表は，選挙アカウンタビリティ内の一過程である有権者の業績評価の局面において限定的な面をはらんでいると結論づけるべきなのであろうか。

確かにこれらの結果は，日本の有権者が業績投票に際して，「実態」としての経済状況を重んじ，公約と政策選択の一致・不一致を合理的に精査しているわけではない，ということを含意しているようでもある。そのように考えると，日本における業績投票は「アカウンタビリティ投票というより経済投票である」と結論することが妥当と言えるかもしれない。しかしそこには，若干の留保も加えておかなくてはならない。それは業績投票を，状況依存的な経済投票か，合理性を背景としたアカウンタビリティ投票かに決定的に分けることは難しい，ということである。有権者は「時に自身を取り巻く経済状況に強く影響を受け，別のときには合理的なアカウンタビリティの精査に依拠した判断を行い，しばしば失敗をおかすという中間的な地点（middle ground）のどこかに位置している」（Healy and Malhotra 2013: 287）ということを，前節と本節の分析結果の対照は意味していると考えられる。

こうした知見は，本書第2章の選挙アカウンタビリティに関するフォーマル・モデルを用いた分析から演繹的に導かれた仮説への傍証としても，一定の意義を持つであろう。ここで，アカウンタビリティを満たそうと努める政治家・政権を，第2章において定められた「能力が高いタイプ」であるとしよう。そのもとで第2章における命題（2）によれば，有権者は，入手し重視する情報次第では，能力の高い政治家・政権の再選択に失敗する場合があるという含意が導かれる（本書第2章：76-78頁）。この含意と関連して，本章の分析結果からは，日本の有権者が，能力の高い政治家・政権を選ぶアカウンタビリティ投票ばかりではなく，「まぐれ当たり」（本書第2章：77頁）による好況に反応し経済投票に重きを置いて，能力の低い政治家・政権を誤って選択する場合があることが示唆されるのである。このように，民主主義国においては，公約と政策選択間の合理的な精査に応じたアカウンタビリティ投票と，経済状況への即時的反応に基づく経済投票が必然的に混在することになる。選挙アカウンタビリティと業績投票をつなぐ理論研究と実証分析は，こうした中間的な「ニュアンスに富んだ有権者（nuanced voters）」（Healy and Malhotra 2013: 287）の実態を検出するうえで，今後も不可欠な分析課題になってくることを付言しておきた

第Ⅱ部　選挙アカウンタビリティ

い。

## 6　結論——日本における選挙アカウンタビリティの諸相と今後の研究の展望

　本章においては，1960年から2001年までの日本政治を対象に，選挙アカウンタビリティの指標化にまずは取り組んだ。そのうえで，選挙アカウンタビリティの規定要因と，それが政治的帰結に及ぼす影響について分析してきた。

　本章ではまず，選挙アカウンタビリティの操作化ならびに指標化に関心を据えた先行研究の知見を手がかりに，日本政治をめぐる「アカウンタビリティ指数」と呼びうる指標を定義した。その指標化に際しては，公約と政策選択における一般・特殊利益比率，すなわち公共財—私的財志向の一致性・不一致性に着目した。

　そして，アカウンタビリティ指数の変動を最もよく説明する要因は内閣に対する有権者の支持であり，政府は支持率が低いときほど，公約における誠意ある姿勢を政策選択に反映させようとすることを明らかにした。また，選挙制度改革と政党間競争という政治的変数の効果は，それぞれ単独では限定的であるものの，1993年の制度改革以降，政党間の競争がアカウンタビリティの改善をもたらす可能性が示唆された。

　続いて，世論とアカウンタビリティの連関に比して，アカウンタビリティの成否が再度有権者による政府の選択または制裁に与える影響は限定的であったことも明らかになった。理論モデルにおいては，アカウンタビリティの度合いが政府の有能さを推し量るためのシグナルとして働き，有権者の政府の選択に影響を及ぼすことが想定されたが，日本政治においては，時期ごとの経済状態が得票率の変化を左右するのに対して，アカウンタビリティの確たる影響は見出されなかった。しかし本章では，日本における業績投票が，「アカウンタビリティ投票ではなく，経済投票である」と結論づけるのは早計であり，その中間のどこかに位置するニュアンスに富んだ有権者像を今後も探っていく必要性があるという見方を付記した。

　本章の分析は，選挙アカウンタビリティの主要な構成要素に政党や政府の公共財—私的財の志向性を組み込むなど，アカウンタビリティ指数をより厳密に

定めたところに特徴がある。また，政策分野に横断的な単一の指標化に依拠した分析であることから，アカウンタビリティの充足の度合いを狭義にとらえているという可能性もある。政策選択における，いわば「誠実さ」の側面にこだわらず，たとえば社会保障政策における公約と支出の関係といったように，政策分野ごとの研究設計に依拠した場合には，おそらく異なるかたちで選挙アカウンタビリティの実態，規定要因，影響が析出されてくるであろう。この点をめぐって，多様な研究設計に依拠した分析を進めることは，今後の選挙アカウンタビリティをめぐる課題となってくるはずである。

＊謝辞

　本章の執筆にあたっては，本書の著者である先生方のほかに，実証政治学研究会の会員の方々から改善に至る大変貴重なコメントを頂戴した。また本章は，「2014年度関西学院大学・科研費申請促進費（現代日本における説明責任の研究）」の成果の一部である。

● 注

1) 本章では，「実証分析」における新たな展開という観点からの研究動向について言及しているが，実質的には第1章で指摘されている新しい主体への注目という視点が重要と考えられる。中でもメディアがアカウンタビリティにかかわる情報量を大きく左右しうることから，その役割を組み込んだ研究も多く展開されているが，本章では，実証分析にかかわる新しい動向のみに焦点を絞って議論を進める。
2) アカウンタビリティを明らかにするための政党の政策と政策選択の関係ではなく，世論と政策選択の関係に目を向ける研究のほうが実際には多く取り組まれている（Stimson et al. 1995; Erikson et al. 2002）。
3) こうした研究に対して，方法論の面から新たな視角を提供しつつ，アメリカ政治における負託代表の限定性を主張した分析として，ブラントとフリーマンによる分析がある（Brandt and Freeman 2009）。
4) 関連する日本政治分析として，小林良彰は政策公約と予算の関係を分析し，負託が満たされる場合が限定的であったと結論づけている（小林 1997, 2008）。
5) 小林（1997, 2008）をはじめ，日本における公約研究は議員個人が公表する選挙公報を内容分析したものが多く，ミクロ次元での分析に応用可能な点にも大きな利点があった。しかし，そうしたクロス・セクション・データが充実したものであるがゆえに，データの時点数には限界があり，本章のような長期間のトレンドを導出しようとする分析に援用することは難しい。したがって，先行研究とのデータの不一致という問題はありながらも，日本の各政党に関する長期間のデータを確保可能なMPデータを利

## 第Ⅱ部　選挙アカウンタビリティ

用したうえで分析を進める。

6) こうした指標化は一定の限界をはらんでもいる。「公約における文言量が増えれば，政策実行における分配量が増える」という想定を前提としているために，「公約における文言量が増えれば，政策実行においても適切な削減がなされる」という政策選択をとらえることができない。これは政策選択にかかわる指標を，当該政策分野での歳出として操作化しているためである。したがって，「小さな政府」志向にかかわる減税，政府の効率化といった公約分野については，その実行度を十分に分析に組み込むことができない点をあらかじめ断っておきたい。

7) むしろ注目されるのは，民主党，共産党，社会（民）党の比率値が低値となっている点であろう。民主党や社会（民）党では，「労働組合：積極（PER701）」の項目が，共産党では，少数集団の保護に関する文言が多いことが，それぞれ主因となっていると考えられる。

8) それぞれのデータは総務省統計局，日本の長期統計系列から「第5章　財政」内の「5-2-C：一般会計目的別歳出決算額（昭和22年度～平成15年度）」を利用した（http://www.stat.go.jp/data/chouki/05.htm）。具体的には，「国家機関費」内の司法，警察および消防費，外交費，一般行政費，そして防衛費としては「防衛関係費」，教育費としては「教育文化費」の全額を充てている。次に，国土保全開発関連の歳出としては，災害対策費や伊勢湾高潮事業費なども含まれるが，それらは公共財志向の歳出にかかわるものとして除外し，国土保全および開発費のみを分母値に和している。続いて，農林水産業費，商工鉱業費，運輸通信費は「産業経済費」内の3項目である。最後に，社会福祉費は「社会保障関連費」の中に含まれる1項目である。社会保障関連費の中には，社会保障費の他に社会保険費，生活保護費，失業対策費などが含まれ，全額はきわめて大きな値となる。これを分母にすべて加えた場合，分母値が大きくなり，政策選択における一般・特殊利益比率は非常に低値となり，以降の推定において，追加的な処理が必要となる。したがって本節では，社会保障関連費全体の推移との間で最も相関が高い項目である社会福祉費のみを分母値に和し，その傾向を組み込むという方法をとっている。

9) なお，「政策公約における一般・特殊利益比率」変数は，第1段階においては政党ごとに算出されているが，ここでの作業以降は政権与党に就いた政党の値，また連立政権期の場合は複数の政党間の合算値を用いている。

10) 回帰分析は最小2乗法推定による。標準誤差はホワイト頑健調整済みの標準誤差のもとで算出している。また残差の2乗値を用いる方法も考えられるが，値がきわめて小さくなる場合があることから，その後の回帰分析への適応性も考慮し，絶対値を用いる方法をとる。

11) 支持率に関する指標として，時事通信社による月ごとの内閣支持率のデータを使用する（参考：三宅ほか2001）。推定に際しては，月ごとのデータを1年ごとに集計し直して算出した平均値からなるモデルをそれぞれ推定する。なお標準偏差値によるモデルも推定したが，統計的に有意な結果は得られていない。

12) データは「比較政治学データ・セット I: 1960-2001 (Comparative Political Data Sets)」内の「effec_par」変数を利用した（Armingeon et al. 2013）。

13) GDP成長率は内閣府の国民経済計算内の「年次GDP成長率」データ（http://www.

esri.cao.go.jp/jp/sna/menu.html），インフレ率は「比較政治学データ・セットⅠ」内の「inflation」変数（codebook: 12），失業率は総務省統計局・長期統計「第19章：労働・賃金」内の「完全失業率」変数（http://www.stat.go.jp/data/chouki/19.htm），財政赤字については「第3章：国民経済計算」内の「負債の純増及び資金の過不足」のデータ（http://www.stat.go.jp/data/chouki/03.htm）を利用した。なお，「財政赤字」変数は大きい値をとることから対数化したものを用いている。経済の開放度については，「比較政治学データ・セットⅠ」内の「openc」変数を利用したが，これはGDP対する総輸出と総輸入の和を表す（codebook: 10）。

14）ディッキー＝フューラー検定（Dickey-Fuller test）の結果からは，アカウンタビリティ指数をはじめ，すべての変数に単位根が認められる。そこで分析に際しては，ARMAモデルによる分析だけではなく，ベクトル自己回帰（Vector Autoregressive）モデルによる分析の後にグランジャーの意味での因果性の検定（Granger causal test）を行い，共和分が成立しているかを確認した。表3-6内の分析で有意になっている変数間の関係に関してはすべての場合において共和分が成立し，グランジャーの意味での因果性が認められる。したがってここでは，単位根の問題は除いて推定結果を解釈しうることを付言しておきたい。

15）ある回の選挙と次の回の選挙の間には，通常，複数年の期間が含まれる。得票率値が空白となる期間分を，推定のために補塡するに際しては，移動平均を基にした平滑化法を用いることで対処していた。これは，公約変数における欠損値への対応と同様のものである。なお，1993年以降の連立政権期については，連立与党の得票率値をすべて和したものを充てている。

● 引用・参考文献

大村華子 2012『日本のマクロ政体――現代日本における政治代表の動態分析』木鐸社。
沖本竜義 2010『経済・ファイナンスデータの計量時系列分析』朝倉書店。
小林良彰 1997『日本人の投票行動と政治意識』木鐸社。
―― 2008『制度改革以降の日本型民主主義――選挙行動における連続と変化』木鐸社。
斉藤淳 2010『自民党長期政権の政治経済学――利益誘導政治の自己矛盾』勁草書房。
建林正彦 2004『議員行動の政治経済学――自民党支配の制度分析』有斐閣。
三宅一郎・西澤由隆・河野勝 2001『55年体制下の政治と経済――時事世論調査データの分析』木鐸社。
Adams, James, Michael Clark, Lawrence Ezrow, and Garrett Glasgow 2004, "Understanding Change and Stability in Party Ideologies: Do Parties Respond to Public Opinion or to Past Elections Results?," *British Journal of Political Science*, 34（4）: 589-610.
Armingeon, Klaus, Laura Knöpfel, David Weisstanner, Sarah Engler, Panajotis Potolidis, and Marlène Gerber 2013, *Comparative Political Data Set I 1960-2011,* Institute of Political Science, University of Bern.
Ashworth, Scott 2006, "Campaign Finance and Voter Welfare with Entrenched Incumbents," *American Political Science Review*, 100（1）: 55-68.
―― 2012, "Electoral Accountability: Recent theoretical and Empirical Work," *Annual*

*Review of Political Science*, 15: 183-201.
Berry, Christopher R., and William G. Howell 2007, "Accountability and Local Elections: Rethinking Retrospective Voting," *Journal of Politics*, 69 (3): 844-858.
Besley, Timothy 2006, *Principal Agents?: The Political Economy of Good Government*, Oxford University Press.
Besley, Timothy and Robin Burgess 2002, "The Political Economy of Government Responsiveness: Theory and Evidence from India," *Quarterly Journal of Economic*, 117 (4): 1415-1451.
Bonoli, Giuliano 2001, "Political Institutions, Veto Points, and the Process of Welfare State Adaptation," in Paul Pierson ed., *The New Politics of the Welfare State*, Oxford University Press.
Box, George. E. P., and Gwilym M. Jenkins 1976, *Time Series Analysis: Forecasting and Control*, Revised Edition, Holden-Day.
Brandt, Patrick T., and John R. Freeman 2009, "Modeling Macro-Political Dynamics," *Political Analysis*, 17 (2): 113-142.
Budge, Ian, and Richard I. Hofferbert 1990, "Mandates and Policy Outputs: U. S. Party Platforms and Federal Expenditures," *American Political Science Review*, 84 (1): 111-131.
Budge, Ian, Hans-Dieter Klingemann, Andrea Volkens, Judith Bara, and Eric Tanenbaum 2001, *Mapping Policy Preferences: Estimates for Parties, Electors, and Governments 1945-1998*, Oxford University Press.
Cheibub, José Antonio, and Adam Przeworski 1999, "Democracy, Elections, and Accountability for Economic Outocomes," in Adam Przeworski, Susan C. Stokes and Bernard Manin eds., *Democracy, Accountability, and Representation*, Cambridge University Press.
Chen, Jowei 2013, "Voter Partisanship and the Effect of Distributive Spending on Political Participation?," *American Journal of Political Science*, 57 (1): 200-217.
Clark, William R., Matt Golder, and Sona N. Golder 2008, *Principles of Comparative Politics*, CQ Press.
Cox, Gary W., and Mathew D. McCubbins 2000, "The Institutional Determinants of Economic Policy Outcomes," in Stephan Haggard and Mathew D. McCubbins eds., *Presidents, Parliaments, and Policy*, Cambridge University Press.
Erikson, Robert S., Michael B. MacKuen, and James A. Stimson 2002, *The Macro Polity*, Cambridge University Press.
Fearon, James D. 1999, "Electoral Accountability and the Control of Politicians: Selecting Good Types versus Sanctioning Poor Performance," in Adam Przeworski, Susan C. Stokes and Bernard Manin eds., *Democracy, Accountability, and Representation*, Cambridge University Press.
Fujimura, Naofumi 2009, "Executive Leadership and Fiscal Discipline: Explaining Political Entrepreneurship in Cases of Japan," *Japanese Journal of Political Science*, 10 (2): 175-190.

第 3 章　選挙アカウンタビリティの実証分析

―― 2013, "The Influence of Electoral Institutions on Legislative Representation: Evidence from Japan's Single Non-transferable Vote and Single-member District Systems," *Party Politics*.
Gordon, Sanford C., and Gregory A. Huber 2007, "The Effect of Electoral Competitiveness on Incumbent Behavior," *Quarterly Journal of Political Science*, 2: 107-138.
Healy, Andrew, and Neil Malhotra 2009, "Myopic Voters and Natural Disaster Policy," *American Political Science Review*, 103 (3): 387-406.
――2013, "Retrospective Voting Reconsidered," *Annual Review of Political Science*, 16: 285-306.
Laakso, Markku, and Rein Taagepera 1979, "'Effective' Number of Parties: A Measure with Application to West Europe," *Comparative Political Studies*, 12 (1): 3-27.
Manin, Bernard, Adam Przeworski, and Susan C. Stokes 1999, "Introduction" and "Elections and Representation," in Adam Przeworski, Susan C. Stokes and Bernard Manin eds., *Democracy, Accountability, and Representation*, Cambridge University Press: 1-53.
McDonald, Michael, and Ian Budge 2005, *Elections, Parties, Democracy: Conferring the Median Mandate*, Oxford University Press.
Meirowitz, Adam 2007, "Probabilistic Voting and Accountability in Elections with Uncertain Policy Constraints," *Journal of Public Economic Theory*, 9 (1): 41-68.
――2008, "Electoral Contests, Incumbency Advantages, and Campaign Finance, *Journal of Politics*, 70 (3): 681-699.
Pekkanen, Robert, Benjamin Nyblade, and Ellis S. Krauss 2006, "Electoral Incentives in Mixed-Member Systems: Party, Posts, and Zombie Politicians in Japan," *American Political Science Review*, 100 (2): 183-193.
Powell, G. Bingham, Jr. 2000, *Elections as Instruments of Democracy: Majoritarian and Proportional Visions*, Yale University Press.
Snyder, James M. Jr., and David Strömberg 2010, "Press Coverage and Political Accountability," *Journal of Political Economy*, 118 (2): 355-408.
Stimson, James A., Michael B. MacKuen, and Robert S. Erikson 1995, "Dynamic Representation," *American Political Science Review*, 89 (3): 543-565.
Stokes, Susan C. 2001, *Mandates and Democracy: Neoliberalism by Surprise in Latin America*, Cambridge University Press.
――2005, "Perverse Accountability: A Formal Model of Machine Politics with Evidence from Argentina," *American Political Science Review*, 99 (3): 315-325.
Strömberg, David 2004, "Radio's Impact on Public Spending," *Quarterly Journal of Economics*, 119 (1): 189-221.

# 第Ⅲ部
## 水平的アカウンタビリティ

第4章　情報公開法成立の比較政治学

第5章　中東欧諸国の汚職対策機関

第6章　ラテンアメリカにおける会計検査制度改革

# 第4章

## 情報公開法成立の比較政治学
### アドボカシー団体の役割を中心に

粕谷 祐子

## 1 情報公開法とアカウンタビリティ

　情報公開法とは，市民に対し政府の所有する情報へのアクセスを（法で規定された例外事項を除き）保証する法律である。2014年現在，世界の約90カ国が情報公開法を有している[1]。後述するように1980年代までは10に満たない国でのみ情報公開法が存在していたが，90年代に入ってから立法が急増している。日本においても，1999年に「行政機関の保有する情報の公開に関する法律」として成立し，2001年から施行されている。

　情報公開法は，政治において本質的に重要ないくつかの概念を体現する制度である。第1に，同法は本書のテーマであるアカウンタビリティを課すメカニズムの一つである。本書第1章で述べられているように，アカウンタビリティは，市民が政府に対して説明を要求できること，加えて，制裁を加えられること，と定義できる。このような観点からすると，市民が情報公開法を通じて政府の情報に対するアクセスを持つことは，政府に対し効果的にアカウンタビリティを課すための基本的な要件であると言える。なぜなら，政府の透明性 (governmental transparency) が高まるということは，アカウンタビリティの第1の構成要素である応答性の担保とほぼ同義語であり，また，第2の構成要素である制裁を効果的に科するには，それを科する対象（ここでは政府）のパフォーマンスに関する情報を得ている必要があるからである。さらに，本書第1

章での類型化に従えば,情報公開法そのものは,水平的アカウンタビリティのメカニズムの一つと言える。というのも,情報公開法が適用される公的諸機関が同法を遵守するかどうかに関し,制裁を与える権限を持つのは通常,司法府またはインフォメーション・コミッション(コミッショナー)であるからである。[2]

　第2に,情報公開法は政府に対する監視(モニタリング),特に「火災報知器(fire alarm)」型の監視を提供する手段である。官僚機構に対する議会のモニタリングを分類したマックビンスとシュワーツは,「警察による巡視(police patrol)」型と火災報知機型の監視があるとする(McCubbins and Schwartz 1984)。前者は,たとえば議会の行政監視委員会のように恒常的なモニタリングを提供し,後者は行政手続き法におけるパブリック・コメント制度のように,問題が起こった際に活性化される。情報公開法は,後者のタイプのモニタリングを提供する。このタイプのモニタリングが機能した典型的な例が,2009年に起こったイギリスでの国会議員経費の不正使用スキャンダルである。2009年5月に発覚したこのスキャンダルは,下院議長をはじめとした6議員の辞職,4議員に対する有罪判決,そして約400人の議員に対する経費の国庫払い戻し命令に発展するという,約300年にわたるイギリス議会史上例を見ないものであった。この不正使用が明らかになったのは,直接にはあるジャーナリストが議員経費に対する情報公開請求を行ったからであるが(Brooke 2010),そもそもこれが可能になったのは2000年にイギリスで成立した情報公開法の存在による。たとえて言うなら,情報公開法という火災報知器が存在し,報知器のボタンを押す市民が存在したことが汚職の摘発につながったのである。イギリスでのこのスキャンダルは,火災報知器型のモニタリング・メカニズムである情報公開法の潜在的な威力を示した事例と言える。

　本章では,世界各国の情報公開法の「強さ」(定義は後述)がどのような要因によって規定されるのかについて検討する。本章の主張は,政策決定過程におけるアドボカシー団体(公益を実現するための政策が立法・実施されるよう活動する非政府組織〈NGO〉)の関与が強いほど,より強い情報公開法が成立する傾向を生む,というものである。これに加え,本章はこのテーマにおいて政治制度を重視する既存の研究に対しても補完的な知見を提供する。具体的には,野党勢力が大きいほど,より強い情報公開法の成立につながるという政党間競合の要

因を重視する既存の議論に対し，このような傾向が生まれるのはアドボカシー団体が活動しているという条件を伴った場合においてであるということを示す。

　本章の政治学への貢献として，いくつかの点を指摘できる。第1に，水平的アカウンタビリティ・メカニズムの制度化を促進する要因の指摘である。先述のように情報公開法は水平的アカウンタビリティのメカニズムの一つである。本章の知見は，他の水平的アカウンタビリティ・メカニズム（たとえば，司法府，会計検査制度など）の強化にあたっても示唆的であるだろう。第2に，本章が分析対象とする情報公開法は，政府の透明性を確保する基本的な制度であり，本章はこの分野の研究にも貢献する。政府の透明性がどのような要因によってもたらされるのかという問題に対し，既存の研究は，制度的要因に着目するものと，アドボカシー団体をはじめとする市民社会に着目するものの2種類に分けることができる。このうち本章は基本的にはアドボカシー団体の役割の重要性を主張するが，新しい貢献としては，既存の研究ではほとんどが事例研究という手法でしか示されていないアドボカシー団体の重要性を多国間比較分析によって体系的に示している点，および，市民団体と政治制度の2つの要因の間の関係をあわせて分析することで，両者の関係を明確にしている点が挙げられる。

　本章は以下の構成をとる。第2節では，政府の情報公開という問題を歴史的に概観したうえで，情報公開法成立の最近の状況について，本章が検討対象とする世界各国における情報公開法の「強さ」の程度を中心に紹介する。第3節では，既存の研究状況をふまえたうえで，本章の仮説を提示する。第4節では，筆者が別稿において行った多国間比較分析の結果を紹介し，イギリスとドイツの事例を比較分析してアドボカシー団体が情報公開法の成立にあたりどのような役割を果たすのかを検討する。

## 2　問題の所在

### ◆ 歴史的に見た政府の情報公開

　先述の通り，ある国で情報公開法が成立するという事象は，政府の情報公開の程度が（市民による請求をもとにするので潜在的にではあるが）ある程度高まったことを意味する。政府がその所有する情報を公開する，という理念はここ数

十年の間に「当然」と多くの人がみなすようになっているが，それは歴史的に見ると比較的最近になってからのことである。以下では，近代国家の歴史の中で情報公開がどのようにみなされてきたのかを概観し，ここ数十年の間に飛躍的に数が増大した情報公開法を歴史的に位置づけることにする。

古代ギリシャの直接民主主義の時代には，統治者および統治機構の持つ情報を開示する制度が存在していたが（Elster 1999），その後に続く，中世の国家，および，絶対主義国家の時代には，「国家の秘密（arcana imperii）」が規範とみなさていた（Donaldson 1992）。この用語自体は古代ローマの歴史家タキトゥスが最初に使用したと言われているが，中世の政治思想家たちは国家のあるべき姿を論ずる際にタキトゥスにおけるこの用語の使用を引用するようになったのである。また絶対主義国家の時代になると，フランスのルイ13世，イギリスのジェイムズ1世らが「国家の秘密」は神聖で侵されざるべきものと記述している（同上）。

17世紀半ば頃からの啓蒙主義の時代には「公開性（publicity）」という概念が知識人の間で人気を博すようになる。たとえば自由放任（レッセ・フェール）の経済政策を提唱したグルネーと彼から影響を受けた著述家たちが国家の秘密を糾弾し，公開性を促進すべきであると主張する著作を刊行した（Habermas 1989; Ives 2003）。

しかしながら，これらの啓蒙思想家の主張が国家の政策として制度化されることは第二次世界大戦後になるまでほとんどなかった。例外的に，スウェーデン議会は1766年に「報道の自由令」を立法化したが，これを模範として同様の法を制定する他の国はほとんどなかった。例えばイギリス議会は1689年に権利章典を制度化したが，ここにおいては国家の情報に対するアクセスは含まれていない。またイギリスで議会（下院）議事の一般公開が認められるようになるのは，1771年になってからのことでしかない。フランス革命の基本原則となった「人間と市民の勝利の宣言」（1798年採択）においても，政府の情報公開は原則に含まれていない。アメリカにおける1777年採択の連合規約，1787年採択の憲法のいずれにおいても，政府の情報公開は含まれていない（O'Brien 1981）。

20世紀に入り，第一次世界大戦，第二次世界大戦が起こると，政府による

秘密保護は一層深まることになる。イギリスでは1911年に秘密保護法（Official Secrecy Act）が成立し，国家機密を漏洩した公務員を処罰できることになった。同様の法律は，アメリカ，オーストラリア，スウェーデンでも同時期に成立している[3]。

第二次世界大戦後には「情報の自由（freedom of information）」という用語が国際的に広く使用されるようになる。たとえば1946年の第1回国連総会における決議において，「情報の自由は基本的人権であり，国連がめざすあらゆる種類の自由の基礎となるものである」とされた[4]。また1948年に採択された世界人権宣言の第19条においては，情報を受け取り，希求することは人権の一つとして明記されるに至った。さらに，同様の人権宣言は米州機構（OAS）やアフリカ統一機構（OAU，2002年よりアフリカ連合〈AU〉）においても宣言されている。しかしながら，これらの宣言で使用されている「情報の自由」とは，実際には，戦争中の情報統制に対する反省を受けた，政府による検閲やプロパガンダからの自由を意味し，現在一般的に理解されている「政府の透明性」ではなかった（Darch and Underwood 2009）。

政府の情報に対し市民がアクセスできることを権利としてとらえ，それを「情報の自由」という概念で表現するようになるのは，1950年代のアメリカにおいてである。政府の情報を公開するという意味での「情報の自由」は1956年の民主党の選挙前の党綱領で言及され，共和党のジョンソン政権下の66年に「情報の自由法」の立法につながった。

アメリカでは情報公開法が1966年に成立したが，90年代になるまで同様の法律を国政レベルで制定した国は10に満たない。1980年代に立法化した国はデンマーク（1970），オランダ（1978），ギリシャ（1978），オーストラリア（1982），ニュージーランド（1982），カナダ（1983），オーストリア（1984）である（括弧内は成立年）。これら以外の国で情報公開法が成立するのは，後に見るように1990年代以降である。

冷戦構造の終結に伴い，1990年代以降には政府の情報公開という問題が国際的に大きく注目されるようになった。その主な理由として，冷戦中には重要であったイデオロギー対立の問題がほぼ解消し，代わって「グッド・ガバナンス（良い統治）」が国際的な争点として浮上してきたことが挙げられる。グッ

ド・ガバナンスを推進する要因の一つとして着目されたのが政府の透明性である。たとえば国連人権委員会は，1993年に「特別意見と表現の自由権を推進し擁護するための特別報告者」という職位を設置し，政府の表現の自由だけでなく政府の情報公開を世界中で推進する活動を行うようになった。同様の職位はOASと欧州安全保障協力機構（OSCE）では1997年に，AUでは2004年に設置されている。また1997年に起こったアジア通貨危機の後では，通貨危機の要因の一つが情報公開の欠如であったという認識から，経済協力開発機構（OECD）が情報公開を促進するための調査・広報活動を行うようになった。

冷戦後の時期には，情報公開を進める国際NGOの活動も活発化する。たとえば世界人権宣言のうち情報の自由を謳っている第19条にちなんで名づけられたアーティクル・ナインティーン，アメリカのカーター元大統領が設立したカーターセンター，投資家のソロスが設立したオープン・ソサエティ財団などである。これらのNGOの本部はそれぞれロンドン，アトランタ，ニューヨークにあるが，世界各国，特に途上国地域での政府の情報公開を進めるための会議開催，調査・広報活動，現地NGOへの資金提供などを行っている。これらの団体が情報公開の問題に取り組むようになったのは，いずれも1990年代以降であり，市民の側から情報公開を求める運動が始まったのは，比較的最近になってからであることがわかる。

ここまでの情報公開の歴史に関する概観から，次の点が指摘できる。第1に，世界的な潮流としては，近代以前だけでなく，近代国家が形成され民主主義的な政治が行われるようになって以降も，ほぼ常に政府および政治家は情報公開に対して否定的な態度をとり続けてきた。第2に，情報公開を求める国際機関・NGOの活動が活発化するのが1990年代以降であることからわかるように，一般市民の間で政府の情報は公開される「べき」であるとみなす規範的な考えが世界的に広まるのは，（多くの場合，第二次世界大戦後と考えられているが）実際には冷戦終結以降のことである。第1の点は，第3節において本章が前提として設定している，政治家の選好は基本的には情報公開には否定的であるという点を裏づけている。

第4章　情報公開法成立の比較政治学

◆ 情報公開法の成立とその「強さ」

　前述の通り現在世界では約90カ国で情報公開法が成立しているが，その条文の内容はさまざまである。たとえばジンバブエの「情報公開法」は，名前とは裏腹にジャーナリストを規制する内容が多く，またパキスタンでは政府に対する拘束的な文言がほとんどないことから「お飾り」とみなされている。他方，セルビア，南アフリカ，インド，メキシコなどの情報公開法は，法の対象となる政府機関の範囲，例外規定の少なさ，開示を怠った際の制裁などにおいて，情報公開を強く促進する条文内容となっている。

　このような条文上の違いは，情報公開法を活用する際の効果にも影響を持つと言える。たとえば，比較的拘束力の強いインドの情報公開法に関し，スラム住民を被験者として行った実験手法による研究では，情報公開法に基づく開示請求の提出は，役人に賄賂を贈った際と同程度に行政処理を早める効果があったことを報告している（Peisakhin and Pinto 2010）。2013年に出版された世界銀行の報告書では，「情報公開請求に適切に対応し，開かれた政府という文化を形成するためには，情報公開実施に関する公式な制度を設置することが重要である」とある（Dokeniya 2013: 4）。要するに，実施段階において情報公開およびそれに付随する汚職削減などの望ましい効果を得るには，法の条文内容のレベルで適切な制度づくりがされている必要がある，という指摘である。

　このような観点から，本章は情報公開法の条文内容の「強さ」に焦点を絞る。その測定にあたっては，情報公開に取り組む2つの国際的NGOが考案した強さの指標を採用する[6]。これらのNGOとは，カナダにある「法と民主主義センター（Center for Law and Democracy; CLD）」およびスペインにある「アクセス・インフォ」である。これらのNGOは0点から150点の尺度で，各国の情報公開法の強度を150点満点で測定している。測定の対象となっているのは，(1)権利としての位置づけ，(2)情報請求のできる対象機関，(3)情報請求の手続き，(4)例外規定および開示拒否，(5)不服申立て，(6)非開示の際の制裁，(7)公開促進措置，の7側面である。これらの側面は，国連とOASが「模範的情報公開法」とする原則をふまえたものである。また，このように内容を検討したうえで，ほぼすべての国における情報公開法を同一の基準で測定したものは，他には見当たらない。

第Ⅲ部 水平的アカウンタビリティ

図4-1 情報公開法の「強さ」とその成立年

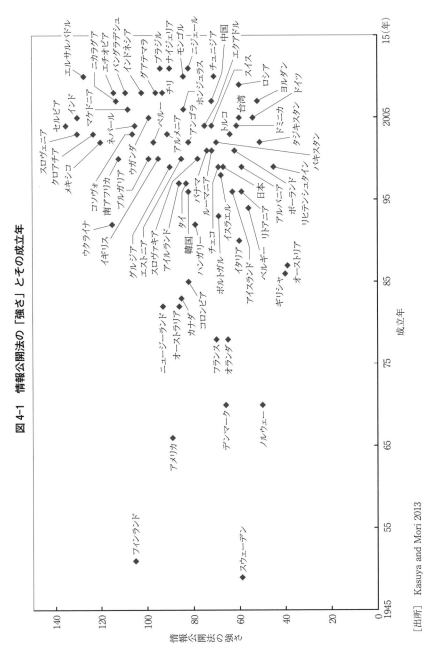

[出所] Kasuya and Mori 2013

図4-1は，CLD指標に基づき各国の情報公開法の強さとそれらが測定された年のプロットである。情報公開法が測定された年は，約90％の国においては情報公開法が成立した時点でのもの，残りの10％の国での測定は，最も近年の法改正時の内容に基づいている（Kasuya and Mori 2013）。図より，各国の情報公開法の強さはより最近立法化されたもののほうがより強い傾向にあることがわかる。この傾向は，他国の事例を参考にした学習効果を反映していると思われる。

しかしながら，ほぼ同時期に成立していても，国によって強さは大きく異なる。例えば，2000年代初頭に制定されたイギリスとドイツの情報公開法は，それぞれ99と52であり，大きな違いがある。両国は，地理的，社会・経済的発展の水準，また民主主義的経験の長さから見てもそれほど大きな差はない。にもかかわらず情報公開法の強さが大きく異なるという事実は，同法の内容を規定する政治的要因が重要であることを示唆している。

## 3 アドボカシー団体の重要性

### ◆ 政府の透明性に関する先行研究

図4-1をふまえ，本節では，どのような政治的要因が情報公開法の強さに影響を与えるのかについての仮説を提示する。情報公開法の強さの要因を探る研究はほとんど先行研究が存在しないため[7]，ここ（本項）では関連する研究課題である「政府の透明性」をもたらす要因についての研究をふまえることにする。

政府の透明性を分析する多国間比較研究の多くは，政治家（政党）と，政治家が活動する環境としての政治制度に着目する。これらはいくつかのグループに分けることができる。第1のグループは，民主主義体制においては非民主主義体制（権威主義体制）においてよりも政府の透明性が高いと主張する。その理由は，民主主義体制では政治がより競争的であるために，政治家はより多くの情報を提供できる制度を構築するインセンティブを持つからである（Bueno de Mesquita et al. 2003; Rosendorff and Doces 2006; Hollyer et al. 2011）。また，競争にさらされる与党は，次の政権党の「手足を縛る」ために透明性を高めたり，情報公開を争点としたりすること自体に「表明の価値（expressive benefits）」を

見出すからであるとする研究もある（Alt et al. 2006, Berliner 2014）。

　第2のグループは，民主主義体制内での政治的競合に着目する。たとえば，大統領制のほうが議院内閣制よりも議会と執行府の対立状況が生まれやすいために情報公開が進むという分析（Persson et al. 1997; Alt and Lassen 2006）や，左派・中道左派政権の場合にはより「大きな政府」を実現するために市民の信頼を得ようとし情報公開が進むという分析（Ferejohn 1999）などがある。また，ラテンアメリカ諸国を比較したミチナーは，執行府首長（大統領）の議会での政党勢力に注目するラテンアメリカ諸国では，大統領の与党が議会において少数派である場合に強い情報公開法が成立しやすい，と主張する（Michener 2010）。

　政府の透明性に関するもう一つのタイプの研究は，情報公開を推進する市民団体（アドボカシー団体）に着目する（Ackerman and Sandoval-Ballesteros 2006; Florini 2007; Puddephatt 2009）。これらは，多国間比較ではなく事例研究の手法をとることが多い。同時に，これらの研究は市民団体が置かれた制度的コンテクスト（文脈）を考慮しない傾向が強く，結果として制度に着目する研究と市民団体に着目する研究との間には断絶があると言える。

　このような状況に対し，本章は基本的にはアドボカシー団体の役割の重要性を主張するが，その際，制度的な要因との関係をもあわせて分析することで，両者の関係をどのようにとらえることができるのかという問題に対し示唆を与える。

### ◆ 政策決定過程におけるアドボカシー団体の位置づけ

　以下では，情報公開法の立法過程におけるアドボカシー団体の役割に着目した本章の仮説を提示する。それにあたり，まず，同過程における主要なアクター（行為主体）を明確にし，それぞれが政府の情報公開に対しどのような選好を持っているのかを検討する。

　政治家は一般に，情報公開には反対の立場をとる傾向にある（Stiglitz 1999）。なぜなら，情報公開によって発生する，反対勢力による情報の乱用や自らの汚職や有権者に対する背信行為が発覚するリスクを嫌うと考えられるからである。野党の政治家は，与党政治家に比べれば情報公開を推進する立場をとる傾向が

あるが，自らが与党の立場に変わると，上記の理由から推進派でなくなることが多い[8]。また官僚においては，政治家と同様の理由や，官僚組織が有する政策に関する情報が彼らの権力の源の一つであるという理由から，情報公開のための政策変更に反対の立場をとる傾向がある。

有権者の多くは，政府の情報公開は望ましいものであると漠然と考えていたとしても，これを選挙での重要な争点とはみなさない傾向がある。たとえば政治家や官僚の汚職スキャンダルが起こった場合には情報公開の重要性に対する認識やこの争点への興味が高まるかもしれないが，それらが恒常的に継続するとは言い難い。なぜなら，情報公開という政策争点は専門性が高く，かつ，たとえば福祉や教育といった問題と比べると有権者の日々の生活に直結した問題とはならないからである。

政治家と有権者におけるこのような選好を考慮すると，何らかの外生的な圧力がなければ，情報公開が選挙の争点として浮上しにくい，と言える。政治家にとっては，これはそれほど有権者に受け入れられる政策ではなく，かつ，実際に情報公開を進めることはさまざまなリスクを伴うからである。

このような状況において重要になるのが，アドボカシー団体の役割である。アドボカシー団体は，主に次の2点で重要である。第1に，アドボカシー団体は有権者に対し，メディアへの情報提供やセミナーなどを通じ，情報公開そのものの重要性に関する情報を提供する。有権者に対してこの問題の重要性を伝えることによって，政治家にとっても支持獲得のためにこの問題は重要であるという認識を持たせることにつながる。第2に，アドボカシー団体は議会での立法過程において法案の準備と審議の両方の段階で法案が骨抜きにならないよう監視し，場合によっては政治家および官僚に対し情報提供を行う。要するに，情報公開を求めるアドボカシー団体は，市民，政治エリート両方に対し強い情報公開法を成立させるよう圧力をかける役割を担う。

これまでの記述にジャーナリストの役割が抜けているという指摘があるかもしれないが，本章では次の理由からジャーナリストを独立したアクターとしては扱っていない。第1に，ジャーナリストは必ずしも情報公開に賛成の立場をとらない。たとえば，すでに主要な報道機関と政府との間に制度化されていない情報受け渡しの経路が存在する場合や，報道機関が与党と資金的・人的な依

存関係にある場合には，大手の報道機関に所属するジャーナリストは情報公開法の成立に対し関心が低い。前者の例としては，「記者クラブ」の存在する日本の1999年情報公開法の成立過程（Kasuya 2014），後者の例としてはアルゼンチンにおける2007年の情報公開条例の決定過程（Michener 2010）が挙げられる。第2に，メキシコのようにジャーナリストが情報公開を積極的に推進する場合も存在するが（同上），その場合にはアドボカシー団体を設立してのことが多く，これらは次節で分析対象としているアドボカシー団体に含まれる。

ここまで述べてきた典型的な情報公開法の政策決定過程をふまえると，次のような仮説が提示できる。

**仮説1** 情報公開法が立法される以前に情報公開を求めるアドボカシー団体が活動する場合には，活動しない場合に比べ，より強い情報公開法が成立する傾向がある。

また，先に挙げた主なアクターとその選好を考慮すると，ミチナー（Michener 2010）が主張する，野党が議会の多数派を占める場合に強い情報公開法が成立する傾向があるという関係は，一定の条件のもとで起こるのではないかと考えられる。すなわち，ミチナーの議論では，野党は強い情報公開法を求める点を「所与」とみなしているが，野党にとって情報公開が推進すべき望ましい政策争点となるのは，それが一般有権者からの支持を得るために有利であるとみなされる場合であり，そのような状況を形成するにあたってはアドボカシー団体の役割が重要である。このような観点から，次の仮説を提示できる。

**仮説2** 野党勢力が強い場合には，より強い情報公開法が成立しやすいという関係は，法案成立前にアドボカシー団体が活動しているという条件のもとで生まれる傾向である（アドボカシー団体が活動していない場合には，野党の勢力と情報公開法の強さには関係がない）。

## 4 実証分析

### ◆ 多国間比較分析

ここまで述べてきた2つの仮説に対し，筆者は別の論文において計量分析を行っているが，ここではその結果を簡単に紹介し，次項で行う比較事例分析の

第4章 情報公開法成立の比較政治学

### 図4-2 アドボカシー団体の存在と情報公開法の強さ

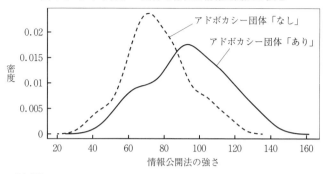

[出所] Kasuya and Mori 2013

方法論上の意義を示したい。図4-2は，情報公開法成立以前にアドボカシー団体が存在していた国と存在しなかった国とを分け，それぞれにおいて情報公開法の強さを密度プロットで示したものである。アドボカシー団体の有無については，情報公開を促進するアドボカシー団体が形成する2つの国際連合体に登録のある団体のウェブサイトまたは私信によって設立年を調べ，それが当該国の情報公開法成立年よりも1年以上前の場合には「あり」とし，登録団体のない場合や情報公開法成立年と同じかそれ以降の団体設立年である場合には「なし」として測定している。[9]ここではその他に情報公開法の強さにかかわると思われる要因は調整（コントロール）していないが，図4-2から，アドボカシー団体が法案成立前に活動していた国のほうが，より強い情報公開法が立法化される傾向があることがわかる。これは，仮説1をおおむね支持する結果である。

図4-3では，アドボカシー団体の有無を分けたうえで野党の勢力（議席割合）と情報公開法の強さとの関係をプロットしている。白い四角とその分布の近似線である実線は，アドボカシー団体が情報公開法成立前に存在した国のグループに対するものである。黒い四角とその分布の近似線である点線は，アドボカシー団体が存在しなかった国を示す。野党の議席割合は，2院制の場合には，より強い権限を通常持つ下院での議席割合である。この点に関するデータは，世界銀行の作成している政治制度データベースに依拠している（Beck et al. 2001）。こちらにおいてもその他の要因が調整されているわけではないが，実

127

第Ⅲ部　水平的アカウンタビリティ

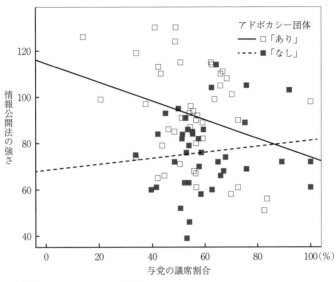

図4-3　アドボカシー団体の有無で見た与党勢力の影響

[出所]　Kasuya and Mori 2013

線は右下がりで点線はやや右上がりの関係が示されている。要するに，野党勢力が強いとより強い情報公開法が成立しやすいという関係は，成立前にアドボカシー団体が存在するという条件のもとで成立することを示唆している。これは，仮説2をおおむね支持する結果である。

　筆者の別の共著論文では，回帰分析手法を用い，情報公開法の強さに影響を与えると考えられる他の影響を調整したうえで，アドボカシー団体の有無が情報公開法の強さに影響を与えるかどうか，また，野党の勢力が影響するのは法律が制定される以前からアドボカシー団体が存在していた場合に限られるかどうか，という点について検討している（Kasuya and Mori 2013）。統制変数として加えたのは，民主主義体制であるか否か，1人あたり国内総生産（GDP），大統領制・半大統領制と議院内閣制との違い，政権党の党派性，人口の多数派を占める宗教，コモン・ロー（慣習法，イギリス・アメリカ）法系と大陸法系の伝統の違い，である。分析の結果，仮説1と2は統計学的に有意な形でその妥当性が示された。

第4章　情報公開法成立の比較政治学

◆ 比較事例分析

　上記の多国間比較分析では，アドボカシー団体の活動と情報公開法の強さとの間の共変関係が示されたが，この結果を受け，以下では，比較事例分析を行・・・・・うことで両者の関係がどのように形成されるのかについて検討する。それにあたり取り上げるのがイギリスとドイツの事例である。両国を取り上げる理由は，これが，情報公開法の強さに影響を与えると考えられる要因（ここでは，アドボカシー団体の活動が活発である程度）以外は，ほぼ条件が同じである「最も類似した事例の比較」（Seawright and Gerring 2008）と言えるからである。

　イギリスとドイツは，国際的，社会・経済的，政治制度の各側面において似通っている。西ヨーロッパに位置する両国は，欧州連合（EU），欧州評議会，OSCEなど，加盟する国際機関がほぼ重複しているため，情報公開法を成立させるべきであるという国際的な規範にさらされる程度は，ほぼ同じであると考えられる。社会・経済的には，両国とも国民の教育水準および経済発展レベルが高く，情報公開法に対する国民の要求もほぼ同程度であるとみなすことができる。政治的には，第二次世界大戦後においては両国とも民主主義体制が定着しており，議院内閣制のもとでの（候補者ではなく）政党を中心とした選挙競合が行われている。また，政治腐敗のレベルは比較的低い。汚職の程度の高い国ではより強い情報公開法が求められる傾向にあると予測されるが，この点においても両国には違いがほとんどない。

　両国は，情報公開法制定の際の政治的文脈においても類似していた。まず立法化の時期については，イギリスが2000年，ドイツが05年と，ほぼ同時期に成立している。また，法案成立時の与党の党派性においても，どちらも中道左派政権であった点で共通している。イギリスでは1997年の選挙で勝った労働党が，またドイツでは98年の選挙後から社会民主党（SPD）と緑の党の連立内閣が政権を握っていた。さらに，労働党とSPD・緑の党連立とはいずれも選挙時の公約に情報公開の促進を含めていた。イギリスでは，労働党が，1974年選挙以来，すべての選挙公約において情報公開促進が言及されている。ドイツでは，1994年に緑の党が公約の中にこれを含め，98年の選挙前にSPDと連立交渉をした際にも，連立としての公約に情報公開促進を入れている。

　このように，イギリスとドイツでは同時期に情報公開法成立を選挙公約に掲

げた中道左派政権が成立したが，その後の政策決定過程は異なる経路をたどった。イギリスでの情報公開法は労働党政権ができて3年後となる2000年に成立した。先述した国際比較ランキングであるCLDの評価では，最高点150点のうち99点と評価されており，93カ国のうち上から25位に位置づけられている。他方のドイツでは，SPD・緑の党連立政権である第1次シュレーダー内閣期（1998-2002年）には情報公開法が成立せず，第2次シュレーダー内閣（2002-05年）の終了間際である2005年6月に成立した。[10] ドイツの情報公開法はCLDの評価では52点であり，93カ国中では低いほうから5番目である。ほぼ同じような状況にありながら，なぜイギリスとドイツではこのように異なる強さの情報公開法が成立したのだろうか。

これ以降は，アドボカシー団体の関与の仕方の違いに焦点を絞る形で両国における情報公開法の強さが異なる原因を検討していく。議論を先取りしてまとめると，イギリスでは1980年代から情報公開法成立を求めるアドボカシー団体が設立され，小規模ながらも専門性の高いスタッフのもとで継続的な活動が行われていた。ドイツでは，アドボカシー活動は法案が成立する直前に一時的に行われていたのみであった。

◆ **イギリスの事例**[11]

イギリスにおける情報公開法を成立させようとするアドボカシー活動は，1970年代終わり頃に始まった。これは，アメリカでの1966年の情報公開法成立に触発される形で，市民運動やジャーナリストの間で情報公開法に注目するようになったからと言える。1978年には，活動家であるコーンフォード[12]が素案を作成する形で，自由党議員のフロイドが議会に情報公開法案を提出した。この議員提出法案は提出当時の政権党であった労働党議員の間からある程度の支持を得たが，1979年5月の選挙で大勝したサッチャー保守党政権のもとで，この法案は立法化には至らなかった。

情報公開法を求めるアドボカシー活動が団体化されるのは，1984年に「情報公開法のためのキャンペーン」（以下，キャンペーン）が設立されて以降である。キャンペーンは，先述したコーンフォードや，後に自由党党首となるウィルソンらが中心になり，情報公開法に特化したアドボカシーNGOとして組織

された。同 NGO は，設立以来現在までフランケルを事務局長とし，常駐スタッフは 2，3 人程度の小規模な団体である。しかしフランケルの専門性に裏打ちされた活動により，「政府の諮問的機関として，またすべての政党とのつながりを持つ団体としての地位を急速に得る」ことに成功した（Chapman and Hunt 2006: 4）。キャンペーンはまた，後述するブレア政権下での情報公開法成立に関連しただけでなく，それ以前に出された議員立法法案（1984, 91, 92 年）の草案を実質的に作成し，他の情報関連の法案，たとえば，1987 年成立の個人情報アクセス法，88 年成立の医療報告書アクセス法，同じく 88 年に通過した秘密保護法（Official Secrecy Act）改正においても草案作成のアドバイスを行った。さらに，イギリスにおけるクオリティ・ペーパー（高級紙）が情報公開の問題について報道する際の論点解説において頻繁にコメントが引用されるのは同団体によるものである。

　イギリスで情報公開法が成立した時期の首相はブレア労働党党首であるが，キャンペーンは彼が野党党首の時期から情報公開法を成立させるよう働きかけていた。たとえばキャンペーンが毎年主宰する「情報公開賞」の 1996 年の受賞者としてブレアを招き，受賞記念のスピーチにおいて政権交代の暁には情報公開法を成立させるという言明を引き出している。労働党は 1997 年選挙における選挙公約において（それまでの選挙公約では情報公開促進という一般的な文言であったが）明確に情報公開法の制定を掲げた。

　労働党は 1997 年 5 月の総選挙で大勝し政権の座についたものの，公約とは裏腹に，情報公開法案を提出する動きはすぐには見られなかった。政府はまず，「あなたの知る権利（Your Right to Know）」と題した白書を当時のランカスター領担当大臣であったクラークに起草させた。このときキャンペーンのスタッフはクラークのアドバイザーとして白書の草案作成に当たっている。この白書では，多くの革新的な提案がなされており，白書が公開された際には多くの市民団体やマスメディアから好意的な反応があった。しかしながらクラークは白書の公開後しばらくして更迭され，代わって内務大臣であったストローが情報公開法案の作成を担当することになった。ストローのもとでの法案準備は 1 年半を要し，法案として提出されたものは白書の内容に比べると保守的な内容を多く含んでいた。たとえば，情報公開適用除外の基準は情報公開による「実質的

な害（substantial harm）」がある場合となっていたが，ストロー法案ではより緩い「権利を損なう（prejudices）」場合とされた。また，白書における例外規定は7つであったが，ストロー法案では20に増加した。さらに，同法案では情報コミッショナーによる開示命令に対し閣僚が拒否権を行使できるよう定められ，これは適用除外範囲の実質的拡大を意味していた（Birkinshaw and Parry 1999）。こうした遅延と内容のため，多くのマスメディアや市民団体はブレア政権の対応を批判した。

このような状況を受け，キャンペーンはストロー法案への修正条文を起草し，多くの国会議員に働きかけて法案審議過程でこれらの修正を導入するよう促した。主に与党労働党の若手議員の働きにより，最終的にはいくつかの重要な修正がなされた。たとえば，政府の返答期限を40日から20日に短縮したこと，インフォメーション・コミッショナーの開示命令に対して拒否権を行使できる閣僚を，閣内相（Secretary of State）および閣外相（Ministers of State）を含む全閣僚から，閣内相のみに限定したこと，などがある。しかしながら政府側の妥協を引き出せなかった点もある。「実質的な害」条文，政策諮問に関する文書を例外の適用範囲内にするなどである。法案は2000年の12月に議会両院を通過し，2005年から施行された。[13] 実施5年を経ての法の効果に関しては，これが「政府の透明性を高め，アカウンタビリティの強化につながっている」と評価されている（Hazell, et al. 2010: 252）。

### ◆ ドイツの事例[14]

イギリスと同様，情報公開法の促進は1998年に成立した中道左派連立政権における公約の一つであった。第1次シュレーダー内閣では，2000年に内務省によって情報公開法案が起草されたが，これは非常に保守的な内容のものであった。連立与党の一部であった緑の党がこの法案に反対したため，議会には提出されなかった。2002年9月の選挙においてもSPD・緑の党連立が勝利し，10月から第2次シュレーダー内閣が発足した。2002年選挙の連立マニュフェストにおいても情報公開促進が公約の一つとして掲げられていたが，SPDの党執行部レベルではそれに対し積極的とは言えなかった（Redelfs 2005）。

党執行部の対応の遅さに対し，SPDの若手議員と緑の党の議員の一部が

2004年1月から独自に情報公開法案を起草し始めた。これらの議員の多くは弁護士資格を持ち，市民的自由を重視する立場をとる点で共通していた。彼らは自らを「ワーキング・グループ」と呼んでミーティングを重ね，2004年12月に情報公開法案を議会に提出した。同法案は内務委員会 (Committee on Internal Affairs) でまず審議され，その後下院においては2005年6月3日に，また上院においては7月8日に承認された。ドイツにおける情報公開法はSPD・緑の党連立内閣期が終了する直前に成立した法の一つであった。

　このようなドイツでの立法過程において，市民団体によるアドボカシー活動は，イギリスでのものに比べると非常に短期間かつ脆弱であった。2004年にワーキング・グループが活動を始めたのと同じ頃，トランスペアレンシー・イニシアチブ（以下，イニシアチブ）という名前のキャンペーン活動を，環境保護団体，ジャーナリストのグループ，人権団体など5つのNGOが開始した[15]。イニシアチブは2004年4月に「モデル法案」を作成してマスメディアおよび各国会議員に送付した。しかしながらこのモデル法案自体が，国際的な水準と比較すると保守的なものであった。これはイニシアチブが参照した情報公開法が諸外国のうち先進的な情報公開法を模範としてはおらず，ドイツの州レベルですでに成立していた情報公開法を参照したためである。イニシアチブのメンバーの一部はワーキング・グループの会合にオブザーバーとして参加した回もあったが，法案の起草に直接かかわることはなかった。これは，イギリスにおけるキャンペーンのスタッフとは異なり，イニシアチブのメンバーは情報公開法の法的・技術的な面に関する知識に欠けていたという理由がその一因であった。イニシアチブの主な活動は，ベルリンでのポスター・キャンペーン，ウェブサイトでの署名運動など，政治家・官僚に対してではなく市民に直接訴える形態をとった。イニシアティブの中心的なリーダーであったレッデルフスは，ポスター・キャンペーンは「それほど人々に注目されず，結果的に，できあがった情報公開法も非常に限定的なものになってしまった」と回想している。

　ドイツの情報公開法がイギリスでのそれよりも限定的であることは，CLDの評価だけでなく，その利用度からもうかがえる。イギリスの情報公開法の施行は2005年から，またドイツのそれは06年からであるが，10年における年間利用件数は1000人あたりにつきイギリスでは0.72件であったが，ドイツで

は0.02件と非常に少ない（Holsen and Pasquier 2011:284）。

◆ その他の要因の検討

イギリスとドイツにおける情報公開法の強さの違いは，アドボカシー団体の役割以外を要因とするのではないかという主張が成立するかもしれない。そのような要因として，コーポラティズムの程度と法体系の違いの2つが挙げられるが，これらの要因は以下の理由から妥当とは言えない。

第1に，コーポラティズムに関してはマクリーンが，コーポラティズム型の利益媒介システムの程度が高い国では，情報公開法が限定的になると主張している（McClean 2010）。コーポラティズムとは，経営者団体と労働組合のそれぞれの頂上団体が議会以外の経路を通じて政府に対して独占的な影響を与える政策決定過程を特徴とする。彼がこのような主張をする理由は，政府の情報に独占的なアクセスを持つ頂上団体（特に経営者団体）は情報公開には反対の立場をとる傾向にあると考えられるからである。ドイツはイギリスに比べるとコーポラティズムの程度が高く（Lijphart 2012:165），彼の議論を敷衍すると，ドイツにおける情報公開法の弱さは，コーポラティズムの程度が高いからであると分析できる。

しかしながら，実際のデータはコーポラティズムの程度が情報公開法の強さとは関係がないことを示唆している。図4-4は，コーポラティズムの程度が入手可能な36カ国における情報公開法の強さとコーポラティズムの程度とをプロットしたものである。仮にコーポラティズムの程度が情報公開法の強さに影響するとしたら右肩上がりの近似曲線が描ける関係になるはずであるが，図からはそのような関係はみてとれない。たとえばスペインは，アメリカよりも多元主義の程度が高いと評価されているが，分析時点である2013年半ばではいまだに情報公開法を立法化していない[16]。また，コーポラティズムの程度が高い国でありながら，比較的強い情報公開法を成立させている国も存在する。たとえばフィンランド（104），スウェーデン（95），ノルウェー（84）である（括弧内の数値はCLDによる情報公開法の強さの評価）。

またドイツとイギリスのみを取り上げても，両国の中心的経営者団体はいずれも情報公開法の成立に反対しており，経営者団体の抵抗をドイツにおける弱

**図 4-4　コーポラティズムの程度と情報公開法の強さ**

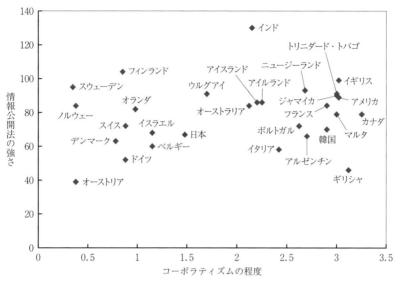

［注］　横軸上の数値が低いほどコーポラティズムの程度が高いことを示す。
［出所］　Lijphart（2012: 165）と CLD 指標を基に筆者作成。

い情報公開法の理由とするのは妥当とは言えない。10 万の企業を代表すると謳うドイツの経営者団体の頂上団体であるドイツ産業連盟（Bund der Deutschen Industrie）は，公式に情報公開法制定に反対の立場をとっていたが，同様に，24 万の企業を代表するイギリスの頂上団体であるイギリス産業連合（Confederation of British Industry）も情報公開法の制定には強く反対していたのである（Eaglesman 1999）。[17]

　第 2 の可能な説明は，法体系の違いである。既存の研究では，大陸法系の国のほうがコモン・ローの伝統を持つ国よりも政府の情報公開が進まないとしている（Alt and Lassen 2006; Wehner and de Renzi 2013）。先述した計量分析においても，コモン・ローの国のほうが大陸法系の国よりも他の要因を調整したうえで平均 8 ポイント強い情報公開法を成立させる傾向があるという結果が示された。しかし，ここで検討しているイギリスとドイツの場合には，それぞれ 99 と 52 という約 50 ポイントの開きがある。このため，法体系の違いをイギリスとドイツにおける情報公開法の強度の違いを説明する主な要因とするのは妥当では

ない。
　ここまでの事例分析を要約すると，イギリスとドイツの比較は，情報公開法の成立を求めるアドボカシー団体の関与の強弱が，実際に成立する情報公開法の強弱に影響を与えることを示している。イギリスの場合，小規模ながらも専門的知識を持ったスタッフを擁するアドボカシー団体が1980年代から活動していた。このことが，一般市民や政治家の間での情報公開の重要性の認識を高め，また，法案作成過程での専門知識の提供などを可能にし，比較的強い情報公開法の作成に貢献した。ドイツの場合，アドボカシー活動は，既存のNGOが一時的な協力関係を結んだ形で行われたが，これは時期的にも短く，また活動内容も限定的であった。これがドイツにおける弱い情報公開法成立の一因となったと言える。

## 5　結　論

　本章では，ここ数十年の間でその数が飛躍的に増えた世界各国の情報公開法の条文内容における「強さ」のばらつきに着目し，なぜ国によって強さの違いが生ずるのかについて，その要因を検討した。既存の研究は，政治体制（民主主義対非民主主義）の違いや，政党競合のあり方という政治制度要因に注目したものが多いが，本章では，情報公開を求めるアドボカシー団体の重要性を強調し，かつ，これまで不明瞭であったアドボカシー団体と制度要因との関係を明確化した。具体的には，アドボカシー団体が情報公開法の立法過程で関与している場合のほうが強い情報公開法が成立する傾向にあること，および，既存の研究で示された野党勢力の強さがより強い情報公開法につながるという関係はアドボカシー団体の存在があるという条件のもとで成立する関係であることを多国間比較分析とイギリス・ドイツの比較事例分析から示した。
　本章の分析結果は，以下のような示唆を与える。第1に理論的な観点としては，社会全体に対する「公共財」の提供にあたってのアドボカシー団体の存在の重要性である。ここでの公共財とは，具体的には経済成長，政府の透明性，社会・経済インフラなどを意味する。これらの提供を促進する要因についての研究では，競合的な選挙（Bueno de Mesquita et al. 2003），ソーシャル・キャピ

タル (Putnam 1993), 自由なマスメディア (Sen 1999; Adserè et al. 2003) などが重要な要因として指摘されてきた。これらの要因に加え，これまで体系的な分析があまりなされてこなかったアドボカシー団体の重要性を示したのが本章である。特に，当該論点に特化されたアドボカシー団体は，小規模であっても大きな影響を与えられることをイギリスの事例は示している。

より詳細に述べると，アドボカシー団体の役割が重要になるのは，本章が対象とした政府の透明性という争点のような，一般有権者に対し選挙戦で強調しても「一般うけ」しにくい争点の場合であることが示唆される。同様の争点には，人権問題がある。たとえば，人権アドボカシー団体の存在が人権擁護機関の設立につながりやすくなると分析する研究は，同様の指摘をしていると解釈できる (Kim 2013)。このような見解をふまえると，今後一層探求されるべき課題として，どのような状況のもとでアドボカシー団体の活動はより効果的になるのか，(本章では国内のアドボカシー団体にのみ焦点を合わせたが) 国際的アドボカシー団体と国内で活動するアドボカシー団体とはどのような協同関係にあるのか，また，政府の透明性を推進するアドボカシー団体はどのような条件のもとで設立されやすいのか，といった点が重要であるだろう。

第2に，実践的な観点からの示唆としては，本章の分析は，政府の情報公開を進めるにあたってアドボカシー団体への資金的，技術的，倫理的支援を行う重要性を示している。先述のように，政府・政治家は本来的に情報秘匿を好む傾向があり，アドボカシー団体による恒常的な監視は透明性の維持・拡大にあたり重要である。この分野でのアドボカシー活動は，それが「一般うけ」しにくいという性質ゆえに，教育や福祉などに比べると市民や財団からの支援を得にくい傾向がある。そのような構造的問題を抱えているからこそ，情報公開を求める市民活動に対する一層の支援が重要であると言える。

● 注
1) 情報公開法は国によってさまざまな名称で呼ばれている。たとえば，Freedom of Information Act (アメリカ，イギリス)，Disclosure of Public Information Law (インドネシア)，Right to Information Law (インド) などである。ここでは，日本での通称である情報公開法を一般名称として用いる。

2) 水平的アカウンタビリティの定義に関しては本書第1章参照。情報開示に関連する諸手続きおよび不当な非開示の際の制裁措置を行う機関としてインフォメーション・コミッションを設けている国と設けていない国とに分かれる。設けている国の例として，インドやカナダが，また設けていない国としてアメリカや日本がある。
3) 具体的には，アメリカでは Espionage Act of 1917，オーストラリアでは Criminal Act of 1914，スウェーデンでは Secrecy Act of 1937 がそれぞれ制定された。
4) 国連総会決議第59 (1)。
5) 英語名は Special Rapporteur on Freedom of Opinion and Expression である。
6) 測定方法詳細は，http://www.rti-rating.org/ を参照（2014年7月11日最終アクセス）。
7) 例外として，ラテンアメリカ諸国を比較分析する Michener（2010）がある。
8) その例として，フィリピンのアキノ大統領（2010-15年），メキシコのフォックス大統領（2000-06年）が挙げられる。両者は大統領候補としての選挙戦の際には情報公開を重要な公約の一つとして掲げたが，当選後は情報公開に対し非常に慎重な立場をとるようになった。フィリピンの場合，2014年8月時点において，いまだに情報公開法は成立していない。
9) 2つの連合体とは，freedominfo および FOIAnet である。それぞれのウェブサイトは以下を参照（http://www.freedominfo.org/, http://www.foiadvocates.net/, 2014年3月30日最終アクセス）。
10) シュレーダー政権は2005年7月に不信任決議の可決を受けて連邦議会が解散され，同年9月の総選挙後にはメルケル首相が率いるドイツキリスト教民主同盟（CDU）政権に交代した。
11) 以下の記述は，Dave Banisar（Article19 法律顧問），Maurice Frankel（Campaign for Freedom of Information 事務局長）へのインタビュー（ともに，20011年7月9日，ロンドンにて実施），および Puddephatt（2009）に依拠している。
12) 当時彼はジョセフ・ローンツリー財団のシンクタンク部門の責任者であった。
13) 施行時期は，2001年にアメリカで起こったテロ事件を受けブレア首相によって2005年まで延期された。
14) 以下の記述は，Manfred Redelfs（Transparency Initiative 共同創始者），Carnelia Haas（労働組合 Ver. Di におけるジャーナリスト部門代表）へのインタビューに依拠している。インタビューは，それぞれ2012年2月13日ハンブルグにて，2012年2月15日ベルリンにて行った。
15) 具体的には，*Netzwerk Recherche, Deutsche Journalistinnen-und Journalisten Union in Ver. di, Deutscher Journalisten-Verband,* Transparency International, *Humanitish Union* の5団体である。
16) スペインでは，2013年12月に情報公開法が成立した。
17) http://www.tagesschau.de/wirtschaft/meldung143838.html（2013年1月12日最終アクセス）。

## 第4章 情報公開法成立の比較政治学

● 引用・参考文献

Ackerman, John M., and Irma E. Sandoval-Ballesteros 2006, "The Global Explosion of Freedom of Information Laws," *Administrative Law Review*, 58 (1): 85-130.

Adserà, Alícia, Carles Boix, and Mark Payne 2003, "Are You Being Served? Political Accountability and Quality of Government," *Journal of Law, Economics, and Organization*, 19 (2): 445-490.

Alt, James E., and David Dreyer Lassen 2006, "Fiscal Transparency, Political Parties, and Debt in OECD Countries," *European Economic Review*, 50 (6): 1403-1439.

Alt, James E., David Dreyer Lassen, and Shanna Rose 2006, "The Causes of Fiscal Transparency: Evidence From The US States," IMF Staff Papers.

Beck, Thorsten, George Clarke, Alberto Groff, Philip Keefer, and Patrick Walsh 2001, "New tools in Comparative Political Economy: The Database of Political Institutions," *The World Bank Economic Review*, 15 (1): 165-176.

Berliner, Daniel 2014, "The Political Origins of Transparency," *The Journal of Politics*, 76 (2): 479-491.

Birkinshaw, Patrick, and Nicholas Parry 1999, "Every Trick in The Book: The Freedom of Information Bill 1999," *European Human Rights Law Review*, 1999 (4): 273-390.

Brooke, Heather 2010, *The Silent State: Secrets, Surveillance and The Myth of British Democracy*, William Heinemann.

Bueno de Mesquita, Bruce, Alastair Smith, Randolph M. Siverson, and James D. Morrow, 2003, *The Logic of Political Survival*, MIT Press.

Chapman, Richard A., and Michael Hunt eds. 2006, *Open Government in A Theoretical and Practical Context*, Ashgate Publishing.

Darch, Colin, and Peter G. Underwood 2009, *Freedom of Information and The Developing World: The Citizen, The State and Models of Openness*, Chandos Publishing.

Dokeniya, Anupama 2013, *Implementing Right to Information: Lessons From Experience*, The International Bank For Reconstruction and Development.

Donaldson, Peter S. 1992, *Machiavelli and Mystery of State*, Cambridge University Press.

Eaglesman, Jean 1999, "Britain: Freedom of Information Proposals Cut Both Ways," *Financial Times*, May 26.

Elster, Jon 1999, "Accountability in Athenian Politics," in Adam Przworski, Susan C. Stokes, and Bernard Manin eds., *Democracy, Accountability, and Representation*, Cambridge University Press.

Ferejohn, John 1999, "Accountability and Authority: Towards a Theory of Political Accountability," in Adam Przworski, Susan C. Stokes, and Bernard Manin eds., *Democracy, Accountability, and Representation*, Cambridge University Press.

Florini, Ann ed. 2007, *The Right to Know: Transparency for an Open World*, Columbia University Press.

Habermas, Jürgen 1989, *The Structural Transformation of the Public Sphere: An Inquiry into a Category of Bourgeois Society*, MIT Press (細谷貞雄・山田正行訳 1994『公共性の構造転換――市民社会の一カテゴリーについての探究』未來社).

Hazell, Robert, Ben Worthy, and Mark Glover 2010, *The Impact of The Freedom of Information Act on Central Government in The UK: Does FOI Work?* Palgrave Macmillan.

Hollyer, James R, B. Peter Rosendorff, and James Raymond Vreeland 2011, "Democracy and Transparency," *The Journal of Politics*, 73 (4): 1191-1205.

Holsen, Sarah, and Martial Pasquier 2012, "What's Wrong With This Picture? The Case of Access to Information Requests in Two Continental Federal States-Germany and Switzerland," *Public Policy and Administration*, 27 (4): 283-302.

Ives, Robin J. 2003, "Political Publicity and Political Economy in Eighteenth-Century France," *French History*, 17 (1): 1-18.

Kasuya, Yuko 2014, "The Moderateness of Japan's Freedom of Information Act," unpublished manuscript.

Kasuya, Yuko, and Kota Mori 2013, "Transparency Reform and Advocacy Groups: The Strength of Freedom of Information Acts," unpublished manuscript.

Kim, Dongwook 2013, "International Nongovernmental Organizations and The Global Diffusion of National Human Rights Institutions," *International Organization*, 67 (3): 505-539.

Lijphart, Arend 2012, *Patterns of Democracy: Government Forms and Performance in Thirty-Six Countries,* Yale University Press(粕谷祐子・菊池啓一訳 2014『民主主義対民主主義——多数決型とコンセンサス型の36カ国比較研究〔原著第2版〕』勁草書房).

McClean, Tom 2010, "Who Pays The Piper? The Political Economy of Freedom of Information," *Government Information Quarterly*, 27 (4): 392-400.

McCubbins, Mathew D., and Thomas Schwartz 1984, "Congressional Oversight Overlooked: Police Patrols Versus Fire Alarms," *American Journal of Political Science*, 28 (1): 165-179.

Michener, Robert Gregory 2010, "The Surrender of Secrecy: Explaining the Emergence of Strong Access to Public Information Laws in Latin America," Ph. D. dissertation submitted to the University of Texas at Austin.

O'Brien, David M. 1981, *The Public's Right to Know: The Supreme Court and The First Amendment,* Praeger.

Peisakhin, Leonid, and Paul Pinto 2010, "Is Transparency an Effective Anti-Corruption Strategy? Evidence From A Field Experiment in India," *Regulation & Governance*, 4 (3): 261-280.

Persson, Torsten, Gérard Roland, and Guido Tabellini 1997, "Separation of Powers and Political Accountability," *The Quarterly Journal of Economics*, 112 (4): 1163-1202.

Puddephatt, Andrew 2009, *Exploring the Role of Civil Society in the Formulation and Adoption of Access to Information Laws: The Cases of Bulgaria, India, Mexico, South Africa, and the United Kingdom,* The International Bank For Reconstruction and Development.

Putnam, Robert D. 1993, *Making Democracy Work: Civic Traditions in Modern Italy,* Princeton University Press(河田潤一訳 2001『哲学する民主主義——伝統と改革の市

民構造』NTT 出版).
Redelfs, Manfred 2005, "Informationsfreiheit: Deutschland-Als Verspätete Nation (Freedom of Information: Germany as a Belated Nation), " edited by Petra Ahrweiler and Barbara Thomas, in *Internationale Partizipatorische Kommunikationspolitik Strukturen Und Visionen* (Structures and Visions of the International Participatory Communication Policies), LIT-Verlag.
Rosendorff, Peter B., and John Doces 2006, "Transparency and Unfair Eviction in Democracies and Autocracies," *Swiss Political Science Review*, 12 (3): 99-112.
Seawright, Jason, and John Gerring 2008, "Case Selection Techniques in Case Study Research a Menu of Qualitative and Quantitative Options," *Political Research Quarterly*, 61 (2): 294-308.
Sen, Amartya 1999, *Development As Freedom*, Knopf (石塚雅彦訳 2000『自由と経済開発』日本経済新聞社).
Stiglitz, Joseph E 1999, "On Liberty, The Right to Know, and Public Discourse: The Role of Transparency in Public Life," Oxford Amnesty Lecture, Oxford.
Wehner, Joachim, and Paolo de Renzio, "Citizens, Legislators, and Executive Disclosure: The Political Determinants of Fiscal Transparency," *World Development*, 41: 96-108.

第 5 章

# 中東欧諸国の汚職対策機関
マケドニアにおける法制度上の発展と実践上の停滞

久保 慶一

## 1 序　論

　本章では，水平的アカウンタビリティの一例として，汚職対策の専門機関（汚職対策機関）を取り上げる。汚職対策機関はなぜ必要なのか。汚職対策機関にはどのような特徴があり，政府・政権党がそれを設置し発展させるのはなぜなのか。逆に，汚職対策機関による任務履行が妨げられるのはなぜなのか。本章では，これらの問いに答えるために，中東欧諸国[1]，特にマケドニア[2]の事例を分析することを試みたい。

　本章の構成は以下の通りである。まず第2節で，汚職対策機関について若干の一般的・理論的考察を行う。ここでは，なぜ汚職が民主主義にとって問題なのか，なぜ汚職の防止策として汚職対策機関が必要とされるのか，汚職対策機関の設置をめぐる国際的な動向はどのようなものとなっているのかを検討する。第3節では，社会主義体制からの体制転換を経験した中東欧諸国の状況を概観する。具体的には，まず体制転換と民主主義の質の問題を，次に汚職対策機関の設置状況を概観し，最後に，中東欧諸国における汚職対策機関の設置に関して，理論的・実証的にどのような要因が指摘されてきたかを検討する。第4節では，マケドニアの事例を分析する。まずマケドニアにおける汚職対策の経緯を概観し，汚職対策機関である国家汚職防止委員会の設置の経緯を分析する。次に，国家汚職防止委員会の設置後に汚職対策の法制度が漸進的に発展してい

った点を明らかにし,それを説明する要因について考察する。最後に,汚職対策の履行におけるマケドニアの問題点を明らかにし,なぜそうした問題が生じたのかを考察する。第5節では,本章での分析結果をまとめ,結論を述べる。

## 2 汚職対策機関の理論的背景と国際的潮流

### ◆ 汚職と民主主義

　汚職（corruption）はさまざまな行為に対して用いられる言葉であり,定義なしにこの言葉が用いられることも少なくないが,そもそも汚職とは何だろうか。世界銀行は,汚職を「私的利益のために公職を濫用すること」と定義し,具体的には,特定の行為主体に有利な何らかの政策・決定を行うことと引き換えに公職者が賄賂を受け取ることや,公職者が国家の資産を横領することがその例として挙げられている。本章ではさしあたり,この世界銀行の定義を採用して考察を進めていくこととしたい。

　多くの論者が,汚職が民主主義にとって深刻な脅威であると指摘してきた（Diamond 1999; Mungiu-Pippidi 2006）。民主主義体制の下では,政治家や官僚といった公職者は本来,主権者である国民から委託されて公権力を行使している「エージェント（代理人）」に過ぎない。そのエージェントが自らの私的利益のために公職を濫用することが可能であるということは,公権力行使を委託している国民の利益が損なわれることを意味する。仮にその政治家を選出する手続きが自由・公正で民主的であったとしても,そこで選ばれた政治家が汚職を行うならば,民主主義が形骸化してしまうと言っても過言ではない。公職者を選出する手続きという点では「民主主義」の要件を満たしたとされる国々において,その民主主義の「質」の良し悪しを規定する重要な要素の一つとして,汚職の度合いがしばしば引き合いに出されるのはそのためである。

　汚職がなぜ起こるのかに関する研究は,政治学,経済学,社会学など,さまざまな分野で進められてきた。その中で,汚職の重要な要因の一つとしてしばしば挙げられてきたのが,エージェントに対する適切な監視の不在である。たとえば,汚職研究の第一人者であるクリットガードは,汚職は,エージェントが裁量権を有するとき,そしてエージェントのプリンシパル（本人）に対する

説明責任が弱いときに蔓延すると述べている（Klitgaard 1988: 75）。すなわち，権力行使を委ねられたエージェントとしての政治家・官僚が，適切な監視なしに放置されることが，汚職を行うインセンティブを政治家や官僚に与えてしまうと考えられるのである。本書の第1章でも言及されているプリンシパル・エージェント・モデルで考えれば，汚職とは，典型的なエージェンシー・スラックの問題である。民主主義体制において制度化されている定期的な選挙は，プリンシパルにとって好ましくない行動をとるエージェント（政治家）に対して「落選」という制裁を与え，好ましい行動をとるエージェントに対して「再選」という報酬を与えることで，エージェンシー・スラックを防ぐメカニズムとなりうる。しかし，制裁・報酬を与える機会は数年に一度しかなく，汚職を防ぐための道具としては不完全なものでしかない（Rose-Ackerman 1999）。

◆ 汚職を防ぐ方法

　この問題を解決するためには，プリンシパルである国民がエージェントである政治家や官僚を積極的に監視すればよいのだが，ここで問題となるのが監視のコストの問題である。政治家や官僚が汚職を行わないように国民が24時間監視することは，当然のことながら不可能である。また，汚職行為は国民（プリンシパル）に知られては不都合な事実であるため，エージェントである政治家や官僚はそれを隠そうとする。それを暴くためには，国民はさまざまな情報を収集しなければならない。しかし，一般的な国民は，汚職を防止ないし探知するためにそこまでの労力をかけることはできない。すなわち，一般国民にとって，政治家や官僚を自分自身で監視することは，コストが高すぎて困難なのである。

　そこで，汚職を防止するための方法として，汚職対策機関を設置し，政治家や官僚がそうした専門機関に対してアカウンタビリティを有するようにする制度改革が提唱されるようになった。たとえばドイグは，汚職の削減に成功した香港の例に他国の関心が高まっていることにふれ，適切に焦点を合わせた独立の汚職対策機関を設置することは，政府の清廉さの促進，国家の収入・支出の保全，公共サービスの倫理の向上などにとって有効な手段となりうるかもしれないと論じている（Doig 1995）。ローズ＝アッカーマンも，「汚職統制のために

は公的アカウンタビリティが必要不可欠である」(Rose-Ackerman 1999: 143) と指摘したうえで,汚職を抑制する制度的装置の一つとして,独立の汚職対策機関を挙げている(同上: 159-162)。

このように,汚職対策機関とは,汚職の撲滅を目的として設立された,汚職の捜査や訴追,予防のための一連の措置,教育・啓発活動や政策提言などの権限を有する国家機関である。以下で見るように汚職対策機関がどのような権限を有するかは国によってかなり異なるが,いずれにせよ,汚職対策機関が行うさまざまな要求や提言に対し,政治家,政党,官僚など他の国家機関(とりわけ立法府と執行府)は,法の定める範囲内で,それに応える義務を有する。すなわち汚職対策機関は,政治家や政党,官僚などに対し,アカウンタビリティを課する主体となっている。本書の第1章の定義に基づけば,こうしたアカウンタビリティは,水平的アカウンタビリティ,その中でもメインウォリングのいう「第3のタイプ」,すなわち独立の監視機関による水平的アカウンタビリティに該当する。なお,以下で見るように,汚職対策機関は,訴追のような法的制裁措置をとる権限を持たない場合も多い。したがって汚職対策機関によって課されるアカウンタビリティは,必ずしもハード・アカウンタビリティであるとは限らない。

◆ **汚職対策機関をめぐる国際的動向**

1990年代後半以降,独立の汚職対策機関を設置することは,国際的な潮流となりつつある。たとえば,欧州評議会では,1997年に「汚職撲滅のための20の指導原則」が採択されたが,そこでは「汚職犯罪の予防,捜査,訴追,裁判を担当する者が職務遂行に適切な独立性・自律性を享受し,不適切な影響を受けないこと」(第3原則),「汚職撲滅を担当する個人・組織の専門化を促進し,その職務遂行に必要な手段や訓練を与えること」(第7原則)が謳われている。さらに,翌1998年には汚職に関する刑事条約(Council of Europe Criminal Law Convention on Corruption)が採択され,2002年に発効した。その第20条は専門機関(specialised authorities)に当てられ,「加盟国は,個人または組織が汚職撲滅に専門特化するために必要な措置をとる」「そうした個人や組織は,実効的な職務遂行を可能にし,不当な圧力を受けることのないよう,当該国の法

制度の基本原則に合致する形で，独立性を有する」「加盟国は，そうした機関の職員が職務遂行のために適切な訓練と財政的資源を得られるようにする」と規定している。2003年に採択された国連腐敗防止条約においても，加盟国が汚職を予防する機関を設置すること（第6条），法執行による汚職対策に専門特化した組織を設置すること（第36条）が規定されている。

　こうした国際的な流れを受けて，世界各地で汚職対策機関が設置されてきているが，その任務や組織形態は国によって異なっている。経済協力開発機構（OECD）は，汚職対策機関の主要な任務として，(1)汚職の捜査と訴追，(2)汚職の予防，(3)教育・啓発，(4)調整・監視・研究に大別したうえで，専門機関のモデルとして，①多目的モデル，②法執行モデル，③予防機関の3つを挙げている（OECD 2013）。第1の多目的モデルは，法執行（捜査）・予防・公衆の啓発という3つの主要な任務のすべてを単一の機関が行うというものである。香港の「廉政公署」（汚職対策独立委員会）やシンガポールの汚職行為捜査局が，その典型例とされている。第2の法執行モデルは，逮捕・捜査・訴追を行う法執行機関の中に汚職対策の専門部局を作る形で制度化されるものである。ノルウェーやスペイン，ベルギーなど，OECD諸国の中ではこのモデルを採用する国が多いとされる。第3の予防機関は，国の汚職対策の改革を主導し，国の汚職撲滅戦略の策定や実施を担当したり，国民の教育や啓発，利益相反の予防，公職者の資産申告の管理などの業務を行ったりするものである。OECD諸国の中では，フランスがこのモデルを採用している。

　OECD（2013: 34）が指摘するように，汚職対策機関の数は増加の一途をたどっているが，それが汚職の削減に貢献しているのか否かに関する決定的な証拠はほとんど得られていない。汚職対策機関は，当該国の政府が汚職撲滅の決意を示すための政治的な宣言として設置されることも多く，その専門機関が実効性を持つ対策をとれないことも少なくないのである。汚職対策機関の業績を測定する方法論は確定しておらず，また，それを適切に評価するメカニズムを持っている国はほとんどない。

　汚職対策機関の設置はどのような要因によって規定されているのか，そしてそれは汚職削減の効果を持つのか否かという問いに実証的に答えるためには，まずどの国に，いつ，どのような汚職対策機関が設置されたかに関するデータ

を集積することが不可欠である。近年，世界銀行が中心となり，そうしたデータに関する収集・整理・公開が進みつつある。汚職対策機関の制度や経験に関する情報を各国の当局者が共有するために，2010年3月に行われたワークショップを契機として，各国の汚職対策機関に関する情報を集積・公開するウェブサイトが開設されたのである[4]。2014年4月現在，60以上の国・地域の汚職対策機関が調査に回答し，その情報が公開されている。また，世界各国の汚職対策に関する専門家評価を収集して公表している非政府組織（NGO）のグローバル・インテグリティは，汚職対策機関の権限，能力，活動実績（たとえば，実質的に政治的干渉を免れているか，職員任命は専門的な基準で行われているか，専従スタッフや十分な予算配分を得ているか，定期的に報告書を公表しているか，市民の通報に対して迅速に対応しているか，など）といった点についての専門家の評価を収集し，数値化して公表している[5]。これらのデータは，汚職対策機関の設置とその発展に関する体系的な実証分析，とりわけ定量的な分析にとって重要な資源となるであろう。本章では洗練された定量的分析を行うことはできないが，中東欧諸国の全体像をつかみ，事例分析の対象となるマケドニアの事例をその全体像の中に位置づけるために，これらのデータを用いることにしたい。

## 3 中東欧諸国における汚職対策機関

### ◆ 体制転換後の民主主義の質と汚職対策機関の設置

　中東欧諸国では，社会主義体制の崩壊後，政治・経済体制の転換が起こった。中東欧諸国の多くでは，社会主義体制の崩壊に伴って民主化が起こり，1990年代から民主主義体制が存続している。旧ユーゴスラヴィア地域では，一部の国で民族紛争などが起きた結果，1990年代は選挙権威主義体制と呼ばれる体制が成立したり，政治的不安定を経験したりした国も少なくない。しかし2000年代に入ると，そうした国々でも民主化が起こり，ほとんどの国において，言論や結社の自由の容認など政治的自由の保障や，普通選挙権に基づく自由・公正な選挙の定期的な実施といった民主主義体制の最低限の手続き的条件は満たしている状態が続いている。たとえば，世界各国の自由の度合いを毎年評価しているNGOのフリーダム・ハウスによる2013年版の報告書では，コ

ソヴォを除くすべての中東欧の国々は「選挙民主主義」とみなされている（Freedom House 2013）。すなわち，中東欧諸国の大半において，手続き的な意味での「民主化」はすでに果たされており，もはや政治的に重要な課題ではなくなっている。

しかし，比較政治学において近年注目されている「民主主義の質」に焦点を移せば，中東欧において成立した民主主義の「質」は決して高いとは言えない。たとえば本章の考察対象である汚職について見ると，社会主義体制崩壊後の経済体制転換（とりわけ国営企業の民営化）が「1回限りの階級形成闘争」「国有資産の分捕り合戦」の様相を呈し（岩田 1993），それに伴ってさまざまな混乱や不正が横行したこともあり（盛田 2010），多くの国々で汚職の蔓延が深刻な問題となった（Karklins 2005）。そのため，民主化後，政治的実権を有する政治家や官僚などの説明責任を高め，汚職を削減し，「民主主義の質」を高めるためのアカウンタビリティ改革が各国において重要な課題となってきたのである。

そうしたアカウンタビリティ改革の一環として，中東欧諸国は，汚職対策機関の設置と強化を行ってきた。表5-1は，先に述べた汚職対策機関に関するウェブサイトの情報を基に，中東欧諸国における汚職対策機関の設置年と権限をまとめたものである（ウェブサイトに情報のない一部の国のデータは欠落している）。一部の中東欧国では1990年代から設置されているが，大半の国々で2000年代に入ってから設置されている。その規模や機能は国によってさまざまであることがわかる。

### ◆ 汚職対策機関の設置の規定要因

中東欧諸国において，こうした汚職対策機関の設置やその権限強化は，どのような要因によって規定されているのだろうか。中東欧における汚職対策機関を分析対象とした研究で，その設置や権限強化を従属変数として因果関係の分析にまで踏み込んだものはあまりないが，重要な先行研究として，シャロンの研究とバトリーの研究が挙げられる（Charron 2008; Batory 2012）。シャロンは，中東欧9カ国（クロアチア，チェコ，ラトヴィア，リトアニア，マケドニア，モンテネグロ，ルーマニア，スロヴァキア，コソヴォ）を含む17カ国の汚職対策機関の長に対するアンケート調査をデータ化し，各国の機関の「制度的な強さ」を数

表 5-1 中東欧諸国の汚職対策機関

| 国 | 設置年 | 職員数 | 機能 | | | | | |
|---|---|---|---|---|---|---|---|---|
| | | | 訴追 | 捜査 | 会計 | 政策 | 研究 | 予防 |
| ハンガリー | 1995 | 290 | | | | | | ○ |
| リトアニア | 1997 | 231 | | ○ | | ○ | | ○ |
| エストニア | 1998 | 279 | ○ | ○ | | | | |
| クロアチア | 2001 | 57 | ○ | ○ | | | | |
| モンテネグロ | 2001 | 17 | | | | ○ | | ○ |
| ラトヴィア | 2002 | 138 | | ○ | ○ | ○ | ○ | |
| ルーマニア | 2002 | 500 | ○ | ○ | | | | |
| マケドニア | 2002 | 16 | | ○ | | ○ | | ○ |
| チェコ | 2003 | 350 | | ○ | | | ○ | |
| スロヴァキア | 2004 | 185 | | ○ | | | | |
| スロヴェニア | 2004 | 39 | | ○ | | | | ○ |
| コソヴォ | 2007 | 35 | | | | | ○ | ○ |
| セルビア | 2010 | 50 | | | | ○ | | ○ |

［出所］ 汚職対策機関ウェブサイト（http://www.acauthorities.org/）のデータを基に筆者作成。

値化している（Charron 2008）。シャロンの研究はどちらかと言うと，汚職対策機関が汚職を削減する効果を有するか否かという問題（独立変数としての汚職対策機関）のほうに関心があるが，中東欧諸国における汚職対策機関の設置を規定する最も重要な要因として欧州連合（EU）からの国際的圧力を挙げている（同上：10-11）。ラトヴィア，ポーランド，スロヴェニアという中東欧3カ国の汚職対策機関の比較分析を行ったバトリーは，政治家にとって，自らの統制外に独立した汚職対策機関を設置することは好んで自らの手を縛る行動であり，もしもそれを本気でやろうとするなら，自らのインセンティブに反した行動をとる必要があると指摘する（Batory 2012: 648）。そのため，政治家が汚職対策機関の設置へと動くためには，何もしないことのインセンティブを相殺するような影響が必要であり，それはEUのコンディショナリティのような外部からの要求があったときか，スキャンダル発生時のように国民の反汚職の世論が強く盛り上がったときであると論じている（同上：647-648）。

## 第5章　中東欧諸国の汚職対策機関

　これらの議論にも見られるように，中東欧諸国における汚職対策機関の設置やその他のアカウンタビリティ制度改革を規定する最も重要な要因として多くの論者が挙げるのが，EUのコンディショナリティである。中東欧諸国における「民主主義の質」（そこにはしばしば汚職統制も含まれる）に関する研究でも，EUのコンディショナリティが重要であることが明らかとなっている。筆者も，セルビアにおける民主主義の質に関する事例研究（久保 2012a）や，ポスト社会主義圏における民主主義の質の規定要因に関する計量分析（久保 2012b）において，EUのコンディショナリティがこの地域における民主主義の質の最も重要な規定要因であることを指摘してきた。中東欧諸国がEU加盟を求める状況では，加盟を希望する国の政府はEUに対してアカウンタビリティを有している。すなわちEUは自らの求める改革を実施する政府に対してはEU加盟プロセスの進展やさまざまな支援の提供といった報償を，実施しない政府に対してはEU加盟プロセスの停滞やさまざまな支援の凍結といった制裁を科することができるのである。EU加盟と「ヨーロッパへの回帰」が国の大方針として打ち出され，それを国民の大半が支持しているという状況下では，こうした報償や制裁は，本来は政治家にとって好ましくない「自らの手を縛る」改革をも実施させるインセンティブとなりうる。EUからの報償や制裁は，有権者の支持の増減につながり，自らの再選可能性に影響するからである。この意味で，中東欧諸国におけるアカウンタビリティ制度改革は，国際的アカウンタビリティの向上が水平的アカウンタビリティの向上をもたらしているケースと言えるかもしれない。

　もちろん，中東欧諸国のアカウンタビリティ改革のすべてをEUのコンディショナリティのみで説明することはできない。たとえば，中東欧諸国における政権党による国家資源の収奪やオンブズマンのような監視制度の設置を分析したグジマワ=ブッセは，同時期にEU加盟プロセスを経験しているこれらの国々の間に見られる相違は，EUの要因では説明できないとして，政権党に対する明確で現実的な代替的選択肢となる批判的野党が存在するか否かが，それを規定する重要な要因であると指摘している（Grzymała-Busse 2007）。モリノとサドゥルスキは，中東欧・旧ソ連諸国の事例分析から，民主主義の質の諸要素を分析すると，オンブズマンの設置といった点ではEUの肯定的影響が強く

見られるが，行政府―立法府間のアカウンタビリティの向上という点ではEUの肯定的影響はほとんど見られない（むしろアカウンタビリティの低下をもたらすこともある）と指摘し，EUの影響は民主主義の質のどの要素を説明しようとするかによって異なることを明らかにしている（Morlino and Sadurski 2010）。彼らも，グジマワ=ブッセと同様に，強力で統一的な野党勢力の存在が，制度的なアカウンタビリティの向上をもたらす重要な要因であると指摘している（同上）。議会における強力な野党勢力による監視や批判が，政府をしてアカウンタビリティ制度改革をせしめるとすれば，行政府―立法府間の水平的アカウンタビリティの向上が，独立監視機関に対する政府や議会のアカウンタビリティという別の水平的アカウンタビリティの向上をもたらすと考えることができよう。

## 4 マケドニアにおける汚職対策機関の設立・発展と履行上の問題

### ◆ なぜマケドニアを取り上げるのか

汚職対策，あるいはそれを含む民主主義の質という点で，マケドニアは，興味深い動きを示している国の一つである。マケドニアは1990年代，汚職がきわめて深刻な国とされ，その評価は域内でも最低水準にあった。ところが2000年代に入り，マケドニアは，汚職対策や民主主義の質を測定するさまざまな指標上で，大きな改善を達成している。たとえば，表5-2は，世界銀行の世界ガバナンス指標の「汚職統制」の数値を，中東欧諸国について，観測が開始された年（大半の国について1996年，モンテネグロとコソヴォでは2003年）から2012年の間に見られた改善（1996年／2003年と2012年の数値の差）の大きい順に並べたものである。これを見ると，マケドニアは，過去15年余の間に，汚職対策が最も進んだ国の一つと言うことができるだろう。もちろんこの「改善度」は，1996年当時の数値が高ければ高いほどその上昇余地は少なく（世界ガバナンス指標は−2.5から2.5までの値をとる），それが低ければ低いほど上昇余地は大きいから，改善度の数値だけを単純に比較することは必ずしも適切ではない（たとえば，改善度の点で最低に位置するスロヴェニアは，1996年時点では域内で最高水準にあり，2012年時点でも域内でエストニアに次ぐ第2位である）。実際，2012

第5章　中東欧諸国の汚職対策機関

表5-2　中東欧諸国における汚職統制 1996-2012年

| | 1996 | 1998 | 2000 | 2002 | 2003 | 2004 | 2005 | 2006 | 2007 | 2008 | 2009 | 2010 | 2011 | 2012 | 改善度 |
|---|---|---|---|---|---|---|---|---|---|---|---|---|---|---|---|
| エストニア | -0.06 | 0.57 | 0.65 | 0.64 | 0.79 | 0.92 | 0.97 | 0.96 | 0.91 | 0.87 | 0.91 | 0.86 | 0.93 | 0.98 | 1.04 |
| マケドニア | -0.96 | -0.67 | -0.66 | -0.88 | -0.66 | -0.49 | -0.44 | -0.37 | -0.35 | -0.17 | -0.10 | -0.06 | -0.04 | 0.02 | 0.98 |
| ラトヴィア | -0.82 | -0.03 | -0.29 | -0.12 | 0.18 | 0.14 | 0.32 | 0.29 | 0.25 | 0.13 | 0.13 | 0.13 | 0.19 | 0.15 | 0.97 |
| クロアチア | -0.82 | -0.72 | -0.21 | 0.25 | 0.16 | 0.20 | 0.14 | 0.09 | 0.08 | -0.04 | -0.10 | -0.03 | 0.01 | -0.04 | 0.78 |
| セルビア | -1.03 | -1.08 | -1.12 | -0.91 | -0.47 | -0.48 | -0.38 | -0.28 | -0.35 | -0.30 | -0.31 | -0.29 | -0.25 | -0.31 | 0.72 |
| ブルガリア | -0.78 | -0.24 | -0.21 | -0.20 | -0.07 | 0.10 | 0.06 | -0.10 | -0.23 | -0.30 | -0.25 | -0.21 | -0.22 | -0.24 | 0.54 |
| モンテネグロ | | | | | -0.51 | -0.58 | -0.42 | -0.38 | -0.31 | -0.19 | -0.16 | -0.24 | -0.21 | -0.10 | 0.41 |
| アルバニア | -1.09 | -1.01 | -0.82 | -0.86 | -0.77 | -0.67 | -0.75 | -0.81 | -0.66 | -0.55 | -0.49 | -0.49 | -0.65 | -0.72 | 0.37 |
| リトアニア | -0.06 | 0.03 | 0.19 | 0.04 | 0.26 | 0.32 | 0.22 | 0.07 | 0.04 | 0.06 | 0.12 | 0.27 | 0.24 | 0.31 | 0.37 |
| コソヴォ | | | | | -0.81 | -0.57 | -0.58 | -0.42 | -0.76 | -0.56 | -0.62 | -0.61 | | -0.62 | 0.19 |
| ボスニア | -0.35 | -0.28 | -0.49 | -0.35 | -0.30 | -0.31 | -0.20 | -0.29 | -0.35 | -0.36 | -0.37 | -0.32 | -0.31 | -0.30 | 0.05 |
| ポーランド | 0.54 | 0.67 | 0.55 | 0.33 | 0.28 | 0.11 | 0.22 | 0.17 | 0.31 | 0.50 | 0.37 | 0.41 | 0.49 | 0.59 | 0.05 |
| ルーマニア | -0.22 | -0.68 | -0.48 | -0.38 | -0.20 | -0.26 | -0.21 | -0.15 | -0.17 | -0.16 | -0.27 | -0.22 | -0.19 | -0.27 | -0.05 |
| スロヴァキア | 0.36 | 0.25 | 0.15 | -0.10 | 0.31 | 0.39 | 0.49 | 0.40 | 0.30 | 0.30 | 0.23 | 0.24 | 0.24 | 0.07 | -0.29 |
| ハンガリー | 0.58 | 0.65 | 0.69 | 0.52 | 0.60 | 0.65 | 0.62 | 0.61 | 0.56 | 0.38 | 0.34 | 0.25 | 0.32 | 0.28 | -0.30 |
| チェコ | 0.65 | 0.55 | 0.08 | 0.36 | 0.44 | 0.38 | 0.46 | 0.30 | 0.23 | 0.27 | 0.33 | 0.26 | 0.30 | 0.23 | -0.42 |
| スロヴェニア | 1.32 | 1.30 | 0.77 | 0.72 | 0.86 | 1.02 | 0.89 | 1.02 | 0.98 | 0.91 | 1.02 | 0.85 | 0.90 | 0.81 | -0.51 |

［出所］　世界ガバナンス指標（http://info.worldbank.org/governance/wgi/index.aspx#home）の
　　　　データを基に筆者作成。

年時点でのマケドニアの汚職統制の数値は域内で9位に過ぎず，決して高いとは言えない。1996年時点のマケドニアは，域内ではほとんど最低水準（域内で下から3番目）であったので，上昇余地が他国に比べて大きかったことは事実である。しかし，1996年時点で同水準であったアルバニアやセルビアと比べても，その改善の度合いが大きいことは間違いない。

　前節の表5-1で示したように，マケドニアでは2002年に汚職対策機関が設置されている。そこで本節では，まず何が汚職対策機関の設置とその制度的発展をもたらしたのかという点を，前節で指摘した諸要因を念頭に置きつつ，考察していきたい。そして最後に，こうした法制度上の発展が，汚職対策の現実の履行には必ずしもつながっていない点を指摘し，マケドニアでなぜそうした状況が生じているかを考察していくことにしたい。

第Ⅲ部 水平的アカウンタビリティ

### ◆ 汚職対策機関の設置とその要因

マケドニアにおいて汚職対策機関が設立されたのは2002年のことである。マケドニア議会は2002年4月に汚職予防法を採択し，これに基づいて同年11月には国家汚職防止委員会が発足した。この委員会は，政府からも議会からも分離した独立機関とされ，反汚職政策の発展（国家汚職撲滅・予防計画およびその実施のための年次計画の策定，そのための法律制定の提案），反汚職政策の履行（汚職の被疑者に対する尋問，公的機関の会計に対する調査，公職者や公的企業の責任者に対する解任や訴追の手続き開始の勧告，公職者の資産に関する情報の監視など），公的機関の職員に対する教育，国民やメディアに対する情報提供などの権限を有する。

なぜマケドニア政府は，この時期に汚職対策機関の設置へと動いたのだろうか。前節で述べたように，まず想起されるのはEUの影響であろう。マケドニア政府は2001年4月にEUとの安定・連合化協定に調印し，EU加盟プロセスを前進させている。この協定は同年初頭からアルバニア人のゲリラ組織「民族解放軍」と政府の軍・警察との衝突が発生し，武力紛争がしだいに激化しつつある中で締結されたのだが，同年8月にはEUと北大西洋条約機構（NATO）の積極的な仲介によってオフリド枠組み合意が締結され，紛争が終結した。その後，紛争後の平和構築支援のため2002年3月にはEUを中心に支援国会合が開催されていた。汚職対策機関の設置が決まったのは，その直後の4月である。単なるEU加盟プロセスの枠内の支援ではなく，紛争後の平和構築のために一時的に莫大な経済支援を得る立場にあったマケドニアは，外部アクターの圧力・要求に応じることに通常よりも強いインセンティブを持っていたはずである。実際，支援国会合が行われていた最中，国際シンクタンクの一つである国際危機グループ（International Crisis Group; ICG）は，支援国は「汚職ではなく，平和をファイナンスせよ」というプレス・リリースを出しており，経済支援が不適切に使われることのないよう，汚職対策を行うことが重要であると強調していた（ICG 2002: 28）。欧州委員会のパッテン対外関係担当委員も，法案採択直前の2002年4月，「マケドニアが汚職対策に全力で取り組むようにさせる」と発言していた（同上 : 32）。ただし，これらの点から，EUがマケドニアに対して汚職対策を行うよう強い圧力をかけ，それが汚職対策機関の設置

に結び付いたと単純に結論づけることはできないようである。ICG によれば，EU やその他の外部アクターは，紛争終結直後で，少数派のアルバニア人の状況を改善するために一連の改革を行わなければならないという政治的に不安定な状況の中，マケドニア政府に対して汚職対策を行うよう過剰に圧力をかけることは避けていた（同上）。

そこで政府による汚職対策機関の設置をもたらした要因として考えられるのが，国内政治家からの政府批判である。前節では，強力な野党の存在が制度改革をもたらす重要な要因であるとする議論を紹介した。ICG によれば，マケドニアでは，汚職対策機関の設置において重要な役割を果たしたのはトライコフスキ大統領（当時）であった（同上）。トライコフスキ大統領は，ゲオルギエフスキ首相（当時）と同じ政党出身の政治家であるが，ゲオルギエフスキ首相らが示していた民族主義的な立場からは一線を画しており，2001 年の紛争時にはマケドニア人政党とアルバニア人政党が交渉するよう強く働きかけ，紛争の平和的な解決に貢献していた人物である。そのトライコフスキ大統領が，2002 年 3 月末，「タバコや麻薬の違法取引や人身売買，資金洗浄，汚職やテロリズムといった犯罪行為は，我が国の政府の関係者との協力抜きには不可能だ」と述べ，政府を痛烈に批判したのである（同上：28）。政府が汚職撲滅のための委員会設置を発表したのは，その 3 日後であった。半年後に選挙を控える中，武力紛争が終結し，国民の関心が紛争（「テロリズム」）から汚職へと移ったことも，首相が大統領の批判に対して迅速に対応した背景にあると思われる。これらの ICG の指摘が正しいとすれば，大統領と内閣・議会間の緊張関係（水平的アカウンタビリティ）が，政府を汚職対策機関の設置へと促したと言うことができるだろう。

しかし，2002 年 4 月に議会で採択された汚職予防法は，さまざまな問題を抱えたものであった。ICG は，この法律は「深刻な欠陥を抱えている」とし，法案採択前にはトランスペアレンシー・インターナショナル（Transparency International; TI）などさまざまな NGO がそれを指摘していたにもかかわらず，議会がそれを完全に無視して採決を行ったことを批判している（同上）。

第Ⅲ部 水平的アカウンタビリティ

◆ 設置後の制度改革とその要因

それでは次に，2002年に設置された後，汚職防止委員会をめぐる制度がどのように改革されてきたのか，そしてそれをもたらした要因について検討したい。

2002年以来，汚職防止委員会をめぐる制度は，徐々に改善してきていると言えるだろう。そのすべてを挙げることはできないが，一例を挙げれば，2004年には法改正が行われ，委員会に法人格が与えられ，委員の任期が4年から5年に延長されたほか，すべての公選・任命の公職者が任期満了後に資産申告をすることが義務づけられた。2006年の法改正では，資産申告が委員会のウェブサイトで公開されることが定められ，07年から実施された。さらに，2007年には利益相反防止法が制定され，委員会がその執行機関とされた（OECD 2013: 158-159）。

こうした一連の漸進的な制度改革が，マケドニアの汚職対策の評価の向上につながっているように思われる。たとえば，グローバル・インテグリティが発表している汚職対策の評価では，2008年段階で，法制度面でのマケドニアに対する評価は100点満点中86点と，先進国を含む調査対象国45カ国の平均値（81点）を上回るものとなっている。2011年には，さらに評価が高まり，100点満点中93点となっており，調査対象の31カ国の平均値（83点）を大きく上回っている。2011年のこの数値は，アメリカ合衆国の評価（90点）をも上回るものとなっている。法制度上の点だけを見れば，マケドニアの制度は十分に整備されていると言っても過言ではないのである（ただしこれは，次項で検討するように，汚職対策が十分に履行されていることを示すものでは必ずしもない）。

なぜこうした制度改革が2000年代から漸進的に進んできたのだろうか。この点に関して，本章では詳細な分析はできないが，重要な役割を果たしてきた外部アクターとして，欧州評議会の反汚職国家グループ（Group of States against Corruption; GRECO）を挙げておきたい。

すでに何度も指摘してきたように，中東欧の文脈において汚職対策を含む民主主義の質の向上に寄与した外部アクターとして最もよく言及されるのはEUである。たしかにEUは，加盟プロセスを進めている加盟候補国に関して毎年その加盟進捗報告を発表し，当該国が改善すべき点を指摘するため，制度的な

改革を求めて恒常的な圧力をかけることが可能である。しかし，EU 加盟に際して加盟希望国が受け入れるべき法体系（アキ・コミュノテール；共同体アキ）は 33 章にも及び，EU の加盟プロセスで当該国が達成すべき点は実に多岐にわたる。汚職対策はそのうち第 23 章（司法と基本的権利）で扱われる事項の一つに過ぎず，報告書で汚職対策に割かれる紙面は 2-3 頁程度である。そのため加盟進捗報告においては，加盟希望国が達成すべき条件は，しばしばごく簡潔で曖昧な表現で示されるに過ぎない。たとえば，「汚職防止委員会はその指導的役割を十分に果たしておらず，特に意識向上や公衆との関与という点でより活動的になるべきである」，「委員会は自らの行動が不偏不党・独立であると見られるようにすべきである」といったものである（CEC 2008）。こうした指摘は，加盟希望国が改革努力を継続するよう促す点では重要だが，具体的に制度のどこが問題であり，それをどのように修正すべきかを明示するものではないため，必ずしも適切な制度改革につながるとは限らない。

　この点で，より明確に制度の問題点を指摘し，それを改善するよう促してきたのが欧州評議会に設置された GRECO である。GRECO は，加盟各国の汚職対策の法制度を精査し，その問題点を明示的に指摘し，それらを欧州評議会の指導原則や汚職に関する刑事条約の関連規定に沿ったものにするために，どのように改善すべきかについて具体的な提言を行う。加盟国はこれに対して一定期間内に対応し，その結果を報告するよう求められる。GRECO 側はその成果を精査し，報告書を作成する。GRECO は，このサイクルを繰り返すことによって，加盟各国に対し汚職対策の制度改革を行うよう促してきたのである。今日までに，2000 年 1 月開始の第 1 ラウンド，03 年 1 月開始の第 2 ラウンド，07 年開始の第 3 ラウンドという 3 つの評価サイクルが終了し，現在，12 年 1 月開始の第 4 ラウンドの最中である[6]。GRECO が過去 3 回の評価ラウンドでマケドニアに提示した制度改革の具体的提言は合計で 44 件に及び，そのうち 35 件は「満足のいく形で実施または対処」され，6 件については部分的に実施されており，実施されなかったのはわずか 3 件である（GRECO 2013: 6）。GRECO の提言は，欧州委員会の加盟進捗報告でもしばしば言及されている。このように，汚職対策に特化し，その専門的知識を有するアクターが当該国の汚職対策の法制度やその履行状況を綿密に精査し，その問題点を明示し，それを改善す

るための具体的な提言を行ってきた。このことが，マケドニア政府に対して，的確な制度改革を実施するよう促す恒常的な外部からの圧力となったのである。

以下で見るように，マケドニアでは，2006年の議会選挙以降，与党連合が4回連続で勝利しており，野党が弱体化している。また，与党連合による政権の長期化に伴い，与党によるメディアの支配が強まり，メディアによる政府批判も弱まってきている。このように政府・政権与党に対する議会からの圧力や社会からの圧力が必ずしも強くない状況では，EUやGRECOが制度改革を行うよう恒常的に圧力をかけ続けたことが，漸進的・継続的な制度改革が実現するうえで最も重要な要因の一つであったように思われる。

### ◆ 汚職対策の履行における問題点

これまではマケドニアにおける汚職対策機関の設置とその発展をもたらした要因について考察してきた。たしかにマケドニアにおける汚職対策の制度的枠組みは改善してきている。しかしこのことは，マケドニアにおける汚職対策の履行が十分に行われてきたことを必ずしも意味しない。一般に汚職対策においては，制度的な整備は早く進んでも，それが履行段階で骨抜きにされ，十分に履行されないという状況が生じやすい。汚職対策の制度整備が，援助国（ドナー）などの外部アクターからの支援や国民からの支持を得るために必要な状況では，政治家には制度整備を行うインセンティブがある。しかし，本来政治家は自らの手を縛ることを嫌うため，履行段階で骨抜きにするインセンティブも有しているためである。グローバル・インテグリティは，各国の汚職対策について，法制度面での評価と，対策の履行など実践面での評価を分けて算出し，そこに見られる相違を「履行ギャップ」と呼んでいる。前項で言及した2008年と2011年の評価について再び見てみると，いずれの年の調査においても，程度の差はあれ履行ギャップはすべての国に存在している。マケドニアは，2008年の実践面での評価は100点満点中65点で，履行ギャップは21点である（全調査対象国の平均は，実践面の評価が50点，履行ギャップが31点）。これに対し2011年の評価では，実践面の評価は100点満点中63点，履行ギャップは30点と，実践面での評価はむしろ2008年よりも低下しており，履行ギャップは拡大している。マケドニアにおける汚職対策の制度改革は，必ずしも実践を

伴っていないことが示唆されているのである。

　汚職対策の実践面での停滞は，どのような点で生じているのだろうか。本章の考察対象である汚職防止委員会について見てみると，大きく分けて以下の2つの点が指摘できるように思われる。

　第1の点として，検察との協力関係ならびに司法の能率性・独立性の欠如が挙げられる。マケドニアにおける汚職防止委員会は，表5-1 からもわかるように，公職者に対して法的制裁を科する権限は有していない。そこで，委員会が発見した汚職容疑に関して公職者に法的制裁が科されるか否かは，検察・司法の対応に依存する。ところがマケドニアでは，委員会が汚職容疑を発見し注意を喚起しても，検察が適切な対応をとらなかったり，司法が公職者に寛容な対応をとったりすることで，公職者に対する制裁に至らないケースが多数見られるのである。とりわけ第1期の委員会（2002-06 年）の任期中は，委員会と国家検察局長の関係が悪く，委員会が国家検察局長に対して汚職事件を付託しても，検察がそれを無視して全く動かないという事態が発生していた（同上：82）。第2期の委員会（2007-10 年）の任期中には，2007 年の新しい検察局長の就任後，委員会と検察の関係は改善したとみなされている（Mangova 2013:84）が，検察内で汚職事件を担当する組織犯罪・汚職訴追局の人的資源が限られていたため，状況の改善にはつながらなかった。

　委員会の活動が公職者の法的制裁につながらない状況をもたらしている第2の要因が，司法の能率性・独立性の欠如である。マケドニアでは，司法が政府・政権与党の政治的圧力にさらされており，その独立性が確立されていないとみなされている。たとえば，欧州安全保障協力機構（OSCE）が 2009 年にマケドニアの裁判官に対して行ったアンケート調査では，回答した 421 人中，43％が裁判官は外部からの影響や圧力を受けていると答えており，裁判官が判決を下す際に圧力や影響力を行使する主体として政府と政党が最も多く挙げられている（OSCE 2009）。トミッチとタレスキは，2007 年から 2010 年までに委員会が捜査開始を検察局に勧告した汚職容疑事件 52 件のうち，判決にまで至ったものが1件もなかったという「驚くべき事実」を指摘している。そしてその原因は，委員会と検察・司法との協力の欠如であると述べ，政治的意思の欠如と執行府による政治的干渉がそれをもたらしていると論じている（Tomic and Taleski 2010)。

　第2に，とりわけ第2期以降（2007年～）の委員会については，その独立性の低下が挙げられる。委員会は，制度上は政府からも議会からも独立した機関とされているが，その委員を選出するのは議会であるため，議会，特にその政権与党が自らの意に沿う行動をとる人物を選出すれば，事実上は独立性が低下する状況が生じうる。マンゴヴァは，第2期の委員会でこうした状況が生じ，その結果として，市民から委員会への通報件数が低下し，「委員会はその指導力の信頼を失った」と評価している（Mangova 2013: 84）。第2期の任期中に法改正が行われ，従来再選を禁止されていた委員の再選が可能になった。すると委員には，任期満了後に再選されるよう，政権与党の意向に沿った行動をとるインセンティブが与えられることになる。この制度変更も，委員会の独立性を低下させる方向に働いていると指摘されている（同上：86）。実際，第3期の委員会（2011年～）では，7人の元委員のうち4人が再選されている。欧州委員会も，2008年の進捗報告で，委員会の不偏不党性と独立性に対する懸念を表明している（CEC 2008: 59）。

　表5-3は，各期の委員会が取り上げた汚職事件の数を，その容疑者の政治的地位の高さ，または関与する金額の大きさに分けてまとめたものである。最高位とは，大統領，首相，憲法裁判所や最高裁判所の裁判官の在職経験者を容疑者とする汚職事件を指す。高位とは，国会議員（現職），現政権の閣僚，控訴裁判所の裁判官，汚職担当の検察官，5議席以上の議席を有する政党の党首，首都スコピエの市長を容疑者とする汚職事件，ならびに300万ユーロ以上の国家予算に関連する汚職事件を指す。中位とは，元国会議員，過去の内閣の閣僚，副大臣・事務次官，一般の裁判官，小政党の党首，中～大規模な自治体の市長を容疑者とする汚職事件，ならびに50-300万ユーロの予算に関連する汚職事件を指す。低位とは，それ以外の省庁職員，裁判所の職員，政党の党員，小規模の自治体の市長を容疑者とする汚職事件，ならびに50万ユーロ未満の予算に関連する汚職事件を指す。第2期以降は，高位の政治家の関与する事件はあまり取り上げられなくなっており，取り上げられる場合でも現政府の指導者の政敵や野党の政治家が選択的に取り上げられるようになっている。第1期の委員会委員を務めたマリノフスキは，「以前の問題は，委員会が取り上げても検

### 表5-3 委員会が取り上げた汚職事件 2002-12年

| | 最高位 | 高位 | 中位 | 低位 | 合計 |
|---|---|---|---|---|---|
| 第1期（2002-06年） | 0 | 7 | 7 | 30 | 44 |
| 第2期（2007-10年） | 1 | 1 | 9 | 49 | 60 |
| 第3期（2011-12年） | 0 | 0 | 6 | 21 | 27 |

［出所］　Mangova 2013を基に筆者作成。

察・司法が動かないことだったが，現在の問題は，政府は汚職対策をしていることを強調するが，そのために汚職対策を選択的に行うことにある」と筆者に述べている[7]。たとえば第2期中に委員会が取り上げた最高位の汚職事件は，野党の指導者であったツルヴェンコフスキ元大統領に対するものであった。欧州委員会も，最近の加盟進捗報告で，野党の指導者で元首相のブチュコフスキに対して汚職容疑での有罪が確定した例などを挙げ，マケドニアの司法の選択的傾向について懸念が示されていることを指摘している（CEC 2012: 12; CEC 2013: 10-11）。

### ◆ 汚職対策の履行の欠如の要因

　これまで見たように，2000年代半ば～2010年代を見てみると，汚職対策に関する法制度上の整備が進んだのとは裏腹に，履行段階で，制度が骨抜きにされ，適切な履行ができない状況が生じているように思われる。それでは，このような「履行ギャップ」は，なぜ生じているのであろうか。綿密な検証はできないが，ここでは，暫定的に以下の3つの要因を指摘しておきたい。

　第1に，政権の長期化と野党の弱体化である。マケドニアでは，2006年の議会選挙まで定期的に政権交代が起きる状況が続いていたが，06年以降，政権与党連合が4回連続で議会選挙に勝利し（2006年，08年，11年，14年），野党が弱体化しつつある。本章でも紹介したような既存研究の議論を考えれば，このような状況は，政府と議会の間の水平的アカウンタビリティの低下をもたらし，政府が野党の圧力によって改革を進めるインセンティブを低下させてしまう。それが，履行ギャップの拡大をもたらす一つの要因であると考えられるのである。

第2に，政権の長期化に伴い，与党によるメディアの支配が強まり，メディアによる政府批判が弱体化しつつある。与党によるメディア支配を可能にしているのは，メディアの所有権と，政府系機関によるメディアへの広告掲載を通じた金銭的圧力である（Ordanovski 2012）。現在のマケドニアでは，主要なメディアの所有権が政府に近い人々の手に移り，それに伴って編集方針が変わり，それまでそこで働いていたジャーナリストが解雇されたり，政府に批判的なメディアが広告削減によって財政的圧力を受けたり，閉鎖されたり，政府に批判的なメディアのオーナーが不可解な交通事故死を遂げたりといった状況が生じている[8]。そのため，政府が汚職対策の履行の手を緩めても，メディアからの批判は強くなく，政府に対して社会的な圧力があまりかからないのである。言い換えれば，メディアによって課される社会アカウンタビリティの弱体化が，汚職対策の履行の停滞をもたらしているように思われる。

第3に，EUのコンディショナリティ効果の低下である。ここで最も重要なのは，国名問題でギリシャとの対立が続いていることに起因するEU加盟プロセスの停滞である。マケドニアは2005年12月にはEU加盟候補国の地位を得たが，欧州委員会が09年から毎年加盟交渉の開始を勧告しているにもかかわらず，ギリシャの反対によって加盟交渉が開始されない状態が続いている。このように，マケドニア政府がEUの課する条件を満たすための努力をするか否かにかかわらず加盟交渉が進展しない状況が続くと，マケドニア政府には，EUの要求を満たすための努力を行うインセンティブが生じなくなる。要求を満たしたとしても報償が得られる可能性は低いし，条件を満たさなかったとしても政府は交渉の停滞をギリシャのせいにして自らの責任を転嫁することが可能になるからである。それに加えて，国民の間のEUへの支持が低下傾向を見せているという事実もある。マケドニア政府のウェブサイトに掲載されているEU加盟に関する世論調査結果の推移を見ると，2002年から09年まで一貫してEU加盟支持が92-97%ときわめて高い水準で推移していたのに対し，09年9月から漸減傾向にあり，10年12月には初めて90%を下回る87%となり，12年11月には84%にまで低下しており，これに呼応してEU加盟を支持しないと答える回答者が12年11月には12%にまで達している[9]。国民の間のEU加盟支持が低下すれば，政府がEUの要求に応えるインセンティブはさら

に低下する。EU の要求を満たしたとしても国民の支持を得られないかもしれず，逆に EU の要求を満たさなくとも国民の支持を得て政権を維持できるかもしれないからである。今のところは，国民の間の EU 加盟への支持の絶対的な水準は 80% 台後半であり，なおきわめて高いが，この低下傾向が続けば，今後は EU のマケドニア政府に対する影響力がさらに低下していくかもしれない。

このように見ていくと，汚職対策機関による汚職統制の実践面での停滞は，水平的アカウンタビリティの低下（政権の長期化・野党の弱体化），社会アカウンタビリティの低下（メディアによる政府批判の弱体化），そして国際的アカウンタビリティの低下（EU のコンディショナリティ効果の弱体化）によって引き起こされているように思われる。すなわち，さまざまなタイプのアカウンタビリティ・メカニズムが連動しているのである。

## 5 結　論

以上，本章では，水平的アカウンタビリティを課する主体として汚職対策機関に着目し，その一般的な特徴や中東欧諸国における設置状況を概観したうえで，マケドニアにおける汚職対策機関の設置とその法制度上の発展と実践面での停滞を規定する要因について考察してきた。第 3 節で指摘したように，中東欧諸国については一般に EU のコンディショナリティの影響や，政府に対して改革圧力をかける野党勢力の存在が重要な要因として指摘されてきたが，本章におけるマケドニアの事例分析でも，こうした要因の重要性があらためて確認されたと言うことができるだろう。しかし，汚職対策機関の設置と，その法制度上の発展，実践上の停滞という形で従属変数を区別して考察してみると，必ずしもそうした 2 つの要因だけでは説明できないことも明らかとなった。たとえば法制度上の発展については，EU に加えて，汚職対策の制度をより精査し，その改善を具体的に要求する GRECO からの圧力が重要な要因となっていることを指摘した。実践面での停滞においては，政府によるメディア支配の強化，メディアによる政府批判の弱体化がその重要な要因となっている可能性を指摘した。

汚職対策機関の設置による水平的アカウンタビリティ強化の制度改革の規定

要因を考えるとき，本章の事例分析が示すのは，他のアカウンタビリティ・メカニズムとの連動関係の重要性である。すなわち，汚職対策機関の設置による水平的アカウンタビリティの強化は，国際的アカウンタビリティ（EU や GRECO などの外部アクターからの圧力），別のタイプの水平的アカウンタビリティ（大統領や議会野党からの圧力），社会アカウンタビリティ（メディアからの圧力），選挙アカウンタビリティ（有権者からの圧力）によって規定されているように思われる。本書の第 1 章でも述べられているように，異なるアカウンタビリティ・メカニズムの間の相互作用を分析していくことが，今後は必要不可欠であろう。ただ，そのとき，因果関係が循環し，明確な因果関係をとらえることができなくなるという危険性もある。この危険を乗り越えて，異なるアカウンタビリティ・メカニズム間の相互作用を方法論的に適切な方法で分析することが，今後の重要な研究課題なのではないだろうか。

＊謝辞

　本章は，筆者が研究代表者を務める科学研究費補助金（若手研究 B）「旧ユーゴスラビア諸国における民主主義の質」（課題番号 24730129）の資金で実施した現地調査・文献収集の成果を含むものである。記して謝意を表したい。

● 注

1) 本章では，第二次世界大戦後に社会主義体制が樹立された東欧諸国（ポーランド，チェコスロヴァキア，ハンガリー，ユーゴスラヴィア，アルバニア，ルーマニア，ブルガリア）の版図にバルト 3 国を加えた領域を指す言葉として「中東欧」を用いる。
2) マケドニアの憲法上の国名は「マケドニア共和国」であるが，この国名の使用に反対するギリシャとの対立が未解決であり，日本を含む多くの国は「マケドニア・旧ユーゴスラヴィア共和国」という名称でマケドニアを国家承認している。本章では同国の名称を「マケドニア」と表記する。
3) http://www1.worldbank.org/publicsector/anticorrupt/corruptn/cor02.htm（2014 年 8 月 18 日最終アクセス）．
4) www.acauthorities.org/（2014 年 4 月 12 日最終アクセス）．
5) www.globalintegrity.org/（2014 年 4 月 13 日最終アクセス）．
6) http://www.coe.int/t/dghl/monitoring/greco/（2014 年 4 月 14 日最終アクセス）．
7) マリノフスキ氏へのインタビュー，スコピエ（2013 年 12 月 19 日）。
8) FOKUS のジャーナリスト，ヨルダノフスカ氏へのインタビュー，スコピエ（2013 年 12 月 22 日），Kod の編集者，ルペフスカ氏へのインタビュー，スコピエ（2013 年

12月23日)。
9) http://www.sep.gov.mk/en/content/?id=54 (2014年4月13日最終アクセス).

● 引用・参考文献

岩田昌征 1993『現代社会主義・形成と崩壊の論理』日本評論社。
久保慶一 2012a「セルビアにおける民主主義の質——国家制度，政党，社会による公職者の抑制と監視を中心として」柴宜弘監修・百瀬亮司編『旧ユーゴ研究の最前線』渓水社。
——— 2012b「ポスト社会主義圏における民主主義の質——体制転換後の分岐の規定要因に関する計量分析」『現代民主主義の再検討』(日本比較政治学会年報 第14号) ミネルヴァ書房。
盛田常夫 2010『ポスト社会主義の政治経済学——体制転換20年のハンガリー：旧体制の変化と継続』日本評論社。
Batory, Agnes 2012, "Political Cycles and Organizational Life Cycles: Delegation to Anticorruption Agencies in Central Europe," *Governance: An International Journal of Policy, Administration, and Institutions,* 25 (4): 639-660.
Charron, Nick 2008, "Mapping and Measuring the Impact of Anti-Corruption Agencies: A New Dataset for 18 Countries." Paper prepared for the New Public Management and the Quality of Government Conference.
Commission of the European Communities (CEC) 2008, *The Former Yugoslav Republic of Macedonia 2008 Progress Report,* Com (2008) 674.
——— 2012, *The Former Yugoslav Republic of Macedonia 2012 Progress Report,* Com (2012) 600.
——— 2013, *The Former Yugoslav Republic of Macedonia 2013 Progress Report,* Com (2013) 700.
Diamond, Larry, 1999, *Developing Democracy: Toward Consolidation,* Johns Hopkins University Press.
Doig, Alan 1995, "Good Government and Sustainable Anti-Corruption Strategies: A Role for Independent Anti-Corruption Agencies?" *Public Administration and Development,* 15: 151-165.
Freedom House 2013, *Freedom in the World 2013,* Freedom House.
Group of States against Corruption (GRECO) 2013, *Fourth Evaluation Round: Corruption prevention in respect of members of parliament, judges and prosecutors, Evaluation Report "The Former Yugoslav Republic of Macedonia,"* Greco Eval IV Rep (2013) 4E.
Grzymała-Busse, Anna. 2007, *Rebuilding Leviathan: Party Competition and State Exploitation in Post-Communist Democracies,* Cambridge University Press.
International Crisis Group (ICG) 2002, *Macedonia's Public Secret: How Corruption Drags the Country Down,* ICG Balkans Report No. 133.
Karklins, Rasma 2005, *The System Made Me Do It: Corruption in Post-Communist Societies,* M. E. Sharpe.

Klitgaard, Robert 1988, *Controlling Corruption*, University of California Press.

Mangova, Ilina 2013, *Is The Anticorruption Model Delivering Results in Macedonia?-Key Factors that Make a Model Successful*, Institute for Democracy "Societas Civilis"-Skopje.

Morlino, Leonardo and Wojciech Sadurski, eds., 2010, *Democratization and the European Union: Comparing Central and Eastern European Post-communist Countries*, Routledge.

Mungiu-Pippidi, Alina 2006, "Corruption: Diagnosis and Treatment," *Journal of Democracy*, 17 (3): 86-99.

Ordanovski, Sašo 2012, *Zarobena demokratija: razvojot na sopstveničkata struktura na mediumite vo Republika Makedonija*, Transparentnost-Makedonija.

Organization for Economic Co-operation and Development (OECD) 2013, *Specialised Anti-Corruption Institutions: Review of Models*, 2nd edition, OECD Publishing.

Organization for Security and Co-operation in Europe (OSCE) 2009, *Legal Analysis: Independence of Judiciary*, OSCE Spillover Monitor Mission to Skopje.

Rose-Ackerman, Susan 1999, *Corruption and Government: Causes, Consequences, and Reform*, Cambridge University Press.

Tomic, Tanja, and Dane Taleski 2010, *Corruption as Impediment to EU Integration: Improving Good Governance in the Republic of Macedonia*, Progress-Institute for Social Democracy.

第6章

## ラテンアメリカにおける会計検査制度改革
### メキシコの事例分析

高橋百合子

## 1　民主主義と会計検査制度

　会計検査制度は水平的アカウンタビリティ制度の一つであるが，民主主義にとってどのような意味で必要とされるのだろうか。近年，ラテンアメリカや中東欧などの新興民主主義諸国において，会計検査制度の拡充が重要な課題として認識されており，その権限強化を内容とする改革が進展した。この会計検査制度は，以下の理由から，国家財政への民主的コントロールを強めるうえで重要な役割を果たす。

　通常，民主国家において，政府は国家活動に必要となる財源を国民から税金として徴収し，国民の代表である議員が，政府の活動経費に対して予算配分を決める。予算執行後，内閣は決算報告書を会計検査院に提出し，予算執行が適切であったかどうかの検査を受ける。検査終了後，会計検査報告が，会計検査院から内閣経由で，または直接，議会へ提出され，審議される。この国家財政の流れにおいて，国民の代理人である議員が，決算に対する最終的な判断を下すが，その判断基準となる会計検査報告を作成する会計検査院が，公的財源の不正使用の実質的な監視を行うという意味で，市民による国家財政のコントロールの実現に欠かせない存在と言える。そして，この会計検査院が，効果的な監視を行うため，同制度が，監視を行う対象の党派性や政治的利益から独立していることが重要な条件となる

第Ⅲ部　水平的アカウンタビリティ

　このように，会計検査制度は，政府のアカウンタビリティを高めるために重要な制度であるにもかかわらず，同制度に対する一般的・学問的関心は低く，政治学においてもほとんど研究されてこなかった。[1]これまで政治学において，利益誘導政治や公共事業に対するばらまき予算など，予算編成をめぐる政治過程に対する一般的・学問的関心は高く，理論的および実証的研究は盛んに行われてきたが，財源の無駄遣いをなくし，国民の利益にかなった政策を実現するために重要な，決算制度の機能については，ほとんど関心が払われてこなかった（西川 2003）[2]。しかし，予算執行に対する有効な監視制度の確立，すなわち独立した会計検査制度の設立について，その生成要因を探ることは，国家財政の民主的コントロールを可能にする条件を明らかにする点で，政治学的に重要な研究課題である。

　本章は，この課題に取り組むべく，独立した会計検査制度の設立を目的とした改革の因果メカニズムを解明することを試みる。その際，会計検査制度を含む水平的アカウンタビリティ制度改革は，自己抑制的（self-restraining）であると仮定する。つまり，利己的な政治家が，選挙目的で権力を恣意的に利用する可能性を自ら排除することに合意する場合にのみ，改革は成功すると考える。したがって，どのような条件が政治家の利益計算に影響を与え，利己的な政治家が改革支持へと動くのか，その動機変化のダイナミズムを明らかにすることこそが，制度改革の要因分析の中心となる。具体的には，なぜ政治家は，財政支出における自らの恣意的権限を制限し，政治家生命の存続を脅かすことになるかもしれない，独立した会計検査制度の確立に合意するのだろうか，という問いに答えることが，本章の目的である。

　この「政治家のジレンマ（Politician's Dilemma）」がいかに克服されるかについては，ギャデスによってその核心的部分が説明されている（Geddes 1994）。本章は，彼女のゲーム理論モデルの不十分な点を補いつつ，メキシコの事例に焦点を合わせて分析を行う。ラテンアメリカでは民主化とともに会計検査制度改革が進められてきたが，恣意的支出の伝統が根深いメキシコにおいてその進展が著しい。したがって，メキシコの事例分析から得られた知見は，他の事例研究に対して幅広い含意を提供すると考えられる。具体的には，71年にわたる制度的革命党（Partido Revolucionario Inatitucional; PRI）による一党支配体制を

経て民主化を経験したメキシコにおいて，政党間競争の高まりと市民社会の活発化という民主化に伴う2つの政治変化が，政権交代の可能性を高めるとともに，政治家生命の存続に対する有効な脅威を与えた結果，与党政治家が，公的資金の私的流用を抑止する，会計検査制度改革を支持する動機を持つに至り，改革実現へとつながったことが示される。

以下，第2節では，メキシコおよびラテンアメリカ全域で，公的資金が選挙目的に幅広く不正に利用されてきた背景を説明し，こうした恣意的支出を抑止することをめざして実施された，会計検査制度改革の概要について述べる。第3節では，複数の仮説を検討した後，政党間競争の高まりと市民社会の活発化が，複合的に効果を発揮し，会計検査制度改革を促したという仮説を導く。第4節では，1988年から2006年におけるこれら2要因の変化を観察し，続く第5節では，メキシコの制度改革の過程を検証する。最後に第6節で，本研究の意義と限界を確認する。

## 2 ラテンアメリカにおける会計検査制度改革

### ◆ 委任型民主主義と汚職

ラテンアメリカ諸国では，世界的に見ても，汚職の度合いが著しく高い。第5章の定義に従うと，汚職とは，「私的利益のために公職を濫用すること」であり，「特定の行為主体に有利な何らかの政策・決定を行うことと引き換えに公職者が賄賂を受け取ることや，公職者が国家の資産を横領すること」である（詳しくは，第5章参照）。国際非政府組織（NGO）であるトランスペアレンシー・インターナショナル（Transparency International; TI）が2013年に公表した汚職認識指数（corruption perception index）によると，ラテンアメリカ諸国の中では，チリを例外とし，域内大国のブラジル，メキシコをはじめとし，小規模の中米諸国においても政府の透明性がきわめて低く，汚職度が著しく高いことが示されている[3]。

1980年代以降，ラテンアメリカ地域の大多数の国では，軍事政権率いる権威主義体制から選挙民主主義への体制移行が進み，「自由，公正，かつ競争的な」選挙を経て選ばれる政治家には，有権者の利益を代表することが期待され

るようになった。そして，ラテンアメリカ諸国の政治システムは大統領制であるため，憲法上は，行政府，立法府，司法府の間に三権分立の原則が明記され，いずれかによる権力の濫用を抑止するチェック・アンド・バランス機能が制度化されていると言える。

しかし実際には，権威主義体制の歴史が長い域内諸国には，行政府の立法に対する優位が伝統的に保たれており，大統領を首長とする行政府に対するチェック機能が弱い点が特徴的と言える。そうした伝統を背景とし，大統領の所属する政党が議会の多数派を形成することが多く（単独政権，連立政権のいずれをも含む），独占的に公的資源へのアクセスを享受してきた。その結果，政権党が自党の支持者へ優先的に公職を斡旋したり，きわめて恣意的に財源を配分したりするなど，汚職の蔓延へとつながったのである。

オドネルは，そのような行政府優位，特に大統領への権限集中と恣意的な政策形成を特徴とする民主主義体制を，「委任型（delegative）」民主主義と称した（O'Donnell 1994）。そして，汚職を抑制し，私的利益ではなく有権者の利益を代表する「代表制（representative）」民主主義へと移行するためには，法の支配を確立し，チェック・アンド・バランスを機能させて公的権力に対する監視機能を強める，すなわち水平的アカウンタビリティを高めるための制度改革を進めることが必要条件であると主張してきた（O'Donnell 1994, 1996, 1998）。

そうした監視の対象となる汚職と言っても，政治的支持への見返りとしての公職の斡旋，不正なライセンス供与から，公的財源の私的流用まで，その内容は多岐にわたる。特に，ラテンアメリカでは，公的財源の不正使用が問題視されてきた。低所得者層および貧困層が国民の半数を超えるラテンアメリカにおいては，社会政策，特に貧困削減政策の財源が重要な集票手段として，大衆の政治的動員に利用されるなど，政治腐敗や汚職の温床となってきたのである。多くの研究によって指摘されているように，きわめて厳しい予算制約の下で，社会支出は，困窮度よりもむしろ政治的基準（選挙のタイミング，前回選挙での投票結果など）に基づいて分配されることが頻発し，貧困削減という本来の目的が達成されずにきた（Brusco et al. 2004; Fox 1994; Magaloni et al. 2007; Roberts 1995; Schady 2000; Stokes 2005）。

こうした理由から，ラテンアメリカでは，大統領（行政府）および政権党に

よる不正支出に制約を課するためには，水平的アカウンタビリティ改革の中でも，予算の適正な執行を監視する会計検査制度の確立が，とりわけ重要であることがわかる[4]。

### ◆ 会計検査制度改革の進展

　ラテンアメリカ諸国における会計検査制度の歴史は古く，その起源は植民地時代に遡る。20世紀前半の近代国家建設に伴い，現在の予算編成や会計検査制度の原型が形作られた（Santiso 2009: 41）。大統領制を採用するラテンアメリカ諸国における会計検査は，三権分立の原則の下で，立法府が承認した予算を，行政府が適正に執行したかどうかを，行政府から提出された決算書を基に立法府がチェックする体制となっている。そして会計検査院は，決算書を厳正に検査した後，会計検査報告を立法府に提出することを主要な任務とする。また，近年，会計検査に加えて，政策評価を行う場合も増えつつある。

　こうした共通の特徴を持つ一方で，ラテンアメリカ諸国における会計検査制度の統治形態については多様性が見られる。それらは，(1)単独統治モデル（the monocratic model），(2)裁判所モデル（the court model），(3)合議制モデル（the board model）の3つのタイプに分類される（同上：50）[5]。(1)単独統治モデルとは，意思決定権限を持つ単独の検査長官を筆頭にその他の検査官から構成される組織で，組織的独立性を保ちつつも議会に従属する機関であり，事後監査を行う。(2)裁判所モデルとは，監査官が準司法権限を有し，合議的に意思決定を行い，行政裁判所に類似する役割を担う。議会とのつながりは弱く，司法府との関係は曖昧な場合が多い。(3)合議制モデルとは，裁判所モデルと同様に監査官が合議制に基づいて意思決定を行うが，司法権限を与えられていない。通常，決算報告書の信憑性について，議会に提言を行うにとどまる。裁判所モデルのブラジルとエルサルバドル，合議制モデルのアルゼンチンとニカラグアを除き，ほとんどのラテンアメリカ諸国は単独統治モデルを採用している（同上：50）。

　いずれのモデルを採用する場合でも，監視メカニズムとしての会計検査院が，政府による公的財源の不正使用に対して効果的に制約を課するためには，制度的独立性と拘束力を高める必要がある。すなわち，監視メカニズムは，監視する側とされる側が共通の利害を持たず，相互に高い独立性を持つ場合（制度的

独立性),制約はより大きくなると予想される。さらに,監視する側により大きな制裁権限あるいは拘束力が与えられる場合(拘束性),制約の度合いは高まることが予測される。

先述のように,委任型民主主義の伝統が根強いラテンアメリカで効果的な財源使用の監視を行うためには,会計検査院がまず大きな権限を行使する行政府からの制度的独立性を高めることが,とりわけ重要な課題となる。さらに,委任型民主主義においては,政権党が議会の多数派を構成することを通じて,立法府も支配下に置くことが多いが,広く普及している単独統治モデルにおいて,会計検査院は議会に従属的な立場にあることは,行政府が議会を通じて公正な会計検査を妨げる可能性を示唆する。したがって,党派性や政治的利益が検査結果に影響を及ぼす可能性を排除するためには,会計検査院は,監査の対象となる行政府のみならず,立法府からも独立性を保つことが重要となる。

1980年代の民主化後,反汚職圧力が国内外から強まると,ラテンアメリカ諸国の政府は,公的財源の不正使用を効果的に監視するために,会計検査制度の制度的独立性と拘束力を高めるための改革に着手した。表6-1は,ラテンアメリカ17カ国における会計検査制度改革の一覧である。各国における改革の詳細についてここでは踏み込まないが,ほとんどの国が,1980年以降,憲法改正および基本法の制定によって,会計検査制度に法的地位を与えたり,人事や予算の面で独立性を高めたりすることをめざした。

この制度的独立性のガイドラインとされたのは,各国の会計検査機関が加盟する最高会計検査機関国際組織(International Organization of Supreme Audit Institutions; INTOSAI)が,1977年に提起した「リマ宣言」の中に明確に述べられた,独立性の定義であった(Figueroa Neri 2008: 14)。同宣言によると,会計検査院の独立性は3つの側面から確保される必要がある。第1に,会計検査院は,その組織運営において,自ら決定権限を持つ(組織的独立)。第2に,監査内容を独自に決定する権限を持ち,自由に適切な監査方法・技術を用いることができる(機能的独立)。第3に,独自に予算を作成・請求し,行政権力の承認なしに法に基づいて,予算を執行する権限を持つ(財政的独立)。のちに,INTOSAIによって,会計検査院の独立的地位を保障する法的枠組みの整備,終身雇用など人事にかかわる独自の権限,無制限の情報へのアクセスなどの事項

第6章 ラテンアメリカにおける会計検査制度改革

## 表6-1 ラテンアメリカ諸国における会計検査制度改革

| 国名 | 機関名 | 憲法 | 基本法 |
|---|---|---|---|
| アルゼンチン | 国家検査院（Auditoría General de la Nación） | 1994年憲法第85条 | N/A |
| ボリビア | 共和国会計検査院（Contraloría General de la República） | 1967年憲法第154-155条 | 1977年，1992年 |
| ブラジル | 連邦会計裁判所（Tribunal de Contas da União） | 1988年憲法第71-75，161条 | 1992年 |
| チリ | 共和国会計検査院（Contraloría General de la República） | 1980年憲法第87-89条 | 1953年，1964年に改正 |
| コロンビア | 共和国会計検査院（Contraloría General de la República） | 1991年憲法第267-268条 | 1993年，1999年と2000年に改正 |
| コスタリカ | 共和国会計検査院（Contraloría General de la República） | 1949年憲法第183-184条 | 1951年，1994年 |
| エクアドル | 共和国会計検査院（Contraloría General de la República） | 1998年憲法第121-122，211-213条 | 2002年 |
| エルサルバドル | 国家会計検査院（Contraloría General del Estado） | 1983年憲法第195-199条 | 1995年，2002年 |
| グアテマラ | 会計検査院（Contraloría General de Cuentas） | 1985年憲法第232-236条 | 2002年 |
| ホンジュラス | 会計最高裁判所（Tribunal Superior de Cuentas） | 1964年憲法第222-227条，2002年に改正 | 2002年 |
| メキシコ | 連邦最高検査院（Auditoría Superior de la Federación） | 1917年憲法第73，74，78，79条，1999年に改正 | 2000年 |
| ニカラグア | 共和国会計検査院（Contraloría General de la República） | 2000年憲法第154-157条 | 1979年，2000年 |
| パナマ | 共和国会計検査院（Contraloría General de la República） | 1983年憲法第275-276条 | 1984年 |
| パラグアイ | 共和国会計検査院（Contraloría General de la República） | 1992年憲法第281-284条 | 1994年 |
| ペルー | 共和国会計検査院（Contraloría General de la República） | 1993年憲法第82条 | 2002年 |
| ウルグアイ | 会計裁判所（Tribunal de Cuentas） | 1996年憲法第208-213条 | 1997年 |
| ベネズエラ | 共和国会計検査院（Contraloría General de la República） | 2000年憲法第287-291条 | 2001年 |

［出所］ Santiso (2009): 51-54, 62-63, および Figueroa Neri (2008) を基に筆者作成。

が，独立性の原則として加えられた（Figueroa Neri 2008: 15）。

◆ **メキシコの事例**

メキシコでは，71年にわたるPRIによる一党支配体制を経て2000年に民主化したが，典型的な委任型民主主義体制下，公的支出の政治的操作などの汚職が蔓延していた。しかし，3つの政権期にわたって民主化が進展するとともに，こうした不正支出に対する規制強化に向けての圧力が強まり，会計検査制度の「制度的独立性」と「拘束力」を高める改革が，徐々に進められてきた。

まずPRIのサリーナス政権期（1988-94年）には，大統領に過度の権限が集中し，会計検査院の独立性は低く，効果的な監視メカニズムが存在しなかった。この監視の不在が，サリーナス大統領が，社会政策財源を大規模な大衆動員へ利用することを許し，1994年の連邦選挙でのPRI圧勝につながったことが，多くの研究によって指摘されている（たとえば，Bruhn 1996）。こうした公的資金の不正支出に対する批判は強まりつつも，この時期，制度改革をめざす諸勢力は凝集性を欠き，効果的な改革圧力となるには至らなかった。その結果，会計検査院の制度的独立性も拘束力も低いままだった。

1994年に，PRIのセディージョ大統領（1994-2000年）が就任すると，行政府に対する監視が強まり，会計検査制度の独立性を高める動きが活発化した。政権末期の1999年には，会計検査制度の機能を強化し，連邦最高検査院（Auditoria Superior de la Federación; ASF）を設立する憲法改正が，承認された。翌年，憲法改正を受けて，会計検査制度の改革の実施に向けた基本法が定められ，この時期，監視メカニズムの制度的独立性は高まった。しかし，新たな制度の発足は次政権まで待たなければならなかったことから，この時期に拘束力を伴うまでには至っていない。したがって，制度改革は低―中レベルだったと判断される。

そして，2000年に実施された連邦選挙において71年ぶりの政権交代が実現し，フォックス政権（2000-06年）が誕生すると，2002年に情報公開法（Ley de Transparencia y Acceso a la Información Pública Gubernamental）が制定された。これにより，政府活動に関する情報の公開が進んだことは，ASFの監視活動を後押しすることになった。その結果，監視メカニズムの制度的独立性と拘束力

がともに向上し，制度改革は中—高レベルに達したのであった。

## 3 会計検査制度改革の説明要因

第1節で述べた通り，利己的な政治家が，現在および将来の利己的行動の機会を自発的に制限することに合意するという点で，会計検査制度を含む，水平的アカウンタビリティ制度改革は自己抑制的である。したがって，水平的アカウンタビリティ制度改革を説明する要因を特定するためには，何が政治家の利益計算に影響を与え，利己的な政治家を改革支持へと動かすのか，その動機変化のダイナミズムを明らかにする必要がある。一般的に，民主体制下では，政治家は次のようなジレンマに直面するため，自己抑制的な改革を行うことは政治的な困難を伴う（Geddes 1994）。すなわち，選挙での勝利を一義的に考える政治家は，集合財としての監視制度の確立を，公共利益の達成のために長期的には望ましいと考え，改革を支持するかもしれない。その一方で，政治家は，短期的には政治家生命の存続という個別利益追求のために，公的支出を操作し，自分を支持する有権者に優先的に便益を供与する動機を持つことも考えられる。したがって，政治家は，改革支持の便益が恣意的支出の便益を上回ることを確信できるまで，改革を支持しないであろう。以下，このような政治家の利益計算に影響を与え，改革支持への誘因をもたらす要因を検討する。

### ◆ 先行研究の検討

第1に，国際機関からの圧力が，監視メカニズムの確立を促進した可能性が挙げられる。1980年代初頭にラテンアメリカを襲った経済危機以降，ラテンアメリカ諸国は国際通貨基金（IMF）や世界銀行からの支援を受ける条件として，いわゆる「ワシントン・コンセンサス」に従って構造調整や新自由主義経済改革を遂行することを余儀なくされた。その一環として，これらの国際機関は，ラテンアメリカ諸国の政府に対して，財政の透明性を高めるために，公共政策を監視するシステムを創出するよう助言してきたのである（Tulchin and Espach 2000）。他方，INTOSAI も，政府会計検査に関する基準の国際的な体系化を促進してきた（東 2007）。

しかし，こうした国際アクターからの圧力は，メキシコの水平的アカウンタビリティ制度，とりわけ会計検査制度形成のパターンを説明するには十分ではない。メキシコ政府が国際機関からの政策提言に従うことを最も要求されたのは，1995年に同国を襲った通貨危機直後の時期である。しかし，公共支出の透明性向上に向けて制度発展が加速したのは，2000年の政権交代直前であった。2000年までに，メキシコはすでにマクロ経済を安定化に導き，国際金融支援への依存は著しく低下していたため，国際アクターからの圧力が改革遂行の決定的な要因であったとは考えにくい。

第2に，選挙制度のあり方が改革成功の蓋然性を規定するという，合理的選択制度論的立場からの議論がある（Carey and Reynolds 2007; Chang and Golden 2007）。非拘束名簿式比例代表制や単記非移譲式投票といった選挙システムは，政党内での候補者間の競争を高め，政党よりも候補者個人への支持動員を促し，その結果，候補者が支持者の票と引き換えに恣意的支出や他の私的財を供与する動機を生むと考えられる。このような選挙システムが政治家の動機に与える影響を重視する議論は，小選挙区制の導入など，選挙制度が変化すれば，恣意的支出動機も弱まり，アカウンタビリティ制度改革を支持する動機が強まる，と説明するであろう（Moreno et al. 2003）。

しかしながら，こうした制度論に依拠した議論は，選挙制度が不変であるにもかかわらず，アカウンタビリティ制度改革が進展する場合を説明することができない。1988年から2006年までの18年間，メキシコにおいて選挙制度の大幅な変更は実施されなかった。しかし，この間に，同国における会計検査制度改革は著しく進展したのである。したがって，選挙制度の違いを重視する議論は，この場合，適切ではない。

第3に，政党間競争の高まりに焦点を絞った説明を検討する。メキシコを含む新興民主主義諸国では，権威主義体制からの移行過程で，政治体制の自由度が増す（反体制派に対する政治活動の許容度が増す）につれて政党間競争が高まってきた。とりわけ，メキシコのように，軍事政権ではなく，PRIという覇権政党が自由で競争的な選挙に制限を課することによって権威主義的な体制をしいていた場合，政党間競争の高まりが民主化の指標として重要な意味を持ち，ひいては政策的帰結をもたらすと考えられる。

すなわち，民主主義への移行過程において，政党間でより自由で公平な競争が行われるようになるということは，選挙および政策形成において野党の影響力が強まることを意味する。そして，政権の座を奪うことを狙う野党は，政権党の活動に対して監視を強める。こうした野党からの監視が活発になることは，政権党の政治生命存続への脅威が増すことを意味する（Beer 2003; Geddes 1994; Grzymała-Busse 2006)。すなわち，汚職が蔓延している社会において，野党は，与党による公的財源の不正使用に対する追及を行うとともに，汚職や恣意的支出への規制を強化する改革の必要性を有権者に訴えるかもしれない。そうすると，与党政治家にとって，集票目的で公的支出を操作することの費用が高くなる。その結果，与党政治家は集合財としてのアカウンタビリティ制度改革を支持したほうが，再選の可能性が高くなると判断し，改革支持へと態度を変えることが予想される。

### ◆ 政党間競争の高まりと活発な市民社会の複合効果モデル

　政党間競争の高まりを自己抑制的な改革の要因とする議論は，基本的にギャデスが提示した簡潔なゲーム理論を用いた説明に依拠する（Geddes 1994）。しかし，政党間競争が，与党政治家の利己的行動に制約を課する効果は，限定的であると考えられる。以下に述べる理由から，政党間競争の高まりに加えて，水平的アカウンタビリティ改革に対する社会アクターからの圧力も，政治家の利益計算に影響を与える重要な要因だと言える。

　すなわち，選挙が数年間隔で実施されるということは，有権者は投票を通じて政治家に影響力を行使する機会を，選挙期間以外は与えられていないことを意味し，水平的アカウンタビリティ改革の推進に与えるその影響力は限定的であることを示唆する。それとは対照的に，マスメディア，社会運動，NGOなどの市民社会組織は，選挙期間以外の時期にも，改革に向けて社会的圧力を行使することができるという利点を有する（Smulovitz and Peruzzotti 2000）。こうした多様な社会アクターが改革に対する有権者の要求を集約・代表することに成功し，政治的にも影響力を行使するようになると，政治家生命の存続に対する有効な脅しとなる。その結果，利己的政治家は，制度改革を支持することに，より高い便益を見出すようになる。

したがって，選挙時に限定されずに，政党間競争の高まりと活発な市民社会による改革への圧力という2つの要因が複合的に効果を発揮し，利己的政治家が制度改革を支持する動機を高めると予想される。自己抑制的な改革モデルを提示したギャデスは，ブラジルにおける公職の政治任用を規制する行政改革に関する研究において，こうした社会的圧力が同改革に与えた影響を認めてはいるものの，その効果をモデルに明示的に組み込んでいない。本章は，政党間競争の高まりと市民社会の活発化の複合的な効果に焦点を合わせて，ギャデスの理論モデルを修正することによって，メキシコの会計検査制度改革を検証する。紙面の制約上，ゲーム理論モデルの詳しい説明は省略するが，モデルの概要は以下のようにまとめられる。

まず，与党政治家と野党政治家の誘因構造は異なると仮定する。改革の成功に必要な与党政治家の誘因構造は，恣意的支出機会を放棄することによって失うことが予想される票数（L），改革を支持することによる予想得票数（R），将来，野党になった場合に対処した自己防衛（将来の与党に恣意的支出機会を与えないために制度的制約を課する）（F），スキャンダルの脅威に対する自己防衛（S）の4つの要素から成り立ち，(R+F+S)＞Lになった場合，改革を支持する。特に，民主主義への移行の文脈において，政党間競争が高まり，市民社会が活発化すると，制度改革に付随する便益（R, F, S）が増える一方で，恣意的支出の機会放棄の費用（L）が減少する結果，与党政治家は改革支持へと動くと考えられる[6]。

## 4 メキシコにおける政党間競争の高まりと市民社会の活発化（1988-2006年）

本節では，1988年から2006年の間における政党間競争の高まりと市民社会の活発化，すなわち本研究で扱われる説明変数のバリエーションを考察する。1980年代に至るまで，メキシコではPRIの一党支配体制が続いていたが，まずは地方レベルでの選挙から次第にPRIの優位は脅かされ始め，1988年の大統領選挙ではPRIのサリーナスが野党候補のカルデナスに辛うじて勝った。しかし，その選挙結果操作疑惑を発端として，自由で公正な選挙の実施を求め

る動きが活発化した。1994年の連邦選挙機関（Instituto Federal Electoral; IFE）の大統領府からの独立を主軸とする選挙改革を経て，1990年代に入ると徐々に複数政党制への移行，および市民社会の発展が加速化していった。

◆ **政党間競争の高まり**

一党支配体制の崩壊と野党勢力の伸張によって測られる政党間競争の高まりは，大統領選挙と連邦議会選挙における得票率割合の変化，および得票率の差の縮小の3点から確認される。

まず，大統領選挙結果の推移に着目する。1970年代まで，PRIは大統領選挙において90％以上の得票率を記録していたが，80年代になると徐々に支持を失っていった。表6-2は，6年ごとに行われる，1976年から2006年までの間に実施された大統領選挙におけるメキシコの3大政党であるPRI，国民行動党（Partido Acción Nacional; PAN），民主革命党（Partido de la Revolución Democrática; PRD）の，得票率の推移を比較したものである。同表によると，PRIの圧倒的優位は次第に崩れ，野党候補が得票率を伸ばし，2000年の大統領選挙ではPAN候補のフォックスが次期大統領に選出され，71年に及んだPRIの一党支配体制に終止符を打つことになった。

次に，3年ごとに改選される連邦議会（下院）選挙の結果も，PRI一党支配の衰退と複数政党制への移行を裏づけている。表6-3は，1988年から2006年の間に実施された連邦議会下院選挙における与野党の得票率および議席占有率の推移を比べており，同期間を通じてPRIの優位が衰退しつつある一方で，PANとPRDが勢力を伸張させていることが示される[7]。特に，1997年の中間選挙で，PRIは47.8％の議席を獲得するにとどまった結果，初めて下院で多数派の地位を失うこととなった。この中間選挙以降，いずれの政党も，単独で多数派を形成するには至っていない。

さらに詳しく述べると，2000年にPANが政権の座について以降，議会選挙は主としてPAN，PRI，PRDの間で争われているが，それら3政党間における順位は選挙ごとに入れ替わっている（具体的には，PRIとPANが交替に議会多数派を形成してきた）。1988年から2006年にかけて実際に意味を持つ政党の数を表した有効政党数（the effective number of parties）（Laakso and Taagepera 1979）

第Ⅲ部 水平的アカウンタビリティ

表6-2 3大政党（PRI, PAN, PRD）の大統領選挙における得票率推移（1976-2006年）

［単位：％］

|     | 1976 | 82 | 88 | 94 | 2000 | 06 |
| --- | --- | --- | --- | --- | --- | --- |
| PRI | 92.75 | 71.63 | 51.22 | 50.55 | 36.89 | 22.72 |
| PAN | 0 | 16.42 | 16.96 | 26.91 | 43.43 | 36.69 |
| PRD | NA | NA | 30.89 | 17.22 | 17.00 | 36.11 |

［出所］ IFEのデータを基に筆者作成。

表6-3 連邦議会（下院）選挙における3党の得票率推移（1988-2006年）

［単位：％］

| 議会（期） | 期間（年） | 得票率（％） | | | | | 議席占有率（％） | | | |
| --- | --- | --- | --- | --- | --- | --- | --- | --- | --- | --- |
| | | PAN | PRI | PRD | 有効政党数 | 得票率差 | PAN | PRI | PRD | 有効政党数 |
| 54 | 1988-91 | 18.0 | 51.3 | 4.4 | 3.16 | 0.32 | 20.2 | 52.6 | 3.8 | 3.00 |
| 55 | 1991-94 | 17.7 | 64.2 | 8.3 | 2.39 | 0.40 | 17.8 | 64.2 | 8.2 | 2.21 |
| 56 | 1994-97 | 25.8 | 52.6 | 16.7 | 2.88 | 0.21 | 23.8 | 60.0 | 14.2 | 2.29 |
| 57 | 1997-2000 | 26.6 | 39.0 | 25.7 | 3.42 | 0.16 | 23.6 | 47.8 | 25.0 | 2.86 |
| 58 | 2000-03 | 39.2 | 37.8 | 19.1 | 3.00 | 0.15 | 41.4 | 42.0 | 10.4 | 2.78 |
| 59 | 2003-06 | 32.8 | 39.2 | 18.8 | 4.65 | 0.15 | 30.0 | 44.8 | 19.4 | 3.03 |

［出所］ IFEのデータを基に筆者作成。

は3の値に収斂している。このことは，等しい影響力を持つ，相拮抗する3つの政党が競合している状態を意味する。すなわち，2006年までに，メキシコは一党支配体制から複数政党制へと移行したと結論づけることができる。

　最後に，政党間競争の高まりを，第1党と第2党の間での得票率差の推移から考察する。先に述べた有効政党数が与党に対する野党の相対的影響力をとらえるのに対して，得票率差は，与党が直面する政治生命存続の危機に対する脅威を測る直接的な指標となる。特に，野党勢力が徐々に勢力を伸ばすことによってPRI率いる一党支配体制を崩壊に導いたメキシコの場合，得票率差の時系列的推移を追うことは，選挙におけるPRI優位の低下を示すうえで有効である。最近の研究によると，競合する政党間の得票率差が小さくなるにつれて，政治家はより大きな競争圧力，そして脅威を感じる。その理由は，わずかな差が選挙での勝敗を逆転させ，ひいては政策や恣意的支出資源へのアクセスなど，

大きな変化をもたらすことにつながるからである（Kitschelt and Wilkinson 2007: 28-29）。

　この論理に従うと，与党にとって，僅差の競争ほど，政権交代へのより切迫した脅威となる。表6-3の「得票率差」は，1988年から2006年までの間に実施された各連邦議会下院選挙における，300ある各選挙区の得票率差を算出し，その平均をとったものであり，小さい値ほど大きい脅威を意味する。同表から，この期間，得票率差は徐々に縮まってゆき，競争圧力は次第に高まっていったことが理解される。

### ◆ 市民社会の活発化

　この政党間競争の高まりと並行して，1988年から2000年にかけて，市民社会組織も量・質の両面において発展を見せた。市民社会の発展を測る単一の指標は存在しないが，NGOの数の推移は，比較的入手が容易で重要な指標のひとつとなる。1995年から2000年の間，データが入手可能な31州（サカテカス州を除く）において，NGOの数は平均して191.33％増加した（Santín del Río 2004: 71）。このことは，1990年代のメキシコにおける市民社会の発展を示す。

　こうしたNGOの量的拡大に加えて，3つの政権期を通じて，その活動内容において専門性を増し，政府の意思決定に対しても次第に影響力を強めていった。まずサリーナス政権期には，市民社会組織は，1988年の大統領選挙結果をめぐる不正疑惑への対応として，自由で公正な選挙を求める選挙改革を求める運動を活発化させていった（Aguayo Quezada 1998; Chand 2001）。この時期，多数の市民団体やネットワークが誕生したが，いずれもその活動は地域限定的であった。しかし，1994年に市民同盟（Alianza Cívica）が設立され，従来分散していた各地のNGOを結集し，市民による，全国レベルでの大統領選挙の監視活動を組織した。これを契機として，セディージョ政権期，さらなる団体・ネットワークが市民同盟に加わり，「より一層，自由で公正な選挙」の実施を求めて，社会的圧力を強めていった（Santín del Río 2004: 63）。

　2000年に民主的選挙による政権交代が実現し，フォックス政権が誕生すると，NGOの関心は，選挙改革要求から公共政策における透明性とアカウンタビリティの要求へと移っていった（Robinson and Vyasulu 2008）。たとえば，メ

キシコ市に拠点を置くフンダール（Fundar）という監視組織は[8]，調査研究の質を高め権利擁護活動を活発化させたり，メディア利用戦略を洗練させたりして，活動の専門性を高めた結果，社会的信頼を得るとともに，政府に対してより効果的に影響力を行使するに至った。

次節では，こうした政党間競争の高まりと市民社会の活発化が，どのように会計検査制度改革を促進してきたのかについて，その過程を詳細に検証する。

## 5　メキシコにおける会計検査制度改革

### ◆ サリーナス政権期（1988-94年）

サリーナス政権期，PRI の優位が徐々に衰退してきたが，依然として大統領の権限は強大であり，PRI が議会の多数派を占めていたことから，会計検査院による監査は，事実上形骸化していた。他方，PRI は公的資金の大規模なばらまきを行った結果，不適切な支出に対する社会的批判は高まっていった。しかし，政党間競争は低―中レベルにとどまり，また市民社会の発達度も低レベルであったため，PRI の政治生命存続に対する有効な脅威とはなっておらず，その結果，自己抑制的な会計検査制度改革は進展を見せなかった。すなわち，制度改革に付随する便益（R, F, S）が，恣意的支出の機会放棄の費用（L）を上回らなかったため，与党（PRI）政治家は改革する動機を抱かなかったと言える（$\langle R+F+S \rangle < L$）。

1988年12月，サリーナスが大統領に就任してまもなく，きわめて大規模な近代化政策であるプロナソル（Programa Nacional de Solidaridad）が導入された。同政策は，学校や道路建設などのインフラ整備から奨学金や食料補助をも含む大規模なものであった。さらに，コミュニティから提出されたニーズに対して，大統領が支配する予算企画省（Secretaría de Programación y Presupuesto）が給付の有無を決定し，直接受益コミュニティに対して財源を移転する仕組みであった。数ある公共政策の中でも，プロナソルはサリーナス政権の看板政策として扱われた。1992年にはプロナソル運営を独占的に担当する社会開発省（Secretaría de Desarollo Social）が新設され，94年にはプロナソルへの支出が国内総生産（GDP）の10％にまで上った（Salinas de Gortari 2002）。効果的な監視制度が

存在しない中，こうして豊富なプロナソル財源を恣意的に分配し，貧困層と直接的な関係を築くことによって，サリーナスは優位が低下しつつある PRI の政治的基盤の再建を狙ったのであった。こうした公的財源の選挙目的への流用については，数多くの研究によって批判的指摘がなされている（Bruhn 1996; Fox 1994; Magaloni et al. 2007）。

　しかし，こうした大規模な不正支出に対して，国家内の監視機関は働きかけを行わなかった。水平的アカウンタビリティの主体である国家内機関には，行政府内部から監視を行う内部監視と，外部から監視を行う外部監視という2つのタイプがある。前者は，日本の総務省行政評価局に相当する連邦監視省（Secretaría de la Contraloría General de la Federación）の，後者は会計検査院の管轄とされている。[9] 連邦監視省は，プロナソルの合規性，適正性，効率性などの観点から調査を行い，国家内監視を行うことになっていた。しかし，サリーナスが各省庁の人事に強力な権限を有しており，したがって連邦監視省の大統領からの独立性および拘束力はきわめて低く，内部監視は事実上，機能していなかった。

　他方，この時期，強権的な大統領制の下，政府内におけるチェック・アンド・バランスも機能していなかった。すなわち，議会多数派の PRI の党首であるサリーナス大統領が，選挙における党内候補者の指名権を掌握していた。したがって，大統領に忠実な党員が多数派を占める立法府が，行政府からの独立性を追求し，効果的な監視を行う動機は弱かった。その結果，議会の付属機関である会計検査院は，疑惑の目が向けられていたプロナソル支出について，不正報告を行わなかった（Salinas de Gortari 2002: 549）。このことから，外部監視についても機能していなかったことが見てとれる。

　このように，野党勢力が弱く，他方，市民社会も凝集性を欠いていたこの時期に，会計検査院の監視機能は事実上働かず，また改革を積極的に後押しする動きも見られなかった。よって，サリーナス政権下，野党勢力も市民社会も，PRI 政治家に対して，公的支出を私的利用する機会を放棄する費用を高めるほどの脅威を与えるには至らず，会計検査制度の独立性と拘束力を高める改革は実施されなかった。その結果，サリーナスによるプロナソルの大規模な政治的操作に対して，効果的な制度的制約を課することはできなかったのである。

第Ⅲ部　水平的アカウンタビリティ

◆ **セディージョ政権期（1994-2000年）**

　セディージョ政権期，PRIの一党支配体制から複数政党制への移行が本格化した。1994年の大統領選挙直前に起こった，南部チアパス州におけるサパティスタ民族解放戦線による武装蜂起やPRIの大統領候補暗殺など，従来の政治システムに対する正統性が低下する中で誕生したセディージョ政権は，2つの政治改革に着手した。まず，PRI党内での大統領による候補者指名の慣習を断ち切ることによって，PRI議員の大統領からの独立性を高め，ひいては三権分立の原則を強化することになった。さらに，野党勢力に代表の機会を拡大するために政治改革を行うことを約束した。その結果，政党間競争の高まりと市民社会の活発化は中レベルに達し，会計検査制度改革を支持することの便益（R, F, S）を高めた。その結果，会計検査制度の独立性は高まったが，拘束力の面で進展が見られなかったため，制度改革は全体として低—中レベルにとどまったと言える。

　セディージョ政権下，伸長した野党勢力と活発化した市民社会アクターは，前サリーナス政権下での国家連帯計画予算の不適切な執行への批判を強めてゆき，政府内外から公的支出に関する監視活動を強めていった。特に1997年の中間選挙でPRIが議会多数派の地位を失ってからは，公的支出のアカウンタビリティを高めることを要求する野党および市民社会アクターからの圧力を受け，議会による行政府の監視や，特に会計検査院の機能を強化する改革が進んだ。[10]

　まず，議会による監視は，野党の有力議員が上下両院の委員長ポストを占めることによって，著しい進展を見せた。特に，左派政党であるPRDが下院における社会開発委員会や予算委員会の委員長を務めたことは，大統領による社会政策財源の恣意的支出に対する制度的監視を強めることとなった。具体的には，社会開発委員会は，前サリーナス政権下でプロソナルの財源がどこにどれだけ配分されたのかに関する情報公開を求めたり，新たな貧困削減政策であるプログレサ（Programa de Educación, Salud y Alimentación）が選挙前に政治的支持動員に使われていないかどうかを調査する特別委員会を設けたりと，積極的に制度的制約を強めていった。

　さらに，この時期の重要な変化として，大統領からの独立性を高めたPRI

議員が，会計検査院の機能を強化する憲法改正を支持する動機を持つに至ったことがある。メキシコでは，大統領から議会に提出された決算書を，議会に従属する会計検査院が精査して報告書を議会に提出することになっているが，先に述べた通りサリーナス時代には強権的な大統領制の下，会計検査院の監査機能は形骸化していた。しかし，政党間競争が高まり，相互に監視する動機が高まると，会計検査院の議会からの独立性を高めること，および監査機能を強化することが，主要政党間で重要な議題として取り上げられることになった。

　改革の方向性を審議するため，主要政党の上院・下院議員をメンバーとするタスク・フォースが立ち上げられ，先進諸国や他のラテンアメリカ諸国における会計検査制度では，制度的独立性がどのように規定されているのかについての調査が行われた。その結果をふまえて，新たな会計検査院の制度的独立性を確保するためには，以下の法的枠組みを整える必要があるという合意が形成された（Manjarrez Rivera 2008: 32）。

(1)　会計検査院から議会に提出された報告書は，公表される。
(2)　監査報告書までの期間は短縮される。
(3)　会計検査院は，監査を行う機関に対して必要な情報を要求する権限を持つ。
(4)　会計検査院が，行政組織が政策目標を達成しているかどうかを評価する業績監査（performance audits）を行う権限を強化する。
(5)　会計検査院に，連邦・州・市レベルの議会，独立機関，民間企業を監督する権限を付与する。
(6)　公的資源に対して金銭的な損害が生じた場合，罰金を科す新たな権限を，会計検査院に付与する。
(7)　内部組織，機能，決定事項，および財源使用に関する，技術的・行政的独立性を会計検査院に付与する。

　セディージョ政権期に，PRIが多数派政党ではなくなったとき，主要政党間で激しい議論が交わされたのち，タスク・フォースの合意内容に沿う方向で，1999年6月30日に憲法第73，74，78，79条が改正された。この憲法改正には，会計検査院の組織的・機能的・財政的独立性の向上，同院への制裁権限の付与，および政策評価・監視の義務づけなどの内容が盛り込まれ，会計検査院に対して，政府のアカウンタビリティを促進する重要な役割が付与された（Ackerman and Sandoval 2006: 18）。下院での採決においては，500人の下院議員

のうち，PRI 議員 215 人全員を含む 327 人が賛成票を投じ，憲法改正案が採択されたのであった。これは，政権交代への脅威がより現実的となった状況下で，PRI 議員の利益計算に変化が生じ，恣意的支出の機会を放棄して改革を支持する立場に転換した結果だと言える。

　他方，セディージョ政権期，NGO は量的拡大を見せただけでなく，選挙改革を求める運動や公的支出の監視を活発化させた。メキシコ最大の NGO である市民同盟は，国内各地の NGO と連携しつつ，メキシコ政府に対して，プログレサなどの貧困削減政策に対する監視活動へ，市民の参加を公式に組み込む制度的機会を設けるよう，圧力をかけていった。しかし，この時期，NGO による，政治家の買票行為（vote buying）の分析は精緻さを欠き，またそのような調査結果を幅広く伝えるための効果的なメディア戦略も持ち合わせていなかった。総合的に見て，NGO が直接政府へ与えた影響力は限定的であったが，政府活動への監視を強める社会的気運の高まりは，PRI の政治生命存続に対して追加的な脅威となり，PRI 議員による憲法改正支持を後押ししたと言えるだろう。

　憲法改正直後，その基本法となる連邦最高会計検査法（Ley de Fiscalización Superior de la Federación）の審議が開始され，次期フォックス政権発足直後の 2000 年 12 月 20 日に施行となった。この法律によって，新たな会計検査院である，ASF が発足した。同法によって，その長である検査長官は，下院議員の 3 分の 2 の支持によって選ばれ，その任期は 8 年で，1 回に限り再選可能と定められた。さらに，検査長官は，公募の後，厳しい審査を経て選定されることが定められた。この規定により，ASF の人事面での独立性が高まったと言える。

　このように，セディージョ政権期に，議会では野党の影響力が増すとともに，政府の公的資金流用への社会的監視が強まる中，会計検査の制度化に向けて大きな進展が見られた。しかし，この重要な憲法改正は同政権末期に行われたため，2000 年より前に有効な制度的制約となるには至らなかった。会計検査院が，制度的独立性とともに拘束力を発揮するのは，のちのフォックス政権まで待たなければならなかった。この意味で，セディージョ政権期における会計検査制度改革は，低―中レベルにとどまったと言えるだろう。

## 第6章 ラテンアメリカにおける会計検査制度改革

◆ フォックス政権期（2000-06年）

　2000年の連邦選挙は，PRIによる一党支配の終焉と複数政党制への移行を決定的なものとした。フォックス政権下，相拮抗する3大政党（PRI, PAN, PRD）間での競争によって，政権交代の可能性はより現実味を帯び，政権党にとっての大きな脅威となった。さらに，民主的に執り行われた2000年選挙を契機として，市民社会アクターは，従来の選挙改革運動からアカウンタビリティと情報公開を政府に要求することに，その活動の焦点を移していった。フォックス政権期，政党間競争の高まりと市民社会の活発化によって，制度改革に付随する便益（R, F, S）が，恣意的支出の機会放棄の費用（L）を上回り（〈R＋F＋S〉＞L），その結果，制度改革は中一高レベルにまで進んだ。以下に詳しく述べるように，会計検査制度の制度的独立性と拘束力の両面において著しい進展が見られたのであった。

　具体的に見ると，セディージョ政権期と同様に，3党が拮抗する議会では，社会開発委員会を中心とした議会による行政府の監視は活発化した。さらに，1999年の憲法改正に続き，先に述べたように，フォックス政権発足直後の2000年12月には連邦最高会計検査法が制定されると，ASFの法的拘束力を高めることとなった。これらに加えて，フォックス政権下における最も重要な進展は，会計監査活動の活発化に拍車をかける，連邦情報公開法（Ley Federal de Transparencia y Acceso a la Información Pública）が2002年に制定されたことであった。[12] 監査を行うには，政府諸機関が，その活動や予算執行状況について正確な情報を提供することが前提条件となる。この法律が制定されたことで，ASFはより踏み込んだ行政活動の把握が可能となったのである。

　2002年の連邦情報公開法制定については，とりわけ市民社会の役割が重要であった。発端となったのは，人権擁護団体メンバー，ジャーナリスト，学識者などの100人を超える市民が，「オアハカ・グループ（Grupo Oaxaca）」と呼ばれる緩やかな同盟を結成し，同法の草案を準備して連邦議会に提出したことであった（Doyle 2002）。ここでは，この市民側からの動きを幅広く伝え，同法制定を重要な政治課題として認識させ，議員に圧力を行使したという点で，マスメディアの役割も重要であった。この市民による発議は主要政党から支持され，正式に法案として提出される運びとなった。こうした社会的圧力を背景に，

第Ⅲ部 水平的アカウンタビリティ

**表6-4 会計検査活動の推移**（件数）

| 検査実施年 | 検査対象年 | 検査 | 業績監査 | 勧告 | 指導 | 制裁 | 起訴 |
|---|---|---|---|---|---|---|---|
| 1996 | 1994 | 552 | 0 | 2639 | 7 | N/A | 0 |
| 97 | 95 | 572 | 0 | 2877 | 9 | N/A | 0 |
| 98 | 96 | 574 | 0 | 2624 | 4 | N/A | 0 |
| 99 | 97 | 726 | 0 | 3766 | 26 | N/A | 0 |
| 2000 | 98 | 691 | 60 | 3562 | 13 | N/A | 2 |
| 01 | 99 | 509 | 23 | 2777 | 1220 | 2 | 13 |
| 02 | 2000 | 312 | 24 | 3188 | 1470 | 0 | 2 |
| 03 | 01 | 355 | 30 | 3118 | 995 | 0 | 0 |
| 04 | 02 | 336 | 24 | 2505 | 905 | 5 | 0 |
| 05 | 03 | 338 | 24 | 2295 | 1142 | 31 | 1 |
| 06 | 04 | 424 | 44 | 3064 | 949 | 342 | 3 |

［出所］ Ackerman and Sandoval (2006): 23 より抜粋。

連邦情報公開法はほぼ満場一致で可決された。[13] さらに，情報公開の基準の設定，市民による政府情報利用の促進，および公務員が同法を遵守しているかどうかを監視する基準の策定などを担う制度として，情報公開機関（Instituto Federal de Acceso a la Información y Protección de Datos）が設立された。

このように，政党間競争の高まりと市民社会による監視圧力が強まる中，連邦最高会計検査法と連邦情報公開法の制定を経て，ASFの活動は活発化していった。表6-4は，改革前後の会計検査院の活動について，検査，業績監査，勧告，指導，制裁，起訴の件数を比較したものである。同表から，フォックス政権になってから，通常の会計検査数は減少したものの，より踏み込んだ業績監査が行われるようになったこと，および勧告にとどまらず，指導や制裁の件数が飛躍的に増えるなど，会計検査院が拘束力を強めたことがわかる。

このように，フォックス政権下，監視制度の制度的独立性と拘束力の両者が高まり，会計検査制度改革は著しく進展し，中―高レベルに達したと言える。しかし，これらの制度改革は連邦政府レベルにとどまっており，州および市政府での会計検査制度の確立は現在進行形であると同時に，その進展には大きな地域間格差も存在する。これらの課題を克服して初めて，メキシコにおける会

表6-5　政党間競争，市民社会，会計検査制度改革

| | サリーナス政権<br>(1988-94年) | セディージョ政権<br>(1994-2000年) | フォックス政権<br>(2000-06年) |
|---|---|---|---|
| 政党間競争の高まり | 低―中 | 中 | 高 |
| 市民社会の活発化 | 低―中 | 中 | 高 |
| 制度改革 | 低<br>(独立性「低」，<br>拘束力「低」) | 低―中<br>(独立性「中」，<br>拘束力「低」) | 中―高<br>(独立性「高」，<br>拘束力「中」) |
| 改革への動機 | (R+F+S)<L | (R+F+S)≧L | (R+F+S)>L |

［出所］　筆者作成。

計検査制度，ひいては水平的アカウンタビリティ制度改革が高レベルに達することになると考えられる。

# 6　今後の課題

　本章は，メキシコにおいて1988年から2006年までの間に，水平的アカウンタビリティを高めるための会計検査制度改革がどのように進展してきたのか，その過程を分析した。サリーナス政権，セディージョ政権，そしてフォックス政権における改革の様相を比較することによって，会計検査制度改革の帰結は，政党間競争の高まりと市民社会の活発化という2つの要因に規定されることが明らかにされた。理論的な観点からは，政党間競争の高まりと市民社会の活発化という要因が複合的に作用した結果，改革に投票することに付随する便益が恣意的支出機会を放棄する費用を上回り，政治家に改革支持の動機を与える結果，会計検査制度改革が前進する，という説明が可能である。本章で提示した分析結果は，表6-5のようにまとめられる。

　こうした制度改革は，公的財源の適正な使用，すなわち公的支出の政治的動機に基づく恣意的分配を抑止することが期待される。それと同時に，メキシコのように連邦制を採用する国では，アカウンタビリティ制度改革を地方レベルにまで浸透させるためには，下位レベルの政府の合意を取り付けるという政治的難題が存在することを，本章は示唆した。また，本章ではメキシコの事例のみに焦点を合わせたが，ブラジルやチリなどの主要なラテンアメリカ諸国でも，

第Ⅲ部　水平的アカウンタビリティ

水平的アカウンタビリティの向上をめざした会計検査制度改革は進行している。本章で示した知見が，他のラテンアメリカ諸国，ひいては他地域の新興民主主義諸国や先進民主主義諸国にどれほど適用できるかを探ることは，今後，取り組むべき研究課題の一つである。

＊謝辞
　本章は，筆者が研究分担者として参加した科学研究費補助金（基盤研究 A）「国家社会システムの転換と政党の変容・再生——ポスト新自由主義期中南米の比較研究」（課題番号 21252002，研究代表者：村上勇介）の研究成果の一部を含む。記して感謝を申し上げる。

● 注
1) 近年，新興民主主義諸国について，水平的アカウンタビリティ制度に関する研究が増加した。例えば，Baum (2011)，Beer (2003)，Cornelius and Shirk (2007)，Eisenstadt (2004)，Goetz and Jenkins (2005)，Grzymała-Busse (2007)，Mainwaring and Welna (2003)，Peruzzotti and Smulovitz (2006)，Robinson and Vyasulu (2008)，Rose-Ackerman (2005)，Santiso (2009)，Schedler et al. (1999)，などが挙げられる。またメキシコや他のラテンアメリカ諸国においても，2000 年以降，主として社会学・人類学的アプローチを用いて域内各国の事例を詳細に分析した貴重な研究書が出版されている（たとえば，Ackerman 2007 や Isunza Vera and Olvera 2006 など）。しかし，Beer (2003) と Grzymała-Busse (2007) を除いて，ほとんどが現状の記述にとどまっており，厳密な因果関係の分析を提示した研究はきわめて少ない。また最近出版された日本語文献としては，台湾の検察制度について分析した松本（2012），アメリカの行政活動検査院について研究した益田（2010）が挙げられる。
2) 西川（2003）は，国会審議，マスメディアや研究の関心が，予算編成に偏っていることを指摘し，決算の重要性に対して注意喚起を促すとともに，日本の会計検査制度の仕組みを説明した先駆的な業績である。
3) TI は，1995 年以降，毎年，汚職腐敗指数を公表している。その指数は 1 から 100 の値をとり，100 に近づくほど政府の透明性が高い，すなわち汚職度が低いことを意味する。2013 年は，177 カ国について指数を公表した。透明度が高い順（汚職度が低い順）に作成された国別ランキングを見ると，ラテンアメリカ諸国については，チリが 22 位（汚職指数 71）と例外的に透明度が高いことを除いて，ブラジルは 72 位（汚職指数 42），メキシコ 106 位（汚職指数 34），グアテマラ 123 位（汚職指数 29），ホンジュラス 140 位（汚職指数 26），パラグアイ 150 位（汚職指数 24），ベネズエラ 160 位（汚職指数 20）と，多くの国において透明度が低いことが示された。詳しくは，同機関のウェブサイト（http://cpi.transparency.org/cpi2013/results/，2014 年 8 月 15 日最終アクセス）を参照。

4) より具体的には，公的資金の不適切な使用の監視には，第1章で説明した，水平的アカウンタビリティを課する主体である他の国家内機関に分類される，議会による行政府の監視（legislative oversight）や，第5章で扱われる汚職対策機関の役割も重要である。
5) 以下の具体的な3つのモデルの説明は，ラテンアメリカの会計検査制度についての先駆的な研究である Santiso（2009）に依拠する。
6) 政党間競争の高まりと市民社会の活発化が R, F, S, L の値にどのように影響を与えるのかについては，Takahashi（2008）に詳しく説明されている。本章で用いられる理論枠組みは，概して同書に依拠している。
7) ここでの得票率は，小選挙区制での選挙結果に基づく。連邦下院の500議席のうち，300議席が小選挙区制で選ばれ，残りの200議席は比例代表制によって選出される。表6-3に示される各党の得票率がそのまま議席占有率に反映されていないのは，こうした理由による。
8) フンダールは，1999年に，政府予算の配分および執行状況の分析を行う独立した市民社会組織として設立された。
9) 連邦監視省は，現在は行政省（Secretaría de Función Pública）に改編されている。
10) ここで説明される改革の過程の記述は，Ackerman（2007），Figueroa Neri（2008），会計検査院が制度改革にかかわる議事録をまとめた記録（Auditoría Superior de la Federación 2004），および新聞記事から得られた情報に依拠する。
11) メキシコ連邦議会下院議事録（Gaceta Parlamentaria），1999年4月29日。
12) この連邦情報公開法を逐語訳すると，「透明性と公的情報へのアクセスに関する連邦法」となるが，内容は，通常の情報公開法に相当する。したがって，内容を簡潔にわかりやすく反映させるため，「連邦情報公開法」という訳語を当てた。
13) メキシコ連邦議会下院議事録（Gaceta Parlamentaria），2002年4月24日。

● 引用・参考文献

西川伸一 2003『この国の政治を変える会計検査院の潜在力』五月書房。
東信男 2007「INTOSAI における政府会計検査基準の体系化——国際的なコンバージェンスの流れの中で」『会計検査研究』36号，171-191頁。
益田直子 2010『アメリカ行政活動検査院——統治機構における評価機能の誕生』木鐸社。
松本充豊 2012「台湾における政権交代と検察制度の独立性」日本比較政治学会編『現代民主主義の再検討』（日本比較政治学会年報 第14号）ミネルヴァ書房。
Ackerman, John M. 2007, *Organismos autónomos y democracia: el caso de México,* Siglo XXI Editores; UNAM, Instituto de Investigaciones Jurídicas.
Ackerman, John M., and Irma E. Sandoval 2006, "Intra-State Oversight and the Protection of Social Programs in Mexico: Theory, Practice and Proposals." Final Report for the project *Protección de programas sociales federales en el contexto de las elecciones de julio de 2006 en México,* The United Nations Development Program.
Aguayo Quezada, Sergio 1998, "Electoral Observation and Democracy in Mexico," in Kevin J. Middlebrook ed., *Electoral Observation and Democratic Transitions in Latin America,*

University of California, San Diego, Center for U. S.-Mexican Studies.

Auditoría Superior de la Federación 2004, *180 años de rendición de cuentas y fiscalización en México, 1824-2004*, Auditoría Superior de la Federación.

Baum, Jeeyang Rhee 2011, *Responsive Democracy: Increasing State Accountability in East Asia*, University of Michigan Press.

Beer, Caroline C. 2003, *Electoral Competition and Institutional Change in Mexico*, University of Notre Dame Press.

Behn, Robert D. 2001, *Rethinking Democratic Accountability*, Brookings Institution Press.

Bruhn, Kathleen 1996, "Social Spending and Political Support: The 'Lessons' of the National Solidarity Program in Mexico," *Comparative Politics*, 28 (2): 151-177.

Brusco, Valeria, Marcelo Nazareno, and Susan C. Stokes 2004, "Vote Buying in Argentina," *Latin American Research Review*, 39 (2): 66-88.

Carey, John M., and Andrew Reynolds 2007, "Parties and Accountable Government in New Democracies," *Party Politics*, 13 (2): 255-274.

Chand, Vikram K. 2001, *Mexico's Political Awakening*, University of Notre Dame Press.

Chang, Eric C. C., and Miriam A. Golden 2007, "Electoral Systems, District Magnitude and Corruption," *British Journal of Political Science*, 37 (1): 115-137.

Cornelius, Wayne A., and David A. Shirk eds. 2007, *Reforming the Administrative Justice in Mexico*, University of Notre Dame Press.

Doyle, Kate 2002, "Mexico Opens the Files," *The Nation* (August 5).

Eisenstadt, Todd A. 2004, *Courting Democracy in Mexico: Party Strategies and Electoral Institutions*, Cambridge University Press.

Figueroa Neri, Aimée ed. 2008, *Oversight and Accountability: A Study of the Superior Audit Office of Mexico from an International Perspective*, Superior Audit Office of Mexico.

Fox, Jonathan 1994, "The Difficult Transition from Clientelism to Citizenship: Lessons from Mexico," *World Politics*, 46 (2): 151-184.

Geddes, Barbara 1994, *Politician's Dilemma: Building State Capacity in Latin America*, University of California Press.

Goetz, Anne Marie, and Rob Jenkins 2005, *Reinventing Accountability: Making Democracy Work for Human Development*, Palgrave Mcmillan.

Grzymała-Busse, Anna 2006, "The Discreet Charm of Formal Institutions: Postcommunist Party Competition and State Oversight," *Comparative Political Studies*, 39 (3): 271-300.

—— 2007, *Rebuilding Leviathan: Party Competition and State Exploitation in Post-Communist Democracies*, Cambridge University Press.

Isunza Vera, Ernesto, and Alberto J. Olvera eds. 2006, *Democratización, rendición de cuentas y sociedad civil: participación ciudadana y control social*, Miguel Ángel Porrúa.

Kitschelt, Herbert, and Steven I. Wilkinson 2007, "Citizen-Politician Linkages: An Introduction," in Herbert Kitschelt and Steven I. Wilkinson eds., *Patrons, Clients, and Policies: Patterns of Democratic Accountability and Political Competition*, Cambridge University Press.

Laakso, Markku, and Rein Taagepera 1979, "'Effective' Number of Parties: A Measure with

第 6 章　ラテンアメリカにおける会計検査制度改革

Application to West Europe," *Comparative Political Studies*, 12 (1): 3-27.
Magaloni, Beatriz, Alberto Diaz-Cayeros, and Federico Estévez 2007, "Clientelism and Portfolio Diversification: A Model of Electoral Investment with Applications to Mexico," in Herbert Kitschelt and Steven I. Wilkinson eds., *Patrons, Clients, and Policies: Patterns of Democratic Accountability and Political Competition*, Cambridge University Press.
Mainwaring, Scott, and Christopher Welna eds. 2003, *Democratic Accountability in Latin America*, Oxford University Press.
Manjarrez Rivera, Jorge 2008, "The Supreme Audit Office and Accountability in Mexico," in Aimée Figueroa Neri ed., *Oversight and Accountability: A Study of the Superior Audit Office of Mexico from an International Perspective*, Superior Audit Office of Mexico.
Moreno, Erika, Brian F. Crisp, and Matthew Soberg Shugart 2003, "The Accountability Deficit in Latin America," in Scott Mainwaring and Christopher Welna eds., *Democratic Accountability in Latin America*, Oxford University Press.
O'Donnell, Guillermo 1994, "Delegative Democracy," *Journal of Democracy*, 5 (1): 55-69.
—— 1996, "Illusions about Consolidation," *Journal of Democracy*, 7 (2): 34-51.
—— 1998, "Horizontal Accountability in New Democracies," *Journal of Democracy*, 9 (3): 112-126.
Peruzzotti, Enrique, and Catalina Smulovitz eds. 2006, *Enforcing the Rule of Law: Social Accountability in the New Latin American Democracies*, University of Pittsburgh Press.
Roberts, Kenneth M. 1995, "Neoliberalism and the Transformation of Populism in Latin America: The Peruvian Case," *World Politics*, 48 (1): 82-116.
Robinson, Mark, and Vinod Vyasulu 2008, "Democratizing the Budget: Fundar's Budget Analysis and Advocacy Initiatives in Mexico," in Mark Robinson ed., *Budgeting for the Poor*, Palgrave Macmillan.
Rose-Ackerman, Susan 2005, *From Elections to Democracy: Building Accountable Government in Hungary and Poland*, Cambridge University Press.
Salinas de Gortari, Carlos 2002, *Mexico: The Policy and Politics of Modernization*, Plaza & Janes Editores.
Santín del Río, Leticia 2004, "Decentralization and Civil Society in Mexico," in Philip Oxhorn, Joseph S. Tulchin and Andrew D. Selee eds., *Decentralization, Democratic Governance, and Civil Society in Comparative Perspective: Africa, Asia, and Latin America*, Woodrow Wilson International Center for Scholars.
Santiso, Carlos 2009, *The Political Economy of Government Auditing: Financial Governance and the Rule of Law in Latin America and Beyond*, Routledge.
Schady, Norbert R. 2000, "The Political Economy of Expenditures by the Peruvian Social Fund (FONCODES), 1991-95," *American Political Science Review*, 94 (2): 289-304.
Schedler, Andreas, Larry Diamond, and Marc F. Plattner eds. 1999, *The Self-Restraining State: Power and Accountability in New Democracies*, Lynne Rienner Publishers.
Smulovitz, Catalina, and Enrique Peruzzotti 2000, "Societal Accountability in Latin America," *Journal of Democracy*, 11 (4): 147-158.
Stokes, Susan C. 2005, "Perverse Accountability: A Formal Model of Machine Politics with

Evidence from Argentina," *American Political Science Review*, 99 (3): 315-325.

Takahashi, Yuriko 2008, *The Political Economy of Poverty Alleviation: Democracy, Accountability, and Depoliticization of Targeted Spending in Mexico*. Ph. D. Dissertation, Department of Government, Cornell University.

Tulchin, Joseph S., and Ralph H. Espach 2000, "Introduction," in Joseph S. Tulchin and Ralph H. Espach eds., *Combating Corruption in Latin America*, Woodrow Wilson Center Press.

## 第Ⅳ部
## 社会アカウンタビリティ

第7章　インドネシアにおける社会的権力とアカウンタビリティ

第8章　日本における裁判員制度の創設

第9章　アメリカの政府監視団体の政治過程

# 第7章

## インドネシアにおける社会的権力と
## アカウンタビリティ
### 継続と変化

クリスチャン・フォン・リュプケ
[伊賀　司訳]

## 1　問題の所在

　ピープル・パワー運動（しばしば反体制勢力となりうる民衆蜂起のことで，市民社会集団，宗教集団，政権支持者，野党，非政府組織〈NGO〉，少数派集団，共同体組織などを含む）は，世界各地で民主主義への体制転換とグッド・ガバナンス（良い統治）に向けての原動力となり続けている。2013年のトルコのタクスィム広場での抗議，（ロウハニ師の当選を含む，13年の改革者による変革に道を開いた）09年のイランの緑の革命，08年と09年のタイの赤シャツ隊のデモ，（政治的な包括と開放に向けての慎重な一歩の基礎を築くことになった）07年のビルマのサフラン革命，1998年のインドネシアの「レフォルマシ」運動，86年のフィリピンの黄色革命などが示すように，社会アクターは政府に対して圧力を行使しうる存在である。これらの社会運動は，必ずしも即時的に変化を引き起こすとは限らないが，政治的自由，大衆参加，汚職のコントロール，政府改革の欠如を声高に訴えることによって，公的議論の活発化や変革の引き金となる。市民社会アクターは，しばしば変革のダイナミクスを加速するにあたり，触媒的役割を果たしてきた。
　アラブの春のシンボルかつ触媒的存在である，ブアジジ（チュニジアの露店商人で，市役所の不当な営業妨害に抗議して焼身自殺を図った。この事件がソーシャル・メディアを通じて広まり，公的権力に対する全国規模の抗議行動，ひいては反体制運動

へとつながった。)の自己犠牲がまさにその適例である。彼の犠牲的行為によって,「ピープル・パワー」「市民的抵抗」「社会アカウンタビリティ」といった概念は,現代民主主義とガバナンスの議論において,盛んに取り上げられるようになった。国家の抑圧と経済的不平等に対抗する抗議運動の勃発は,タハリール広場から天安門広場に至るまで,世界各地の権威主義体制へ衝撃波となって伝わった。中国では抗議運動への抑圧が強化された一方で,チュニジアやエジプトの大衆抗議はベン・アリとムバラクの追放へと至った。

しかし,こうした一連の政治変動の観察から,「抵抗に駆り立てる現状に対して動員すること」(Hirshman 1970: 30) と,ガバナンスの枠組みとなる制度のあり方について議論し,交渉し,構築することとは,別々の事象であることがわかる。前者は,視覚的にも人々の関心を引きやすいため,マスメディアによる報道やブログでの発信を通じて容易かつ広範囲に伝播される。他方,後者については,概して,公の議論における人々の関心度は低くなる(近年の軍部によるムルシ大統領の追放によって明らかになった)。エジプトにおける軍最高評議会による支配を弱めるための苦痛に満ちた闘いや,インドネシアやフィリピンの恩顧政治への回帰に見られるように,旧体制エリートは,体制移行の初期に自身の権力基盤を固め,徐々に特権や権限を取り戻すことが,頻繁に起こる。

しばしば社会アクターは,体制移行という目的を果たした後,その存在感を弱め,政策形成や実施の段階で影響力を維持することができない。しかし,現代の市民社会をめぐる議論において,その理由が問われることは稀であった。このギャップを説明するためには,権力の概念と,エリートと社会アクターの相対的なパワー・バランスを,精査する必要がある。本章は,世界最大,かつ最も分権化された民主主義国の一つであるインドネシアに焦点を合わせることによって,この課題に取り組むことをめざす。アジア経済危機とスハルトの30年に及ぶ権威主義的統治を終焉に追い込んだ大衆暴動の後,インドネシアは,市民社会が中央政府と地方政府に説明責任を課す手段を強化するように(少なくとも形式上は)規定した民主化と分権化を進めた。

特に多数の地方政府への税や公共サービスの権限移譲を伴った分権改革は,インドネシア群島全土に,公的実践と成果をもたらした[1]。ある地方政府では公共財の提供における質と透明性の両面において改善が見られた一方で,別の地

方政府では，新たに獲得された権限によって，通常業務の負担が増したり，不正なレントが追求されたり，また地域間の流通が阻害されたりし，負の効果が見受けられる。こうして地方レベルのガバナンスに見られる著しい多様性は，政策上のダイナミクス，特に社会アクターが地方政府の政策の結果にどの程度影響を与えるのかを考察するために，好材料を提供してくれる。

　インドネシアの市民社会が公共政策の政策決定過程に与える影響力を見定めるために，本章では，異なる概念と方法論の利点を生かし，説明を試みる。具体的には，制度的権力（institutional power），行為者的権力（agential power），分配的権力（distributional power），観念的権力（ideational power）と，政策権力（policy power）を4つの異なる次元に区別する。権力を多元的にとらえることによって，政治学の複数の理論のみならず，経済学や社会学といった隣接する学問分野にまたがる議論を提示する。各次元における政策権力を考察するために，比較事例研究と相関分析を含む，定性的・定量的分析を注意深く行う。

　本章では，第2節において，公共政策における社会的影響力を分析するために用いられる，概念枠組みを提示する。特に，なぜ権力の概念がガバナンスに関する議論の中で十分に概念化されてこなかったのかについての理由を探った後，インドネシアにおける社会アカウンタビリティを分析するための，4つの権力類型を示す。第3節では，民主化を通じて，4つの権力にどのような変化がもたらされたのかを考察する。そこから，国家エリートに対する社会アクターの相対的位置に関して新たな知見を引き出す。第4節では，本章での議論をまとめて，政策と研究への含意を導く。

## 2　社会アカウンタビリティと権力に関する概念再考

　なぜ，民主化において重要な原動力となった社会アクターは，体制移行後の時代には政策に対して大きな影響力を行使することができないのだろうか。大規模な大衆動員戦略に頼ることが難しくなったとき，市民社会アクターは，何を代替的な権力資源として用いることができるのだろうか。本章の中心課題であるこれらの問いは，いまだ解明されていない。民主主義およびガバナンスに関する先行研究は，詳細な政策権力の分析に関心を払ってこなかった。この関

## 第IV部 社会アカウンタビリティ

心の欠如は，社会アカウンタビリティ研究が規範的側面に重きを置いていることに，部分的に由来する。すなわち，ガバナンス論者は，民主的学習（Almond and Verba 1963; Dahl 1971），市民的結社（Tocqueville 1946; Coleman 1988; Putnam 1993），市民の流動性（Paul 1992; Tiebout 1956）に関する理論に依拠しつつ，市民社会が実際に何をするのかよりも，市民社会が何を「すべき」かを重視する傾向が見受けられる。

現代のガバナンスと市民社会に関する議論は，実際の権力関係を批判的に検討していないと言える。政策的影響力とそれを支える権力資源についての実証的な分析を怠ってきた理由として，次の2点が考えられる。第1に，主要な開発機関の仕事の指針となる，社会アカウンタビリティという概念が，政治的文脈から切り離されて理解されてきたことが考えられる。国際組織や2国間援助に関与する援助国（ドナー）側が留意すべきこととして，長期にわたる協力関係と納税者からの支持を確保するために，被援助国側への内政干渉を行わない形で，技術的協力に専念することが求められる。この背景の下で，「社会アカウンタビリティ[2]」は民主化と分権化が進む過程で，自然発生的に生成されるものであり，それはまるで「デウス・エクス・マキナ〔古代ギリシャ・ローマ劇で解決困難な局面に陥ったときに登場し，すべての問題を解決する神——訳注〕」のようにみなされている。しかし，社会アクターが，国家による権力濫用や既得権益に抵抗する能力を規定する，経済的，政治的，社会的な資源の実際の分布に関しては，探究されてこなかった。

第2に，政策に関連する権力の概念が，数多くのグローバル・ガバナンスや民主主義の議論では，いくぶん曖昧に，あるいは狭く定義されたままであることが指摘できる。たとえば，国際政治学の分野では，「現実主義」理論やパワー・ポリティクスの諸理論から距離をとる注目すべき傾向が出てきている。バーネットとドュバルは次のように指摘している（Barnett and Duvall 2005: 40）。「ネオリベラル制度主義者，リベラル，そしてコンストラクティビストらが，実証的に結果を説明するときには，権力という変数がどれほど因果関係の説明にとって重要でないかを明示することによって，自分たちの理論のほうが優れていることを示そうとしてきたことからわかるように，こうした傾向はますます顕著になってきた」。同様の傾向は，ほぼ間違いなく，民主的，社会経済的

## 第7章 インドネシアにおける社会的権力とアカウンタビリティ

### 表7-1 政策権力の類型

| (権力の) 範囲 | (権力の) 源泉 構造的 (堆積した法的/経済的構造) | 関係的 (流動的な社会的相互作用) |
|---|---|---|
| 包括的 (普遍的アクセス, 分散した財) | 制度的権力 (セクション①) | 観念的権力 (セクション④) |
| 排他的 (制限されたアクセス, 排除可能な財) | 分配的権力 (セクション③) | 行為者的権力 (セクション②) |

［出所］ 筆者作成。

変化に関する研究へと広がっている。多くの研究が制度（Greif 2006; MacIntyre 2003; North 1990），あるいは行為者に焦点を合わせて変化を説明しようとする。(Burton et al. 1992; O'Donnell and Schmitter 1986)。さらに，アイデンティティ（Acharya 2009; Barnett 1998）や階級（Lukes 1974; Wallerstein 1979）を分析の主軸に据える研究も再興している。しかし，社会とエリート層における政策アクター（政策に影響を及ぼすアクター）間の権力バランスを正確に記述するために，制度，行為者，物質的分配，観念という4つの視点をすべて組み合わせようとする試みはこれまでほとんどなかった[3]。

本章は，政策権力のより詳細な類型を提示することで，既存の議論を拡張することを試みる。表7-1のように，以下の議論では，政策関連権力（policy-relavant powers）を異なるタイプに区別して扱う。第1の次元は政策関連権力の源泉にかかわるものであり，「構造的」か「関係的」か，影響力が行使される領域を区別する。この次元では，権力が，ゆっくりと漸進的に変化する，堆積した法的あるいは社会経済的構造から生まれてくるのか，それとも，ダイナミックで流動的に移り変わる社会関係から生まれてくるのかを区別している。第2の次元は，実際の権力保持者が分布する範囲にかかわる。包括的か，あるいは排他的かという観点から，影響力の形態を区別する。ここでは，権力が幅広いアクターによって広範にアクセス可能な，分散的な財とかかわっているのか（つまり，包括的か），あるいは，場所，あるいはアクターに限定されたものであり，それゆえ，特定の個人や集団に集中しやすいものなのか（つまり，排他的か）ということが問題になる。

これらの区別に基づいて，本章では政策関連権力を4つのタイプに分類する。

第1のタイプは制度的権力で，これは政治的行為を合理化するのに役立つ，分散的で，構造的な一連の規則に対応する。ウェーバーの「合法的権威」の概念と一致するこの権力は，社会全体に適用され，認識される非個人的な規範や政治的構築物を重視する（Weber 1925）。そして憲法規定，選挙法，民主的規則，分権化条例など，法的に確立された規則や慣習から，この権力は生まれる。第2のタイプは観念的権力で，制度的権力と同様に分散的だが，記号化された構造や規範にあまり制約されない影響力を生み出す。この権力の核心には，いかにして政治体が統治されるか，あるいは統治されうるかに関する公的言説や認知上の期待を形作る観念やアイデンティティの形成がある。これらのタイプの権力は政治に幅広く浸透しており，特定のアクターを排除（あるいは，特定のアクターに固有な権力と）することは容易ではない。しかし，こうした包括的で分散的な性質にもかかわらず，制度的あるいは観念的権力は，より民主的で参加型の政策形成と無批判に同一視されるべきではない。たとえ制度的規則が事後的に（ex post）すべてのアクターに平等に（つまり，市民社会と国家エリートに平等に）適用されるとしても，これらの規則の選択と内容は，一握りの旧体制エリート集団によって決定されるかもしれない。そして，たとえ観念が流動的で競合的であっても，そうした観念の形成は限られた一部の既得権益を享受する人々によって支配されることはありうる。それゆえ，競争の場の公平性や歪みを的確に把握するために，別の，より排他的な資源が主要アクターの間でどのように配分されているかについても考察することが重要である。

　残りの2つのタイプの権力は，これらの排他的な資源にかかわるものである。第3のタイプは行為者的権力で，個別のアクターや集団に帰属する資源に由来する。ここでは，権力の手段は，金融資産（金や資本），情報的資産（教育やテクノロジー），そして強制的資産（追随者のネットワークや暴力手段）を含む，アクター固有の財から成り立っている。第4のタイプの分配的権力も，財の相対的分布に焦点を合わせているが，それは資源蓄積を集合的観点から見ている。そこでは，社会経済的資源（所得，富，知識）が個別のアクターというよりも，むしろ異なる社会階層（たとえば，低・中・高所得層）の間でどのように分配されているのかが，問題となる。特に，長期にわたる権威主義的支配を経た後に誕生した新興民主主義諸国では，諸資源へアクセスできる程度は，多元主義的な

理想には遠く及ばない（Dahl 1971, 1997; Fraenkel 1991）。

　権威主義体制から移行した国の多くは，非競争的市場，国家の支配，そして社会アクターの〔国家への〕従属の様相を呈している。恩顧主義のネットワークが既存エリートの手に財を集中させている限り，さらには，構造的な格差が特定の階級や社会層に有利なように競争の場を歪め続けている限り，累積的に形成された権力バランスは固定化してしまう。[4]

## 3　インドネシアにおける社会的権力と社会アカウンタビリティ

　前節で説明した権力の類型論は，民主化期のインドネシアにおける公共政策形成を政治経済の観点から実証的に分析するのに，有益な分析枠組みを提供してくれる。構造的／関係的，包括的／排他的という2つの次元から，権力形態を4つのタイプに分類することによって，どこで，なぜ，社会的アクターは政府に対する監視機能を果たすのか，あるいは果たすことに失敗するのかという問いに対し，より体系的な説明を与えることが可能になる。社会アカウンタビリティの多次元性を理解するために，以下，制度的権力，行為者的権力，配分的権力，観念的権力の順に，それぞれの権力が行使される領域を分析する。

### ◆ ①　制度的権力

　21世紀直前の1999年，インドネシアは，現代史の中で最も重要な出来事の一つに数えられる制度変化を経験した。新秩序体制の崩壊，その後わずか18カ月という短期間で実施された大衆民主主義の導入と広範な分野に及ぶ分権化は，国家・社会関係を大きく変容させた。憲法改正や真に自由で公平な選挙の実施は，市民社会の側に有利なようにパワー・バランスを変化させたように見えた。1999年から2009年までの間に，インドネシアの市民はおよそ1600人の国家の代表，3万人の地方議会議員，800人の知事，県知事，市長を当選させた。そのうえ，分権化の進展で，実質的な行政権力と行政サービスを提供する権限はおよそ500の地方政府に移譲された。2001年以来，地方レベルでの徴税とサービス提供は地方政府の管理下に置かれた。その結果，インドネシア全土において，行政や政策形成過程が社会アクターにより身近なものとなった。

しかし間もなく，インドネシアの民主化プロジェクトは立ち往生，ひいては権威主義へと逆行する危険が露呈した。スハルト時代後期に拡大していた格差が促進要因となり，繰り返し起こった民族紛争と地方の分離主義は，国家の分裂につながるおそれがあった。当時の政治指導者は，エリート・レベルでの妥協に向けて努力し，行政分権化の野心的プログラムを実行することで，国家分裂のリスクを抑えた。つまり，インドネシアにおける初期の民主化は，エリートの交代ではなく，エリート間の合意によって実現したものであった（Hadiz 2003; Slater 2004）。行政権力の領域に，目立った変化は見られなかった。

インドネシアにおける政治的自由化の推進者たちは，平和裏に民主主義への移行を達成するには，国家エリートの広範な支持が欠かせないことを確信していた。そして，1998年のスハルトの大統領退任後，国内で，次のような政治的合意が形成された。その合意とは，従来の政治的，経済的，社会的秩序をほぼそのまま継承・保存すること，および（地方分離主義と州レベルでの反対勢力を押さえ込むために）州のレベルを飛び越して，より下位にある県・市政府に行政権力の大部分を移譲することを内容としていた。県・市レベルの役人や政治家は，国家エリートにとって大きな脅威ではなかったのである。中央政府のトップ・レベルの役人，陸軍大将，政党指導者，大企業家の多くは，民主主義の衣装をまとって制度変化を生き延びたかのように見えたが，恩顧主義的慣行も同様であった。国家の恩顧主義にまつわる問題は，国家機構のあらゆるところで維持されるだけでなく，分権化の進行によって，インドネシア全土に，腐敗し，非効率なガバナンスの形態を，もはや制御不能なまでに拡散させることになった。これらの問題の当然の帰結として，政府の効率性，法の支配，規制の質，汚職のコントロールなど，さまざまな側面から見たガバナンスの指標が，民主化の初期段階で明らかに低下したことが示されている（図7-1参照）。

確かに，民主的分権化の導入は，社会的参加と社会アカウンタビリティが活性化する可能性を広げたと言える。新しい「ゲームのルール」は，インドネシアの市民社会が国政／地方政治に関与するために必要となる，手続き上の手段を強化した。すなわち，市民は，真に民主的な選挙で立法府や行政府の代表を選び，共同体の意思決定の機会にかかわり，自らの選択によって職能団体や社会団体に加入することが可能になった。しかし，これらの制度的権利や規則が

## 図7-1 インドネシアのガバナンス指標

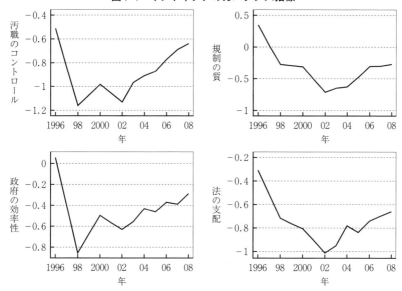

[注] データは，http://info.worldbank.org/governance/wgi/index.aspx#doc で利用可能。
[出所] Kaufman et al. (2008) を基に筆者作成。

効果を発揮するためには，まずは政治の場で承認され，執行される必要がある。もしこれらの権利や規則が，社会の中の「決定的に重要な集団」や独立の法執行機関によって支持されないなら，それらは強力な修正主義者（恩顧主義に基づく旧態依然とした古い政治形態の存続を企てるエリート集団）の企てによって剥奪されるかもしれない。

◆ ②　行為者的権力

近年の政治発展に目を向けると，汚職対策法の制定や公共部門改革などの公的に定められた権力が，実際の権力者たちが行使する行為者的権力に屈している状態が見受けられる。センチュリー銀行の救済措置をめぐる政治的スキャンダルや，汚職対策機関の2人の上級職監査官の収監事件は適例である。こうした事例は，スハルト政権期に，旧与党（ゴルカル），国家警察，検事総長，会計検査院の主要ポストを占めたエリート層による，継続的な抵抗を示唆する。こ

れらの事例は,国家エリートが強制的手法を動員して,反汚職に向けた取り組みを頓挫させる力があることを示している。実際,そうした抵抗によって,前財務大臣のスリ・ムリヤニや副大統領のブディオノらの主要な改革者が左遷させられたり,社会アクターの利益が無視されたりしてきた。

確かに,行為者的権力を分析すると,なぜインドネシア（そして,他の新興民主主義国）の社会アクターが主要な国家アクターに対して劣った地位に置かれているのかが,即座に理解可能である。審議会,議会のヒアリング,官僚的手続き,共同体の開発プロジェクトなどの,日常的な相互作用が見られる政策領域では,非国家（社会）アクターは,次の2つの理由からしばしば周辺的立場に追いやられる。第1に,社会アクターは物的資源へのアクセスの面で,劣勢にある。インドネシアではエリートの交代が稀なために,国家エリートが脅迫や説得の手段を動員するうえで利用可能な,巨大な金融資産を蓄積することができた。その一方で,非国家あるいは市民社会アクターは,頻繁に国内外の財政支援に依存してきた。この傾向は特に,インドネシアの地方政治で顕著である。インドネシアの州や県・市の多くは,低開発と多様な経済構造に特徴づけられる。こうした背景の下,政府による事業契約と資金の移転は,地方収入の中で最も重要な部分を構成してきた。したがって,市民は財政的に不利な立場に置かれ,恩顧主義のネットワークに組み込まれることになった。

第2に,多くの他の新興民主主義国と同様に,インドネシアの市民社会は集合行為問題に直面している。オルソンが論じているように（Olson 1965），社会集団や結社の規模が大きく,拡散していると,（協力コストと追跡コストが高くなるため）一致団結して抗議活動を組織し,実行するのは難しくなる。その結果,個々の市民は他人の取り組みにただ乗りすることとなり,一致団結して行動することは一層難しくなる。西ヌサ・トゥンガラ〔Nusa Tanggara Barat; NTB〕州のある地方商人は,このことを次のようにまとめている。「元来,私は（よりよい成果を政府から引き出すために）連帯するという考えに大きく賛同してきた。しかし,もはやそうすることに利益を見出すことは難しい。むしろ私は自分の生活のことだけを考えるほうを好む。集団行動にかかわると,しばしば地方政府の役人との間に軋轢が生じ,あちらこちらで紛争が頻発している。そして,最終的には,何の成果も生まない。何も変わらない」。

## 第7章 インドネシアにおける社会的権力とアカウンタビリティ

　社会的動員をめぐる苦悩は，地方の政策領域を詳細に観察すると，即座に理解することができる。インドネシア全土で権限が拡大した地方政府を見渡すと，分権化された政策形成の枠組みの中で，非国家アクターとして重要である社会的結社は，政府による権力濫用や非効率を正す役割を果たしてこなかったことがわかる。この傾向は，筆者が2006年と11年に実施した一連の現地調査によって裏づけられている。詳細は別稿に譲るが（von Lübke 2011），バリ州と西ヌサ・トゥンガラ州のそれぞれにおける，2つの対照的な県に焦点を合わせて比較してみると，社会的結社の程度と公共サービスや公的清廉度の程度との間には，正の相関関係がない。

　より精緻な検証を行うために，対となった県の事例は以下の2つの基準によって選別された。第1に，社会経済発展のさまざまな側面（人口規模，中央政府からの交付金，1人当たり所得，貧困率，民族的／宗教的帰属，政治的状況）は制御されている。第2に，それぞれの対のうちの一つの県は，（市民的組織や民間組織の普及で測られる）結社への加入率，（アリサン〔日本の頼母子講に相当する非公式の民間金融制度――訳注〕型のクレジット契約の普及で測られる）共同体の連帯，および教育の達成度を複合的に見て，より高い値をとる県である。この制御された状況を継続的に観察するために，地方政府の実績に対しての情報源となる，2回のガバナンスに関するアンケート調査（2005年から06年までの期間と，10年から11年までの期間に，それぞれ約400人の無作為に選ばれた中小の企業家を対象とした）を実施した。表7-2に示されているように，調査は，地方徴税の質，ワン・ストップ・ショップ〔OSS，複数の部署・庁舎・機関にまたがっていた行政手続きを，一度にまとめて行えるような環境のこと――訳注〕サービス，行政の効率性，縁故採用の程度，許認可にかかわる汚職の程度といった5つの実績指標に基づいて行われた。

　2回の調査結果は，社会的結社の程度は，公共財の提供の程度と相関関係がないことを示している。2006年に，ギャニャールとビマで行った調査では，社会的結社のレベルの低いカランガスムとロティムと非常に似た結果が出ている。それぞれの比較において，社会的結社の程度に関係なく，5つのガバナンスの指標のうち2つは良い実績を出している。社会的行為者と公的実績との間の弱い相関関係は，2011年の調査でも確認され，この調査では，社会的結社

第Ⅳ部　社会アカウンタビリティ

**表 7-2　社会的結社と政府の実績**（2006 年と 11 年調査）

| 県名 | | 2006 年バリ | | 2006 年 NTB | | 2011 年バリ | | 2011 年 NTB | |
|---|---|---|---|---|---|---|---|---|---|
| | | ギャニャール | カランガスム | ビマ | ロティム | ギャニャール | カランガスム | ビマ | ロティム |
| 社会的結社のレベル | | 高 | 低 | 高 | 低 | 高 | 低 | 高 | 低 |
| 実績指標 | 公共サービスⅠ（税法案） | 適切 | 適切 | 非常に不適切 | **不適切** | 適切 | 適切 | 非常に不適切 | 不適切 |
| | 公共サービスⅡ（OSS 施設） | 3.7 | 1.8 | なし | 2.8 | 2.6 | **3.1** | なし | 2.4 |
| | 公共サービスⅢ（行政効率性） | 27 | **14** | 8 | 9 | 42 | **13** | 11 | 18 |
| | 公的汚職Ⅰ（採用） | 18 | 20 | 36 | 36 | **96.5** | 109.5 | 74.3 | **50.9** |
| | 公的汚職Ⅱ（許認可申請での賄賂） | 12.3 | **2.8** | 2.6 | 4.1 | 19.2 | **13.2** | 11.1 | **6.1** |
| 実績に関する一対比較 | | 2 | 2 | 2 | 2 | 1 | 3 | 1 | 4 |
| 社会的圧力とグッド・ガバナンスの関係 | | 無 | | 無 | | 無 | | 無 | |

　［訳注］　表中の5つの実績指標の読み方は以下の通りである。公共サービスⅠ（税法案）は，地方税の税法案に歪みがないかが判断される。つまり，税法案に国税との重複があったり，地域間の交易を阻害する内容の場合には不適切と判断される。公共サービスⅡ（OSS 施設）は，OSS の充実度が判断され，数値は最小1から最大5で，数値が高いほど OSS が充実している。公共サービスⅢ（行政効率性）は，許認可申請にかかる日数を調べており，日数が少ないほど効率性が高い。公的汚職Ⅰ（採用）は，筆者が行った複数のインタビューの中で報告された平均の汚職金額を示しており，金額が少ないほど良い値となる。単位は百万ルピアである。公的汚職Ⅱ（許認可申請での賄賂）は，許認可申請の手続きで公的手数料の何割にあたる額が賄賂として提供されているのかを示している。単位はパーセントで，数値が低いほど良い値となる。詳細は，von Lübke（2009）を参照。

　［出所］　4つの県で 800 の無作為に選出された中小企業に関する 2006 年と 2011 年の筆者の企業調査。全国と県・市のレベルでの専門家や関係者への 80 回のインタビュー。詳細については，von Lübke（2011）を参照。

の程度が高いギャニャールとビマは，3つあるいは4つのガバナンスの指標でさらに低いレベルの実績を記録している。

　これらの4つの県に見られる傾向は，全国規模でのそれと一致している。スハルトの取り巻き集団，主要な官僚，そして政党員が豊富な物的資源を独占し，

## 第7章 インドネシアにおける社会的権力とアカウンタビリティ

### 図7-2 社会的結社と良い政府

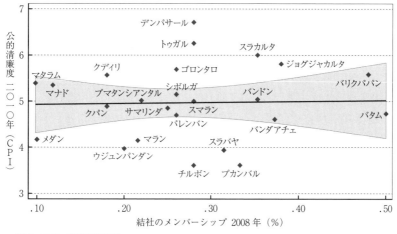

[注] CPI：汚職認識指数
　　　TIのCPIは，1（非常に高い汚職度）から10（非常に高い清廉度）に及ぶ。
[出所] KPPOD (2008), TI (2010) を基に筆者作成。

　組織の規範や規則を一方的に形成してきた，インドネシアにおける権威主義支配の近年の歴史を考えると，ポスト・スハルト期のインドネシアにおける社会的集合行為が多大な挑戦に直面し続けていることは驚くに値しない。社会的結社や民間部門の結社は，地方や中央の官僚の厚意（goodwill）に依存している限り（とりわけ，産業構造と市場の発展の程度が低いことが政府資金への依存を強めているために），そうした結社が，グッド・ガバナンスを促進するために，行為者的，あるいは制度的な手段を利用する能力は，大きく制限されている。

　民主的分権化の制度的枠組みの中では，集合行為のメカニズムが地方の政策の多様性を説明するうえで重要ではないという発見は，インドネシアの30都市を対象にした分析においても，2変数を回帰させることによって，確認される。図7-2は，（職能団体における中小企業家の加盟者数によって見積もられる）各都市の社会的結社の程度を，（トランスペアレンシー・インターナショナル〈Transparency International; TI〉の「汚職認識指数」によって計測される）政府の清廉度に対する認識の程度に回帰させた結果を示している。先に述べた事例比較の結果と一致して，2変数の回帰推定値からは，社会的結社の程度は公的汚職の度合

いを説明する要因ではないことが示唆される。回帰直線の平坦な勾配と，データが線上に適合しないことは，両変数の間に有意な関係が存在しないことを示している。

これらの定性的・定量的分析から，社会アクターは行為者的権力の伝統的領域では，その影響力は著しく抑制されていることが示唆される。団結して要求を表出しようとする集合的な取り組みは，しばしば達成できずに終わる。それは，社会アクターがただ乗りの問題と報復のリスクに直面するという事情に起因するのみではなく，社会アクターが地方エリート・ネットワークの財政的・組織的な支配に屈服することにもよる。公式の制度的権利は，それ自体，またはそれによって，行為者的権力の不均衡への是正策を提供することはできない。実際に，民主的分権化の導入が，スハルト時代後期の水準と比較して，公的ガバナンスの質の改善を十分にもたらしているわけではない（図7-1参照）。さらに，地方政府に蔓延する汚職は，地方選挙と分権化された意思決定を導入する制度改革が，より高度なガバナンスの水準に向けての収束（TIの清廉度の基準で3.5～6.5の間の値，図7-2を参照）をいまだもたらしていないことを明らかにしている。

◆ ③ **分配的権力**

分配的権力の領域に目を向けると，総体としての構造的不均衡が社会アクターの相対的に不利な地位を助長しうることは明らかである。これらの不均衡はさまざまな点で顕在化しており，それは多様な要因に基づいているが，本項では，主に経済的な所得と生産の構造に焦点を絞る。インドネシアの事例では，経済的構造は次の2つの方法で社会アクターを弱体化させる。第1に，不平等の深刻化に伴い，（インドネシアの国家エリートの多くを構成する）高所得層に対して，ますます周縁化させられつつある低所得層の中に閉じ込められることによって，社会アクターは弱体化させられる。第2に，他の条件が同じならば，経済的・政治的多元主義を抑圧しうる，寡占的・非競争的な市場の土台を築くことを通じて，社会アクターは弱体化させられる。以下，これら両側面について順次論じていく。

**所得分配（経済的不平等）**　　インドネシアは，民主的で分権化された政府

を有し，(年間成長率が6-7%の間を記録しているために)アジアにおける次の奇跡的経済発展を期待される国であるとしばしば喧伝されてきたにもかかわらず，所得格差は大きく，近年ではさらに拡大している。近年の経済的繁栄によって得られた利益の不均等な分配は，スカルノ・ハッタ国際空港から出発してわずか数分で明らかになる。すなわち，空港からジャカルタ中心部に向かう途中，社会階層の最下層と最上層の両方を観察することができる。空港からの高速道路に沿って広がるスラム街は，都市集落へと変わり，そして，高層のショッピング・モールや5つ星のホテルへと光景は移り変わる。社会的格差はジャカルタだけでなく，インドネシアの町や県・市の各地でも拡大しているように見える。インドネシアにおけるストリート・チルドレン人口は多く，おそらく増え続けている。ある報告書によると，2010年には23万人ものストリート・チルドレンが存在した。他方で，豪華な自動車の販売は過去5年間で2倍以上に増えている。インドネシアのトップ40人の企業家は，各年の国内総生産(GDP)の10分の1近くに相当する資産を築き上げてきた。

　事実，完全な所得の平等から実際の所得分配がどの程度離れているかを測ることで，所得の不平等についての標準的な測定値となっているジニ係数は，過去数年間で顕著な増加を示している。民主的分権化の導入以来，ジニ係数は，0.31(1999年)から推定値で0.41(2011年)まで上昇しており，所得の不平等は頂点に達している。

　他の目立った構造的問題は，地域間に見られる経済的不均衡が継続していることである。「多様性の中の統一(unity in diversity)」という国家目標は，統一した政治システムの下で共存している，社会経済的条件の多様性を私たちに思い出させる。歴史を振り返ると，天然資源の埋蔵量や地理的条件の相違は，常に経済発展上の相違を生み出してきた。財政的分権化の導入は，分離主義者の圧力を成功裏に押さえ込んだが，それが主に資源が豊富な州には有利な政治変化であったためである。しかし，エリート間の合意は，経済的に恵まれた地域に有利に働く財政方式を推し進めたが，地域的な不均衡を一層悪化させた。

　表7-3にまとめられている地域間の所得格差を見てみると，主要な諸島間およびその内部における経済格差が明らかになる。カリマンタン，スマトラ，パプアなどの資源に恵まれた州の地域の1人当たり平均所得は，ヌサ・トゥンガ

## 表7-3 地域間所得格差 (2009年)

| 州 | 地域別所得 1人当たり所得（米ドル／年） | 最高所得の県・市 県・市名 | 1人当たり所得（米ドル／年） | 最低所得の県・市 県・市名 | 1人当たり所得（米ドル／年） |
|---|---|---|---|---|---|
| スマトラ | 2,067 | シアク | 17,378 | スブルスサラム | 256 |
| ジャワ | 1,539 | 中央ジャカルタ | 24,933 | グロバン | 478 |
| バリ | 1,802 | バンドン | 3,378 | カランガスム | 1,056 |
| ヌサ・トゥンガラ | 814 | 西スンバワ | 14,256 | 西スンバ | 333 |
| カリマンタン | 2,558 | ボンタン | 40,900 | ムラワイ | 556 |
| スラウェシ | 1,245 | 東ルウ | 3,011 | 北ゴロンタロ | 544 |
| パプア | 2,528 | ミミカ | 32,789 | トゥンブラウ | 100 |
| マルク | 558 | アンボン | 1,222 | 東スラム | 334 |

［出所］ 中央統計庁（BPS）2010。数字は執筆時点での金額と，1米ドルが9000ルピアの交換レートに基づいている。

ラやマルクなどの資源に恵まれない州の3-4倍高い。また，カリマンタン州の住民が1日に平均して7米ドルを稼ぐ一方で，マルク州の住民の稼ぎは2米ドルにも及ばない。経済的不均衡は，県レベルの平均所得を比較するとより顕著になる。パプア州で最も裕福なミミカ県の平均所得は，同州で最も貧しいトゥンブラウ県のそれよりも320倍以上も高い。同様に，カリマンタン，ヌサ・トゥンガラ，スマトラ，ジャワの各州内でも，所得格差が著しい。

所得層と地域の間に見られるこれらの顕著な格差は，村落地域の大部分が社会経済的な脆弱性の下に置かれていることを示唆している。あまり裕福ではない共同体は，しばしば基本的な生活維持に忙殺され，集合的なアドボカシーや圧力集団にはあまり積極的に参加しないか，不可能である。実際，持続的な経済的不平等と強い不満のゆえに，あまり裕福でない層は，社会的意見を表明したり，自発的行動を起こしたりする余地のない，恩顧主義的な関係の罠に陥りがちである。要するに，低所得層や資源の貧しい州や県・市に不利に働く所得格差が顕著なため，大部分のインドネシア人が経済的に不安定な状況に置かれ，結果として，先に述べた行為者間の不均衡をさらに悪化させているのである。

**経済的な資産と利益の分配** 分配的権力の第1の側面は，経済の生産部門

第7章 インドネシアにおける社会的権力とアカウンタビリティ

と地域的市場の間に見られる資源の集中に関するものである。政治経済学者の間では，市場での極端な権力集中が，公共財の提供を危うくするだけでなく，政治的領域へと入り込み，過度に政策領域を歪めるかもしれないという懸念が広がっている。実際，強力な特殊利益集団の台頭に反映されているように，部門間の不均衡は優遇政策を生み出したり，厚生を損なうことにつながったりする（Eucken 1950）。「しばしば相対的に小規模の産業グループが，多数決ルールの存在にもかかわらず，多数の消費者や納税者を犠牲にして，関税や税の抜け穴を勝ち取る」とオルソンは言及している（Olson 1965: 144）。

極端な市場の集中が，他の条件が一定ならば，政治的競争や参加にとっては悪い前兆となるという考えは，公共選択（Bardhan and Mookherjee 2000; Grossman and Helpman 1994），レントシーキング（Krueger 1974, 1990; Srinivasan 1985），鉄の三角形（Huntington 1952; Lowi 1979; McConnell 1966）の文献の中で広く共有されている。

これらの懸念は，クロス・セクション推計によって部分的に実証されている。インドネシアの社会は，公的汚職を社会的厚生の主要な阻害要因とみなしてきた（そして，社会的監視機関や NGO が政府による権力濫用や不正行為に対する戦いを，優先順位の高い政治的課題として扱ってきた）ことを考えると，公的清廉度の改善は，政府の行動が重要な社会的利益と同調している程度を示している。このような議論をふまえて，統計的に見ると，汚職を抑制する社会的利益は，経済的集中度がより低い県・市の中で最も実現される。（TI の地方の汚職評価によって与えられる）公的清廉度と，（ハーフィンダール・ハーシュマン指数で概算される）[6]部門ごとの所得の集中度といった，2つの変数の相関関係をプロットしてみると，より多様でない市場を持つ地方自治体ほど，（図7-3の回帰推計の負の勾配に示されているように）高いレベルの公的汚職が見られることがわかる。

公的資金を国家エリートの懐に割り振ることによって，より高いレベルの公的汚職は社会的厚生水準の低下を意味する。このように，観察された市場の集中と汚職とは関連している。すなわち，構造的な市場権力は，過度に集中した場合には社会アクターにとって不利に働く一方で，それが経済部門間で多様化すると，有利に働くことを示している。均衡のとれた市場権力と経済活動の多様化が政治的多元主義の前提であること（Lipset 1994），そして政治的多元主

第Ⅳ部　社会アカウンタビリティ

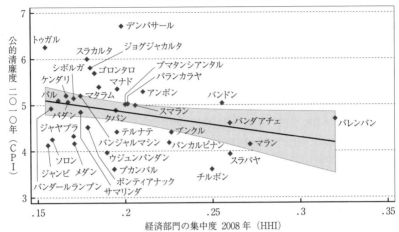

図7-3　部門別の集中と良い政府

［注］　CPI：汚職認識指数
　　　TIのCPIは，1（非常に高い汚職度）から10（非常に高い清廉度）に及ぶ。
［出所］　BPS (2008), TI (2010) を基に筆者作成。

義は，社会アクターによる異議申し立てとアカウンタビリティ要求の基礎であると広くみなされていること（Dahl 1989）を考慮すると，この観察結果は妥当に思われる。要するに，持続する所得格差や多様性を欠く市場構造のように，あらゆる分配上の特徴が，政治的な競争の場を既存のエリートにとって有利となるように歪める傾向がある。その一方で，より多様な経済市場を持つ政体には希望の兆しがある。すなわち，より均衡のとれた，多極的な所得や資源の分配が，多元的な（エリートと社会の）利益の形成を促す土台を提供する。そして，他のすべての条件が同じならば，社会アカウンタビリティのメカニズムが効果を発揮する基盤となるのである。

◆ ④　観念的権力

　社会アクターは，観念的領域においても，意味ある形で公共政策に影響を与えることができる。行為者的権力と分配的権力において，社会集団が相対的に劣った地位にあることは，全体として見た権力バランスのごく一部を描写するに過ぎない。図7-1で見たように，インドネシアのガバナンスの変遷をたどる

と，いったんその程度は下がったものの，2004年以降，政府実績は徐々に改善している。この改善は，21世紀になって（2000年代半ば以降，急速に），観念的権力の領域での変化が市民社会側に有利に働いたことから説明される。以下の議論では，これらの変化がどのようにもたらされたのかを検証する。

スカルノ大統領やスハルト大統領による長期支配の間，観念的権力の領域は国家エリートによって支配されていた。権威主義支配の時代は，安定的な体制のイメージとアイデンティティが国家・社会関係を支えていた。ジャワ特有の象徴主義に依拠しつつ，インドネシアの政府指導者は，国家の指導者を中心とした階層秩序（マンダラ）に対する認識を作り上げたのであった。その象徴主義に基づく階層秩序とは，全能かつ慈愛に満ちた支配者（開発の父）を中心にして，非常に多様で潜在的には不安定な社会（多様性の中の統一）の中に埋め込まれ，内部の安定性は合意に基づく意思決定（話し合いによる全員一致の原則），相互連帯（ゴトン・ロヨン），国家指導者への尊敬（指導された民主主義）から生み出される，というものである。現代の観念的権力の発展に対して「認識上の先行」（Acharya 2009）を構成する，この非政治的でエリート中心的な公的ガバナンス像は，冷戦の終わりまでほとんど不変であった。その後，民主化の第三の波の到来に伴い，ガバナンスについての，より参加型で社会中心的な見方が大衆の間に広がった。

1980年代から90年代の初期にかけて，インドネシアの学生や活動家の集団は，すでに政治的自由，人権，社会的平等，政府のアカウンタビリティを求めていた。しかし，これらの観念が急速に伝播したのは，1998年のレフォルマシ運動と，それに続くスハルトの退陣後であった。携帯電話やインターネットへのアクセスの増加によって，社会中心的な観念が創造，伝達，適合，そして拡散される勢いは，未曾有のレベルに達した。すなわち，「認識上の先行」は時間をかけて徐々に，拡大，修正，改定された。特に若年の都市中間層の中で，政府の年功序列の原則，行政指導，エリートの特権に対して批判的となり，堂々と「清廉な政府」や「反汚職」といった概念を日常的に口にする者が増えてきたのであった。

21世紀に起こった観念的権力のバランスの変化は，間違いなく，商業貿易と観光の増大と，現代のコミュニケーション技術の普及とソーシャル・メディ

アによる交流機会の増大,という2つの現象によって加速してきた。近代的な技術と交通手段を利用するインドネシア人の数は急速に拡大している。また,2005年から10年の間に,インドネシアにおけるインターネットと携帯電話の利用者数は4倍以上に増加した。これらの変化は,関連し合いながら,近代的なコミュニケーション手段の急速な普及を物語っている。1990年代後半には,多くの市民が情報通信革命から「切り離された」ままであった。しかし,2000年代半ば以降,モバイル機器やインターネット・カフェの普及が進み,手ごろな価格でアクセスが可能となったことによって,多数のインドネシア人がテキスト・メッセージ,電子メール,インターネットを利用できるようになった。著しい変化は,外国人観光客の増加からも観察することができる。外国人観光客の数が過去15年の間におよそ60％増え,またインドネシア人の海外旅行者数も,2000年以降,3倍に増加した。

　技術と観光における境界線が広がったことによって,国内および国際的なネットワークにつながる人が増加した。グローバルな貿易とコミュニケーションのネットワークは,より包括的となり,多くの小規模なアクターを外の世界とつなげる役目を果たしている。観光客の増加とインターネット利用の拡大によって,地方商人,職人,観光業者やホテル経営者といったホスピタリティ関連の企業経営者の活動範囲が拡大していった。他方で,そうした人々は,国外のアクターと,情報,意見,経験を交換する媒体となる。そうすることによって,彼らは,国内の現状を評価するために用いられる,新たな認識上の基準を形成するのである。貿易と情報を通じたつながりの強化が,権威主義的で恩顧主義的なガバナンス形態を徐々に侵食していくという命題(Levitsky and Way 2010)は,近年の比較政治学の議論の中で広く浸透している。インドネシアにおいても,同様の商業的つながりが,政府の活動に影響を与えうる。地方政府レベルのデータを詳細に見てみると,貿易と観光に大きくかかわっている自治体ほど政府の汚職慣行が少ないという特徴が見出される。図7-4が示すように,各自治体における,政府の清廉度と貿易と観光に従事する労働者の割合との間には,正の相関関係が見られる。

　今日,インドネシアは世界で4番目に大きな「フェイスブック国家」である。4200万人以上のインドネシア人がソーシャル・ネットワーキング・サービス

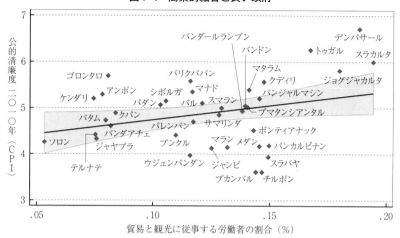

図7-4 商業的結合と良い政府

[注] CPI：汚職認識指数
[出所] BPS (2008) TI (2010) を基に筆者作成。

(SNS) につながり，利用者の90％以上は35歳以下である。ブログへの投稿，ツイート，インターネット上の映像は，情報と観念を共有するための日常的なツールとなった。また，社会アクターが国家の役人による権力濫用に抗議するための手段ともなっている。活動家の中では，「抗議の予定を決めるためにフェイスブックを使い，ツイッターで調整をし，ユーチューブで世界に発信する」戦略が一般的となった (Chebib and Sohail 2011: 139)。一部の学者たちが新造語として作った (Diamond 2010)，これらの「解放の技術」は，即時に，準匿名，相互的なコミュニケーションの土台を提供し，それは，集合行為を動員し，さらには，強力なエリートの汚職行為を暴露するために使用される。観念的権力がソーシャル・メディアという経路を通じて作用し，社会的行動主義を引き起こすことは，最近のインドネシアで起こった2つのフェイスブックによる抗議行動から容易に観察することができる。

最初の事例は，先に述べた，2009年10月に起こった上級の汚職対策監査官の収監である。国家警察と検察庁の高官が関与した盗聴記録を発表した後，インドネシアの独立の汚職撲滅委員会 (Komisi Pemberantasan Korupsi; KPK) の主要な監査官であるチャンドラとビビットが，不明確な容疑で警察に逮捕された。

第Ⅳ部　社会アカウンタビリティ

　多くのインドネシア人にとって，汚職対策を推し進める象徴であった2人のKPKの指導者の逮捕は，インドネシア全土で大規模なデモを誘発した。インドネシアの若者はインターネットを通じて効率的に調整を行って集結し，抗議の呼びかけを発し，ビデオ・クリップを投稿することを通じて，小さなヤモリ（KPKの監査官）が，一見すると無敵の腐敗したワニ（伝統的な法執行機関のエリート）に挑戦している，いわゆる「ダビデとゴリアテ」の対決〔聖書に示されている，見かけは弱そうなダビデが，強者と思われていたゴリアテに勝利した戦い――訳注〕のイメージを流布させた。

　大衆による抗議行動は，インドネシアの都市中心部の街路だけでなく，デジタル空間にも現れた。フェイスブック上では，2人のKPK監査官の釈放のために100万人以上の支持が集まった。このオンライン上での署名活動の広がりに加えて，ワヒド元大統領やアシシディキ前憲法裁判所長官を含む著名な国家の代表が汚職対策委員会の支持者のリストに名前を連ねた。2009年11月に，高まる大衆からの支持に押され，ビビットとチャンドラは警察の留置所から釈放され，その年末には大統領の命令でKPKの副委員長に復職した。

　デジタル空間を利用した行動主義の第2の例は，オムニ・スキャンダルに関連するものである。バンテン州の中間層の主婦であるプリタ・ムルヤサリは，一連の職業倫理に反する医療行為に対する不満をインターネット上で流布させた後，オムニ国際病院グループに名誉棄損で訴えられ，2万米ドルの罰金を科せられた。彼女は判決に抵抗したため，2009年初頭に3週間，刑務所に収監された。KPKの論争と同じように，腐敗した検察官と既得権益層に対するプリタの無力は大衆の激しい憤りを招いた。

　ソーシャル・メディアは，再度，強力かつ不当な処置と腐敗のイメージを伝えた。プリタの事例はさらなる大衆の関心を惹き，2009年の議会選挙への準備期間中に主要な議題となった。メガワティ前大統領を含む政治的指導者たちは，頂点に達した大衆の関心事に便乗し，刑務所にプリタを訪ね，彼女の訴訟への支持を約束した。最終的には，プリタは刑務所から解放されたが，彼女が名誉棄損の罪で負った罰金からは免れることはできなかった。これに対して，SNSでは，国中で彼女への寄付を募る取り組みが広がった。「プリタへのワン・コイン」(Koin peduli Prita) のスローガンの下，フェイスブック利用者は，

## 図7-5 インターネット・アクセスと良い政府

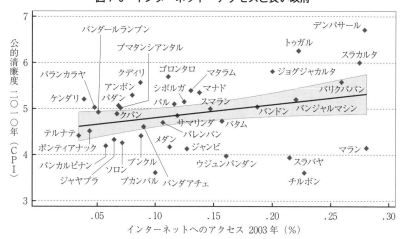

[注] CPI：汚職認識指数
「インターネット・アクセス」はインターネットにアクセスできる地方自治体の市民の割合を参照している。
[出所] BPS (2008), TI (2010) を基に筆者作成。

　大衆の関心を引き付けるとともに連帯感を生み出し，名誉棄損への罰金を充当するのに必要な4倍以上の額（およそ8万米ドル）を集めることに成功した。法廷闘争は激しさを増しているものの，プリタの事例は，間違いなく，デジタル空間へのつながりが，いかに観念的権力の均衡を社会的利益に有利なように変化させるかについての実例となっている。

　ジャカルタだけでなく，インドネシアの他の都市でも，社会的抗議はますますデジタル空間へと活動の場を移している。中古のスマートフォンとソーシャル・メディアのアプリケーションを利用することで，地方の非国家アクターは集合行為を成功させる可能性を高めてきた。コミュニケーション・コストと報復コストは著しく低下しており，怪しげな土地売却に反対する小規模パーム・オイル生産者（McCarthy et al. 2012）から，不当な再定住計画に抗議する露店商人組合（von Lübke et al. 2009）まで，インドネシア全土で起こっている無数の「フラッシュ・デモ」〔インターネットや口コミによる呼びかけで集まった不特定多数の人々が一時的に集まって行う抗議活動——訳注〕を見れば，その効果は明白

である。デジタル空間におけるフォーラムの即時性と透明性は，インターネットを個人的ネットワーク構築の手段として利用するだけではなく，政治的イベントを追跡したり，乏しい成果しかあげていない国家の役人を批判したりするための手段としても利用する，新世代のインドネシア人にとって魅力的である。一部のインドネシアの地方自治体では，デジタル空間における高いレベルの監視が，ガバナンスの改善につながっているように見える。図7-5にある都市レベルのガバナンスに関するデータを見てみると，インターネットへのアクセスの容易さと汚職のコントロールについての認識レベルとの間には，正の相関関係があることがわかる。

## 4 結論と政策的含意

本章は，相互に関連した以下の3点を分析してきた。第1に，構造的／関係的な資源への包摂的／排他的なアクセスの容易さがどの程度，公共政策の形成に影響を与えているのかという点に関して，微妙な差異を含む体系的な洞察を促す，政策関連権力の多次元性を解明する枠組みを提供した。第2に，この類型をインドネシアという新興民主主義国の事例に適用することによって，制度的権力，行為者的権力，分配的権力，観念的権力に関して，社会アクターがどのように影響力を行使するのか，その可能性を検討してきた。第3に，異なるタイプの権力を並置し，それぞれがどのように変化してきたのかを示すことで，インドネシアの市民社会は，なぜ民主化の初期には（国家エリートに対して）相対的に無力であったが，2000年代半ば以降，影響力を増したのかを説明した。

インドネシアは民主化と分権化を進める過程で，制度的権力が再構成されることによって，社会的参加と社会アカウンタビリティを推進する，重要な法の制定や手続き上の規範が定められた。しかし，本章での議論では，これらの制度的規範の普遍的実践を妨害する，より排他的な行為者的権力と分配的権力の存在によって，規則に基づく多くの権利が有効性を失うことがありうることも明らかになった。実際，競争的選挙と分権化の導入にもかかわらず，インドネシアの制度的変化はいまだに良い政府の確立という目標を達成するに至らず，数多くの欠点が見受けられる。政党政治は混沌を極め，明確な政策綱領を持ち

第 7 章　インドネシアにおける社会的権力とアカウンタビリティ

合わせていないままである。選挙は定期的で自由であるにもかかわらず，買票とエリートによる操作で歪められ続けている。結果として，制度的再構成は，社会アクターに政府役人の不正行為と汚職を抑制するための大きな法律上の権力を与えたにもかかわらず，恩顧主義の蔓延によって効力を発揮することができず，既得権益層が優位に立つ行為者的権力構造への対抗勢力を形成することができない。

　行為者的権力の領域を綿密に観察すると，社会や民間部門のアクターは，集合行為問題や個人的復讐のリスクによって，幾度となく，抑圧されてきた。このような事態は，抗議すべき事態に対して立ち上がろうとする動機を弱め，社会アクターから，職能団体や大衆動員といった行為者的影響力を振るうための主要な手段を奪っている。インドネシアの国家コーポラティズムの歴史を考えるならば，地元の商工会議所や職能団体のような伝統的な動員形態は，概して社会的利益を促進するうえでの効率的な媒体として機能してこなかった。事例比較とクロス・セクションのデータ分析によって，社会的結社の度合いと社会的に望ましいガバナンスの実績（たとえば，高度な政府サービスや清廉度）との間には有意な相関関係は見出されなかった。

　分配的権力に関しての見通しもまた同様に暗い。市民社会の大部分を構成する，低・中所得層集団が不利な立場に置かれていることを示す，所得の不平等分配と地域的な経済的格差が拡大していることは，権力のバランスが社会アクター以外に有利に傾いていることを示唆している。行為者的権力と分配的権力の二重の歪みに着目することによって，なぜポスト・スハルト時代のインドネシアの社会アクターが後に続く時代に「ピープル・パワーの麻痺」状態に陥っているのか，そして，なぜ民主的分権化は初期には政府の実績の低下に見舞われたのかを理解することができる（図 7-1 参照）。非常に不均等な行為者的権力と分配的権力の分布は，歴史的産物である。この不均衡を生み出す，排他的な有形の権力手段（金，資本，技術）は，エリート層，もしくは高所得層集団の内部で蓄積されてきたものであり，それらの排他的かつ持続的な性格ゆえに，経路依存的に存在し続けるのである。このことは，排他的な権力手段が，時間が経っても変化しないことを意味するのではなく，これらの領域での変化がしばしば，制度的権力や観念的権力といった包括的領域での変化よりも，より漸進

的であることを強調しているのである。

　こうした背景の下で，社会アカウンタビリティが，公式の制度的権利を再強化しうる程度にまで効果を発揮するためには，現在起こりつつある，観念的権力の変化が引き金となる可能性が最も高い。ソーシャル・メディア，貿易，観光を通じた社会的つながりの劇的な拡大に後押しされる形で，より社会中心的な新たな観念が大衆の言説を形成しつつある。動員のためのコストとリスクが減少したことで，社会アクターを公共政策の領域における一時的な拒否権プレーヤーへと昇進させうる，新たな形態の集合行為が生まれている。デジタル空間における社会アクターの近年の勝利が，観念的権力が，SNS利用者，フェイスブック利用者，ブロガーといった，インドネシアの若い世代に有利な形で変化していることを証明している。こうした勝利はまた，汚職に対する戦い（KPK論争）やあからさまな官僚による権力濫用に対する抵抗（オムニ論争）のような，公正なガバナンスに対する共有された観念が，他の権力領域における不利な立場を一時的に相殺するのに十分な効果があることも示している。社会の大部分の層と共鳴する政策的観念や象徴的人物は，次々と倒れていくドミノに似て，観念的権力の領域から行為者的権力の領域へと伝わる衝撃波を解き放ちうる。インドネシアにおけるエリートの権力濫用に対する大衆の反乱は，インターネットによる抗議がしばしば，街頭行進や大衆デモへの前哨戦であることを示した（エジプトとチュニジアでのアラブの春で鮮明に示された特徴でもある）。

　しかし，ほとんどの場合，観念的権力に基づく運動は，政策形成に関与するのに十分な程，長期的な持続性を保つことは難しい。観念は流動的である。観念的権力の非排他的な（すなわち包括的な）性質を考えると，観念的資産は特定の政策アクターの集団によって容易に獲得されるか，または帰属するようなものではない。このことが，所有と責任の欠如を招き，それゆえに，初期のダイナミクスを保ち続けることができないという問題を内在させる。したがって，観念的権力は，抗議を起動させることはできるが，しばしば，持続的な構造，規則，あるいは枠組みを創出してこなかった。つまり，観念的権力は，社会的な動員と抵抗の基盤を提供してきたが，これまで一過的な発議を社会的所有と社会アカウンタビリティといった，耐久性のあるメカニズムへと転換させることに成功してこなかった。

第 7 章　インドネシアにおける社会的権力とアカウンタビリティ

　それゆえ，インドネシアという新興民主主義の文脈では，主要な挑戦は，より安定的な制度的権力や行為者的権力の形態の中に，観念的権力の勢いの「土台を築く」ことである。この目標を達成するための第一歩として，ソーシャル・メディアをより体系的な形態へと発展させることが求められるだろう。フィシュキンの熟議型世論調査の構想は，有益なガイドラインとして役立つかもしれない（Fishkin 1991）。ソーシャル・メディアのプラットフォームは，「仮想の」政策的熟議を主催するために利用できるのではないだろうか。そこでは，ネットワークのメンバーの中から無作為に選ばれた集団が，主要な政策上の争点を熟考し，制約と解決法を議論し，最後の段階として，政治的な議論に情報を提供する世論調査を実施する。独立系研究機関，大学や NGO などが運営する，代表的な SNS を使った世論調査の導入は，将来的には観念的権力を通常の政治的議論と意思決定過程へとつなげるための有望な手段を提供するだろう。

　最後に，まとめとして，民主化期インドネシアの社会アカウンタビリティについて，画一的な評価を下すことは難しい。一方では注意が必要なものの，他方では楽観的見方を支持する根拠が存在する。技術進歩に伴い勢いを増しつつある，新たな形態の社会的交換と集合行為は，社会的対抗勢力の影響力が徐々に増しつつあることを示唆している。しかし，コミュニケーションをめぐる制約は急速に縮小している一方で，深く根づいた構造的制約が広がっている。スハルト後の時代が，情報へのより容易なアクセスとより高度なデジタル機器へのつながりによって特徴づけられることに疑いはない。しかし同時に，社会アクターは，分断した利益の配置状況，不規則な動員形態，高度の国家への従属などの理由によって，その影響力は弱いままである。結局のところ，インドネシアの社会アカウンタビリティは，厳しい状況にあり続けるだろう。

● 注

1) これらの地方レベルの政策の違いについての議論の詳細は，von Lübke（2009, 2014）を参照。
2) 本章は社会アカウンタビリティをペルゾッティとスムロヴィッツの議論に沿って定義する（Peruzzotti and Smulovitz 2006: 9）。つまり，社会アカウンタビリティとは，複合的な配列をなす市民結社や市民運動の行為とメディアに基礎を置く非国家の対抗勢

力のシステムであると理解される。一般的に，社会アカウンタビリティは，制度的方法（法的申し立て）か非制度的方法（社会的動員かメディアを基にした動員）を利用することで，政府の役人を精査し，公的な不正行為を暴露し，広範な利益を促進することを目的としている。

3) バーネットとドュバルによる政治権力の多次元性についてのレビュー論文は，顕著な例外である（Barnett and Duvall 2005）。（分散か直接かという）社会関係を異なるタイプと特殊性（構成的か相互作用的か）で分類する彼らの類型論は，ここでの議論の価値のある出発地点となっている。
4) ダールは成熟した民主主義国における資源の不平等が過去2世紀の間に次第に累積的なものでなくなりつつあると考えている（Dahl 1997: 904）。
5) ゴルカルや国家警察の強力な利益に対抗していた重要な改革の旗手が罠に落とされたセンチュリー銀行と汚職撲滅委員会のスキャンダルについての詳細な議論は，von Lübke（2010）で提示されている。
6) ハーフィンダール・ハーシュマン指数（HHI）とはある経済における産業部門の集中を計測し，市場占有率の2乗和と定義される。HHIの値が低い場合は，部門間の影響力が公平に均衡して多様性のある市場であることを示し，値が高い場合は，1つか2つの支配的な部門に影響力が集中した経済であることを示す。インドネシアでは，中央統計庁（BPS）が地方自治体の収入（PDRB）を9つの経済部門（農業，鉱業，製造業，電気と天然資源，建設業，通商，観光業，輸送業，金融サービス業，その他のサービス業）で区別している。これらの部門間のデータに基づき，インドネシアの各地方自治体における産業部門間の集中度を計算することができた。

● 引用・参考文献

Acharya, Amitav 2009, *Whose Ideas Matter. Agency and Power in Asian Regionalism,* Cornell University Press.
Almond, Gabriel A. and Sidney Verba 1963, *The Civic Culture: Political Attitudes and Democracy in Five Nations,* Princeton University Press（石川一雄ほか訳 1974『現代市民の政治文化——五カ国における政治的態度と民主主義』勁草書房）.
Bandan Pusat Statistik（BPS）2008, *Susenas Dateset,* BPS.
—— 2010, *Statistical Yearbook of Indonesia 2009,* BPS.
Bardhan, Pranab K. and Dilip Mookherjee 2000, "Capture and Governance at Local and National Levels," *The American Economic Review,* 90（2）: 135-139.
Barnett, Michael N. 1998, *Dialogues in Arab Politics: Negotiations in Regional Order,* Columbia University Press.
Barnett, Michael and Raymond Duvall 2005, "Power in International Politics," *International Organization,* 59（1）: 39-75.
Burton, Michael, Richard Gunther, and John Higley 1992, "Introduction: Elite Transformations and Democratic Regimes," in John Higley and Richard Gunther, *Elites and Democratic Consolidation in Latin America and Southern Europe,* Cambridge University Press.

Chebib, Nadin K. and Rabia M. Sohail 2011, "The Reasons Social Media Contributed To The 2011 Egyptian Revolution," *International Journal of Business Research and Management,* 2（3）: 139-162.
Coleman, William D. 1988, *Business and Politics: A Study of Collective Action,* McGill-Queen's University Press.
Dahl, Robert A. 1971, *Polyarchy: Participation and Opposition,* Yale University Press（高畠通敏・前田脩訳 2014『ポリアーキー』岩波文庫）.
――― 1989, *Democracy and its Critics,* Yale University Press.
――― 1997, *Toward Democracy-A Journey: Reflections, 1940-1997,* Institute for Governmental Studies Press.
Diamond, Larry 2010, "Liberation Technology," *Journal of Democracy,* 21（3）: 69-83.
Eucken, Walter 1950, *The Foundations of Economics,* W. Hodge.
Fishkin, James S. 1991, *Democracy and Deliberation: New Directions for Democratic Reform,* Yale University Press.
Fraenkel, Ernst 1991, *Deutschland und die Westlichen Demokratien,* Suhrkamp.
Greif, Avner 2006, *Institutions and the Path to the Modern Economy: Lessions from Medieval Trade,* Cambridge University Press（岡崎哲二・神取道宏監訳 2009『比較歴史制度分析』NTT 出版）.
Grossman, Gene M. and Elhanan Helpman 1994, "Protection for Sale," *The American Economic Review,* 84（4）: 833-850.
Hadiz, Vedi R. 2003, "Reorganizing Political Power in Indonesia: A Reconsideration of so-called'Democratic Transitions'," *Pacific Review,* 16（4）: 591-611.
Herfindahl, O. C. 1950, *Concentration in the U. S. Steel Industry,* Unpublished doctoral dissertation, Columbia University.
Hirschman, Albert O. 1945, *National Power and the Structure of Foreign Trade,* University of California Press（飯田敬輔監訳 2011『国力と外国貿易の構造』勁草書房）.
――― 1970, *Exit, Voice, and Loyalty: Responses to Decline in Firms, Organizations, and States,* Harvard University Press（矢野修一訳 2005『離脱・発言・忠誠――企業・組織・国家における衰退への反応』ミネルヴァ書房）.
Huntington, Samuel P. 1952, "The Marasmus of the ICC: The Commission, the Railroads, and the Public Interest," *The Yale Law Journal,* 61（4）: 467-509.
Kaufmann, D., A. Kraay and M. Mastruzzi 2008, *Governance Matters VII: Aggregate and Individual Governance Indicators for 1996-2007,* The World Bank.
KPPOD 2008, *Local Economic Governance in Indonesia: A Survey of Businesses in 243 Regencies/Cities in Indonesia, 2007,* Komite Pemantauan Pelaksanaan Otonomi Daerah（Regional Autonomy Watch）.
Krueger, Anne O. 1974, "The Political Economy of the Rent-Seeking Society," *The American Economic Review,* 64（3）: 291-303.
――― 1990, "Government Failures in Development," *Journal of Economic Perspectives,* 4（3）: 9-23.
Levitsky, Steven, and Lucan A. Way 2010, *Competitive Authoritarianism: Hybrid Regimes*

*after the Cold War*, Cambridge University Press.
Lipset, Seymour M. 1994, "The Social Requisites of Democracy Revisited: 1993 Presidential Address," *American Sociological Review*, 59 (1): 1-22.
Lowi, Theodore J. 1979, *The End of Liberalism*, Norton (村松岐夫監訳 1981『自由主義の終焉――現代政府の問題性』木鐸社).
Lukes, Steven 1974, *Power: A Radical View*, MacMillan Education (中島吉弘訳 1995『現代権力論批判』未來社).
MacIntyre, Andrew J. 2003, *The Power of Institutions: Political Architecture and Governance*, Cornell University Press.
McCarthy, John F., Piers Gillespie, and Zahari Zen 2012, "Swimming Upstream: Local Indonesian Production Networks in "Globalized" Palm Oil Production," *World Development*, 40 (3): 555-569.
McConnell, Grant 1966, *Private Power and American Democracy*, Alfred Knopf.
North, Douglass C. 1990, *Institutions, Institutional Change, and Economic Performance*, Cambridge University Press (竹下公視訳 1994『制度・制度変化・経済成果』晃洋書房).
O'Donnell, Guillermo, and Philippe C. Schmitter 1986, *Transitions from Authoritarian Rule: Tentative Conclusions about Uncertain Democracies*, Johns Hopkins University Press.
Olson, Mancur 1965, *The Logic of Collective Action; Public Goods and the Theory of Groups*, Harvard University Press (依田博・森脇俊雅訳 1996『集合行為論――公共財と集団理論』ミネルヴァ書房)。
Paul, Samuel 1992, "Accountability in Public Services: Exit, Voice and Control," *World Development*, 20 (7): 1047-1060.
Peruzzotti, Enrique, and Catalina Smulovitz 2006, "Social Accountability: An Indonesia," in Enrique Peruzzotti and Catalina Smulovitz eds., *Enforcing the Rule of Law: Social Accountability in the New Latin American Democracies*, University of Pittsburgh Press.
Putnam, Robert D. 1993, *Making Democracy Work: Civic Traditions in Modern Italy*, Princeton, Princeton University Press (河田潤一訳 2001『哲学する民主主義――伝統と改革の市民的構造』NTT出版).
Slater, Dan 2004, "Indonesia's Accountability Trap: Party Cartels and Presidential Power after Democratic Transition," *Indonesia*, 78 (1): 61-92.
Srinivasan, Thirukodikaval N. 1985, "Neoclassical Political Economy, The State and Economic Development," *Asian Development Review*, 3: 38-58.
Tiebout, Charles M.1956, "A Pure Theory of Local Expenditures," *The Journal of Political Economy*, 64 (5): 416-424.
Tocqueville, Alexis de, 1946, *Democracy in America*, Oxford University Press (松本礼二訳 2005/2008『アメリカのデモクラシー』岩波書店).
Transparency International (TI) 2010, *Measuring Corruption in Indonesia: Corruption Perception Index 2010 (across 50 Cities)*, Transparency International Indonesia.
von Lübke, Christian 2009, "The Political Economy of Local Governance: Findings from an Indonesian Field Study," *Bulletin of Indonesian Economic Studies*, 45 (2): 201-230.

第 7 章　インドネシアにおける社会的権力とアカウンタビリティ

――　2010, "The Politics of Reform: Political Scandals, Elite Resistance, and Presidential Leadership in Indonesia," *Journal of Current Southeast Asian Affairs*, 29 (1): 79-94.
――　2011, *Democracy in Progress-or Oligarchy in Disguise? The Politics of Decentralized Governance in Post-Suharto Indonesia*, Discussion Paper Series, 15/2011, Department of International Economic Policy, University of Freiburg (http://econpapers.repec.org/paper/frewpaper/15.htm).
――　2014, "Modular Comparisons: Grounding and Gauging Southeast Asian Governance," *Pacific Affairs* 87 (3): 509-538.
von Lübke, Christian, Neil McCulloch, and Arianto A. Patunru 2009, "Heterodox Reform Symbioses: The Political Economy of Investment Climate Reforms in Solo, Indonesia," *Asian Economic Journal*, 23 (3): 269-296.
Wallerstein, Immanuel 1979, *The Capitalist World Economy: Essays*, Cambridge University Press（藤瀬浩司・麻沼賢彦・金井雄一訳 1987『資本主義世界経済 I――中核と周辺の不平等』名古屋大学出版会／日南田靜眞監訳 1987『資本主義世界経済 II――階級・エスニシティの不平等，国際政治』名古屋大学出版会）.
Weber, Max 1925, *Wirtschaft und Gesellschaft*, Paul Siebeck Verlag（濱嶋朗訳 2012『権力と支配』講談社）.

第8章

# 日本における裁判員制度の創設
## 利益としてのアカウンタビリティ

鹿毛利枝子

## 1 裁判員制度の創設

　2000年代は東アジア地域において司法改革が活発化した時期である。日本ではロースクール制度の創設や裁判員制度の導入が見られた。韓国でもロースクール制度が創設され，また刑事裁判における市民参加の制度（「国民参与裁判制度」）が試験的に始まった。台湾でも刑事裁判に対する参加制度の議論が始まっている。

　裁判員制度は職業裁判官と裁判員が合議で事実認定と量刑を決める制度であり，この合議の過程において，職業裁判官の側に，事実認定と量刑の判断基準をめぐり，裁判員に対する説明義務が生じる。裁判員に対して説明義務を負うということは，ひいては社会全般に対して説明義務を負うということでもある。この点で，裁判員制度の導入は司法の「社会アカウンタビリティ」を高めようとする改革として位置づけうる。

　とりわけ日本における裁判員制度の導入は注目すべきである。わが国では，戦前に1923年に成立した陪審法の下，28年から陪審制度が導入されていたものの，戦況の悪化とともに43年に停止された。占領期には陪審制復活の議論も見られたものの結局実現せず，戦後は一貫して職業裁判官による裁判が行われてきた。司法に対する参加制度としては，最高裁判所裁判官の国民審査，簡易裁判所における司法委員・調停委員，家庭裁判所での参与員・調停委員，検

察審査会の審査員などがあるが,刑事裁判における市民の直接参加の機会は導入されてこなかった。

このような中で 2000 年代に入り,刑事裁判への市民参加制度の復活が実現したのはなぜか。この時期の日本では,特に世論における司法への不信感が高まっていたわけではない。JGSS(日本版総合的社会調査,Japanise General Social Surveys)調査によれば,司法制度改革が議論され,実施に移された 2000 年から 2000 年代半ばにかけて,裁判所に対する信頼は 90% 前後の高水準で推移している(e. g. 宍戸・岩井 2010: 17)。

したがって,裁判員制度の導入は世論における司法不信ではなく,もっぱらエリート・レベルのプロセスとして理解することができる。本書の枠組みに沿うならば,裁判員制度をはじめとする,司法に対する市民参加制度の導入をめぐっては,①国際的アカウンタビリティ,②水平的アカウンタビリティ,③社会アカウンタビリティ,の3つの観点からの説明が考えられる。このうち本章では,裁判員制度の実現に際しては,日本弁護士連合会(日弁連)の積極姿勢という,社会アカウンタビリティのメカニズムが重要であるが,加えて,自民党や法務省も積極的な反対姿勢を示さなかったことも重要であり,その意味で水平的アカウンタビリティのメカニズムも欠かせなかったものと主張する。

本章の構成は以下の通りである。次節では,本書の枠組みに沿い,アカウンタビリティ改革としての裁判員制度の特徴を位置づける。第3節では,アカウンタビリティ改革をもたらす諸要因について,理論的検討を行う。第4節では,1990 年代末の司法制度改革論議に至るまでの日弁連の陪審制に対する姿勢を検討する。第5節では司法制度改革論議が始まって以降の主要アクターの姿勢を概観する。第6節ではまとめと今後の展望を述べたい。

なお,本章が考察の対象とするのは,司法制度改革審議会の最終報告書が提出された 2001 年6月までである。むろん,裁判員制度の導入については,最終報告書の提出で決定したわけではなく,細かい制度設計面をめぐり,その後もさまざまな議論が展開された。とはいえ,裁判員制度の導入を含め,最終報告書において提言された改革のほとんどが実現したことを考慮すると,少なくとも何らかの形で裁判員制度が導入されることについては,最終報告書によって既定路線となったと言える。しかも,実際に成立した裁判員法(裁判員の参

加する刑事裁判に関する法律）は，最終報告書において提起されたイメージを大きく変更したわけではない。[1]そこで本章では，最終報告書の提出までを考察対象とする。

## 2 アカウンタビリティ改革としての裁判員制度

　2009年に導入された裁判員制度の下では，裁判員6人が，職業裁判官3人とともに，事実認定を行い，被告人の有罪・無罪および量刑を決めることとされている。対象は刑事裁判のうち，殺人や強盗致死傷など，死刑・無期懲役・禁錮に当たる罪，もしくは裁判官が3人で評議に当たることとされるいわゆる「法廷合議事件」であり，かつ故意の犯罪行為により被害者を死亡させた罪，である。裁判員は衆議院議員選挙の選挙権を持つ者，つまり20歳以上の者の中から，各市区町村の選挙管理委員会が，毎年選挙人名簿を基に，無作為で抽出する。有罪・無罪の判定と，量刑の判断については，裁判官3人・裁判員6人の計9人のうち過半数，かつ裁判官・裁判員がそれぞれ最低1人は賛成しなければならない。[2]

　裁判に対する市民参加は，判決や量刑の判断に市民が直接参加するという点において，裁判官に市民に対する説明責任を課す制度である。このような制度は，歴史的には陪審制という形で，イギリスを手始めに，主として英米法体系の国々において発達した。[3] 18世紀末以降はフランスやドイツなど，大陸法系の国々でも参審制という形で採用され，20世紀末までには，日本を除くほとんどの先進国において導入されてきた。刑事裁判における市民参加が民主化以前のイギリスに発祥し，最近では中国でも「人民陪審制」が導入されるなど，民主主義体制の外でも見られる点は，アカウンタビリティ改革が民主主義と必ずしもセットではないという粕谷・高橋（本書第1章）の指摘の通りである。

　むろん，裁判員制度導入前の日本において，裁判所が市民に対してアカウンタビリティを果たしてこなかったわけではない。日本の刑事事件判決には「判決理由」が付され，その判決に至った理由が詳細に記されてきた。つまり，判決が下された後に事後的に（ex post）市民に対する説明が行われてきたわけである。このような説明に対する不満があれば，究極的には国民の側から裁判官

に対する制裁も可能である。むろん，司法の独立を確保するため，裁判官の身分は手厚く保障されているが，例外的には，裁判官に対する制裁手段として，憲法上，弾劾手続きや最高裁裁判官に対する国民審査制度などが定められており，究極的には裁判官を失職に追い込むことも可能である（もっとも周知のように，実際には戦後国民審査を通して最高裁裁判官が失職に追い込まれた例はない）。

これに対して，裁判員制度の下では，判決について裁判所が事後的に説明を行う責任は変わらないが，その前の段階，つまり実際の刑事裁判において，市民が裁判官とともに事実を認定し，有罪・無罪を決め，参審制の場合には量刑も判断するという作業を行う。したがって職業裁判官は，事実認定の仕方や，量刑の判断基準について，判決を下す前に，いわば事前に (ex ante) 裁判に参加する市民に対して説明を行うことが必要となる。この点で，従来裁判官に課されてきたよりも，一歩踏み込んだ説明責任が課されることになるわけである。

第1章で提示された「応答性」と「制裁」という観点からすると，裁判官と裁判員の関係においては，裁判官は裁判員に対して「応答性」の義務を負い，説明義務を怠った場合，フォーマルな制裁があるわけではないが，裁判官の望まない事実認定や量刑がありうる。すでに述べたように，有罪・無罪の判定と，量刑の判断については，3人の裁判官・6人の裁判員の計9人のうち過半数，かつ裁判官・裁判員がそれぞれ最低1人は賛成しなければならないので，裁判官の判断と裁判員の判断が割れるような場合は，判断がそもそも成立しなくなってしまう。したがって，裁判官は最低限，2人の裁判員が賛成する程度には説明しなければならないことになる。

裁判員と市民との関係では，裁判員は裁判官とともに「応答性」の義務は負うが，裁判官が究極的には制裁の対象となりうる（弾劾制度・最高裁事国民審査）のに対して，裁判員は制裁の対象とはならない。制裁の対象となりうるのはあくまで裁判官である。

ただし「応答性」と言っても，刑事裁判，特に裁判員裁判の対象となるような重大事件の性質上，その応答性には制約が課された。裁判員には裁判の①評議の秘密，②評議以外の裁判員としての職務を行うに際して知った秘密について守秘義務が課せられ，違反した場合には最大6カ月以下の懲役または50万円以下の罰金となる。したがって，実態としては判決要旨に書かれた内

容以外にはほとんど社会には伝わってこないことになり，裁判員の社会に対する「応答性」と言っても限られたものとなった。このような規定に対しては，制裁が過剰であるとメディアから批判の声もあがった（土屋 2005 など）。しかし最近，裁判員経験者が死刑執行の一時停止を求めたり（「MSN 産経ニュース」2014 年 2 月 17 日」），また経験者のネットワーク（Lay Judge Community Club）が形成され，講演活動などを活発に行ったりするなど，裁判員の経験が一定程度，社会に還元され始めているとも言える。

## 3　理論的検討──アカウンタビリティ改革をもたらす要因

　それでは裁判員制度のような，社会アカウンタビリティを拡大する制度改革はどのような要因によって実現するのか。まず，アカウンタビリティ・メカニズムと，それをもたらす要因とは，区別する必要がある。たとえば，社会アカウンタビリティの制度の導入が，社会アクターによってもたらされるとは限らないし，水平的アカウンタビリティの導入が，国家アクターによってもたらされるとは限らない。アカウンタビリティのメカニズムと，その実現の先導役とは，異なる可能性がある。

　つまり，裁判員制度をはじめ，陪審制・参審制など，いわゆる国民の司法参加制度は社会アカウンタビリティ制度として位置づけられるが，その導入がなぜ実現したのか，またその制度がなぜそのような形をとったのかについては，別途，説明が必要である。しかしアカウンタビリティ・メカニズムは，そのまま因果関係をめぐる仮説として理解することもできる。「国際的アカウンタビリティ」「社会アカウンタビリティ」「水平的アカウンタビリティ」に対応して，いわば①国際的圧力仮説，②社会的圧力仮説，③水平的圧力仮説，の 3 つの仮説を考えることができる。このようにとらえたとき，日本における裁判員制度の導入はどのように説明できるだろうか。

### ◆ 国際的圧力仮説

　まず，「国際的圧力仮説」の観点からは，日本における裁判員制度の導入は，1990 年代以降の陪審制・参審制の国際的な伝播（international diffusion）の一環

として理解しうる。たとえばパクは，裁判に対する市民参加制度の導入を，①イギリスが植民地において導入した陪審制という第1の「波」，②フランスがナポレオン戦争時に占領下の地域において導入した裁判参加制度という第2の「波」，③1990年代以降の新興民主主義諸国において導入された裁判参加制度という第3の「波」，という3つの歴史的な「波」ととらえ，新興民主主義国ではないものの，日本における裁判員制度の導入も，この第3の「波」の一環として位置づける（Park 2010）。

　日本における裁判員制度の導入が，裁判に対する市民参加制度の国際的な伝播の一形態であることは間違いない。20世紀末までには，ほとんどの先進諸国が刑事裁判に対する何らかの国民参加制度をもっており，その意味で，先進諸国の間では，刑事裁判に対して何らかの形で国民が直接参加すべきだという国際規範が存在したとも言える。つまり刑事裁判に対する参加制度をもっていないという点では日本は先進国の中でも「逸脱事例」であり，陪審制・参審制的な制度が導入されるのはむしろ時間の問題だったとも言える。

　しかし裁判員制度が欧米社会からの陪審制・参審制の国際的な伝播であると位置づけることは，2000年代の日本というタイミングで裁判員制度が導入された点をめぐる十分な説明にはならない。戦後日本では，占領期に陪審制復活の試みが頓挫した後，1990年代後半になるまで刑事裁判に対する国民参加はアジェンダにも上らなかった。[5]

　また国際規範といっても，伝播するものと，しないものがある。たとえばいわゆる代用監獄問題などについては，国際人権（自由権）規約委員会やアムネスティ・インターナショナルなどの非政府組織（NGO）が日本政府に対して廃止を勧告しているが，コストの問題もあり，廃止は実現していない。他方，刑事裁判に対する参加制度が導入されていないことについては，特に国際社会からの批判の対象となっていたわけではなかったにもかかわらず，2000年代に実現を見た。つまり，国際規範の確立した制度であっても，日本に伝播するものと，伝播しないものがある点については，別途説明が必要である。

◆ 水平的圧力仮説

　「水平的圧力仮説」の観点からは，裁判員制度の導入は，政治家ないし官僚

が，裁判所に対する統制を強めるために導入したという説明が考えられる。このような政治過程は，たとえば司法の独立性が高く，政府と司法の判断にしばしばズレが生じるような場合に生じるかもしれない。しかしよく知られるように，日本の司法は他の先進諸国と比較してもさほど独立性が高いわけではなく（e. g. Helmke and Rosenbluth 2009），また一連の司法制度改革が実現したころ，特に自民党や法務省と裁判所の間の対立が顕在化していたわけではない。実際，当時の自民党も法務省も，裁判員制度にせよ，陪審制・参審制にせよ，市民の裁判に対する参加制度を特に強く推進していたということはない。のちに見るように，1990年代半ばから後半にかけての自民党は裁判所や法務省よりもむしろ日弁連に対する圧力を強めていた。ただ政府・自民党が，刑事裁判への市民参加を推進しないまでも，特に強い反対も打ち出さず，裁判員制度の導入においては，この点は重要であったと思われる。

◆ **社会的圧力仮説**

「社会的圧力仮説」の観点からは，裁判員制度の実現には，社会アクターの圧力が不可欠であったという説明が考えられる。実際，裁判員制度は市民の裁判に対する直接参加を促す制度であるので，その制度の実現に際して，社会的アクターが重要な役割を果たしたと考えるのは自然である。

本章でも，裁判員制度の導入に際して，社会アクターの果たした役割を重視する。とりわけ，刑事裁判に対する市民参加制度を最も積極的に推進したアクターは日弁連である。よく知られるように，日本の刑事裁判においては，有罪率は99%を超える。弁護側としては，連戦連敗ということである。裁判員制度は，このような状況を打破する一つの方法として構想されたものとしてとらえうる。むろん，弁護側が「勝つ」ことはほとんどなくても，執行猶予がつくなど，「有罪」にもかなりの幅がありうるので，「能力の高い」弁護士は無罪判決を勝ち取らなくても他の弁護士との差別化を図ることはできる。しかしとりわけ力のある弁護士にとっては，無罪判決を勝ち取ることができれば，他の弁護士とのさらなる差別化が可能となる。裁判員制度の導入は，とりわけ「力のある」弁護士にとっては，利益に適う制度であったわけである。

もっとも，日弁連は少なくとも1990年代前半から刑事裁判に対する市民参

加制度の導入を主張していたので，2000年代に入ってからの裁判員制度の導入が，日弁連のロビイングだけで実現したと考えることはできない。日弁連のロビイングに加え，政府・自民党が司法制度改革に乗り出し，市民参加制度についても積極的とは言わないまでも，反対しない姿勢を示した点は重要である。本章では，裁判員制度の実現に際しては，日弁連の積極姿勢という，社会アカウンタビリティのメカニズムが重要であるが，加えて，水平的アカウンタビリティのメカニズムも欠かせなかったものと主張する。

以下，本章では，この点を示すために，裁判員制度導入をめぐる経過を概観する。いわゆる「裁判員法」が成立したのは2004年であるが，裁判員制度の骨格が固まったのは司法制度改革審議会においてであるので，本章では，同審議会の報告書が提出された2001年6月までを考察する。

## 4 司法制度改革前の日弁連と陪審制

### ◆ 単位弁護士会レベルでの陪審制の議論の挫折と再燃

すでに見たように，戦前期の日本では，1928年から陪審制が導入されていたが，戦時中に停止となっていた。占領期にアメリカが復活を主張したものの，日本側の反対によって頓挫すると，以降は長い間，アジェンダにも上らなかった。

単位弁護士会レベルでも，刑事裁判における国民参加の復活が徐々に議論に上り出すのは1980年代に入ってからである。その先駆けとなったのが大阪弁護士会である。大阪弁護士会は1970年代末，アメリカの刑事弁護についての視察旅行を行い，その一環として陪審制度も視察し，報告書も作成している（大阪弁護士会 1989: 136）。このときは陪審制が主たる関心というわけではなかったが，1980年から司法問題対策委員会の中の法曹一元制度部会において陪審制の検討を始め，戦前日本における陪審制や，英米の制度についての研究を行った。しかし陪審制の導入に現実的な糸口が見えず，2，3年で検討を打ち切ったとされる（赤沢 1989: 1）。

しかし1980年代に入ると，免田事件，財田川事件，松山事件など，再審無罪判決が相次いだのをきっかけに，弁護士会で陪審制の検討が本格的に始まる。

東京弁護士会では，たとえば1982年に公刊された『司法改革の展望』では陪審制・参審制を含めた国民の司法参加が全面的に検討されており（東京弁護士会 1982），また日弁連内の司法制度臨時措置委員会の設置20年を記念して公刊された『あるべき司法を求めて』においても国民の司法参加が提唱される（東京弁護士会 1983）など，1980年代前半から陪審制・参審制の導入を主張する意見が見られるようになった（石井 1983など）。1982年には，人権擁護委員会の中に陪審制に関する部会を設置し，陪審制についての研究・検討を始めた。特に1986年以降は研究・調査活動が活発化する（東京弁護士会 1992:3）。1988年には，全国の単位弁護士会も協力し，戦前の陪審制経験者からの聞き取り調査を始め，その成果は『陪審裁判』（同上）として公刊されている。この間，1989年には東京三弁護士会で陪審制についての講演会を開催し，翌90年には東京三弁護士会陪審制度員会が発足するなど，徐々に検討体制も整備されていった。

　東京弁護士会における陪審制の検討が，人権擁護委員会の中で始まったことは，検討が一連の再審判決を契機に始まったことを反映している（東京弁護士会 1992:3）。弁護士にとって，誤審は人権問題であると同時に，本来は「勝てる」はずだったケースであり，その意味では陪審制を導入して誤審の防止することは弁護士団体にとっては「利益」に適う。「陪審制度は，12人の陪審員が有罪か無罪かの事実の認定をするものであり，その過程において裁判官が証拠を十分に吟味検討した上で陪審員に説示しなければならず，その事実認定は厳格となる。……12人の陪審員が常識に沿って事実認定をすることにより間接的に誤判の防止の効果をも期待できる」（同上：6）。

　一連の再審無罪判決を受けて，大阪弁護士会でも，当初諦められた陪審制に対する関心が再燃し，豊川正明司法制度改革部会長の下，1987年夏にアメリカで視察旅行を行い，その報告が『陪審制度』として1989年に刊行されている。この本でも，「1980年代中期に入り，死刑から無罪への再審事件の続出に象徴されるおそるべき冤罪誤判事件の実情が社会的にも大きな衝撃を与え……1986年度の司法制度改革部会において，もう一度陪審制度を現実の課題としてとらえ直そうという声が起こり，再度陪審制度の検討が開始されたのであった」（赤沢 1989:1）と，一連の再審判決が陪審制を見直す契機となったと

述べている。

### ◆ 日弁連への波及

　この動きは日弁連本体にも波及する。とりわけ，1990年に中坊公平が日弁連会長に就任し，同年5月の定期総会で「司法改革宣言」が満場一致で採択されると，陪審・参審制を含めた司法制度改革論議が日弁連レベルで活発化する。日弁連は隔年で司法シンポジウムを行っているが，1990・92・94年と三度にわたり，陪審制を含めた国民の司法参加がテーマとして取り上げられた。1990年代に入ると陪審法案の提案も見られるようになる。弁護士会として最初のものは1990年に大阪弁護士会の司法問題対策委員会が発表した「新刑事陪審制度要綱案」である（豊川 1994: 752; 法案は大阪弁護士会 1990: 143-147）。1991年には仙台弁護士会が，また92年には東京三弁護士会陪審制度委員会と日弁連司法問題対策委員会国民の司法参加部会が，それぞれ陪審法案を発表している（豊川 1994）。

　なお，1980年代後半には，弁護士会のみならず，最高裁判所においても，矢口洪一最高裁長官の下，陪審制の調査・研究が始まる。調査は複数の裁判官を長期にわたりアメリカ，イギリス，ドイツなどに派遣する，本格的なものであった。これらの検討の成果は1992年から2004年にかけて，全9巻のシリーズ『陪審・参審制度』（最高裁判所事務総局刑事局 1992-2004）として刊行されている。

　もっとも，小倉（2012）の指摘するように，これらの研究において最高裁は必ずしも陪審制を高く評価してはいない。とりわけ，陪審制によって誤審が減るという，この時期日弁連がしばしば展開した主張に対しては，明確に否定的な見解を打ち出している（同上：366）。むしろ，陪審制に誤審は必然的に伴うものととらえられており，その意味で，真実の解明，「精密司法」を重視する日本の裁判とは出発点から異なるものとして位置づけられている。その結果，最高裁は職業裁判官がより重要な役割を果たす参審制に相対的に高い評価を下す結果となっている（同上：366-369）。陪審制に対する裁判所の懐疑的な姿勢は，その後の司法制度改革においても一貫している（丸田 2004: 80-85）。

　もっとも，弁護士業界における気運の高まりとは対照的に，陪審制・参審制

の議論は1990年代末までは政策アジェンダに上らなかった。とはいえ，一連の再審無罪判決をきっかけに，1980年代から90年代前半にかけて，陪審・参審制に対する機運は法曹界・学界において高まっており，その外に広まる下準備が進んでいたのは注目すべきである。

## 5　司法制度改革審議会

### ◆ 自民党司法制度特別調査会の設置

1997年6月，自民党の政務調査会の下に司法制度特別調査会が設置された。司法制度改革審議会の設置が提案されたのもこの調査会においてである。

この時期に自民党内に調査会が設置された要因はいくつか挙げられる。すでに見たように，1980年代までの陪審制・参審制を含めた司法改革論議は，主として法曹界と学界に限られたものであった。1990年代に入ると，これが経済界に飛び火する。日米司法摩擦を背景に，94年に経済同友会が「現代日本の病理と処方」において，司法改革の必要性を唱え，「司法改革推進審議会(仮称)」の設置を提案した。1997年には「グローバル化に対応する企業法制の整備を目指して」の中で，再び司法制度改革の必要性を唱えた。

もっとも，これら経済界からの司法改革要求は，主として法曹の増員，裁判のスピードアップなどを求めたものであり，いずれの要望書も陪審・参審制の導入などの国民の司法参加拡大についてはふれていない。とはいえ，このタイミングで自民党内に司法制度調査会が設置された背景としては，経済界からの司法制度改革要求の高まりを無視しえない[6]。

他方，日弁連司法改革推進センターや，実現本部のメンバーとして一連の司法制度改革論議に大きくかかわった宮本康昭は，この調査会が，少なくとも当初は必ずしも司法制度改革のために設置されたものではなかったという（宮本 2005, 2013）。宮本によれば，この調査会は，法曹三者協議やそれをめぐる国会決議の見直しや，法制審議会のあり方の見直しを目的に設置されたものだとする。背景としては，1990年代半ばに行われた民事訴訟法改正に対して日弁連が猛反対し，法制審議会での審議を長引かせたことや，さらには法曹人口拡大をめぐって法曹三者の間の議論が1990年代前半以来，なかなかまとまらない

ことに自民党が業を煮やし,法曹三者協議や弁護士自治の枠組みを否定しようとした試みでもあったと指摘する(宮本 2013: 34)。東京弁護士会から一連の司法改革に携わった中尾正信も,1990 年代前半に日弁連が法曹人口拡大に消極的な姿勢を示し,法曹三者の間の協議を難航させたことが,法曹三者による解決という枠組みを否定した司法制度改革審議会へとつながっていったとみる(中尾 2013: 23)。

　実際,1990 年代前半の日弁連は,法曹人口の拡大をめぐって賛成派と反対派が鋭く対立し,大荒れに荒れていた[7]。司法試験の合格枠をめぐる議論は,元々は 1987 年から始まり,この年,法務大臣の私的諮問機関として「法曹基本問題懇談会」が設置され,翌年 3 月,司法試験の合格者数の拡大と受験回数の制限を提案した(同上: 21)。この方向に沿って 1989 年,法務省は「司法試験制度改革の基本構想」を公表し,合格者数を 500 人から 700 人に拡大する方針を打ち出すとともに,受験回数の制限もしくは受験回数の少ない受験者を優先的に合格させる(いわゆる「丙案」)を公表した(同上)。1990 年,中坊日弁連会長は,合格者数を 700 人に拡大することを受け入れる一方で,丙案の受け入れについては,合格者数拡大による若年合格者増加の効果を見ながら検討する,と先延ばした(小林 2010: 84)。日弁連の主張により,「法曹養成制度等改革協議会」が 1991 年から発足し,法曹人口の問題はこの協議会で議論されることになったが,そもそも協議会の設置を主張した日弁連が,内部の意見対立により,意見を提出できない事態に陥った(大川 2007: 78)。小林正啓はこの対立を「司法試験合格者増を容認するビジネスローヤー対,反対する左翼系人権派弁護士」と形容している(小林 2010: 87)。1994 年末の臨時総会では 6 時間を超える議論の後,合格者 800 人案を受け入れたが,この方針が消極的にすぎると各方面から批判を浴びると,翌年 11 月の臨時総会では 1000 人を受け入れる決議が採択される(同上: 104-106)など,「人口増を小出しにする消極的姿勢」(中尾 2013: 23)が続いた。このころには法務省は合格者を 1500 人まで拡大する方針を固めており,日弁連がやっとのことでまとめた 1000 人案も不十分と見られる状況であった(大川 2007: 80)。宮本や中尾は,日弁連のこの一貫した消極姿勢が,自民党による司法制度特別調査会の設置を招いたとみるわけである。

第 8 章　日本における裁判員制度の創設

◆ **自民党司法制度特別調査会での議論**

　自民党に司法制度特別調査会が設置されると，自民党は最高裁と日弁連の出席を求めた。宮本によれば，日弁連がこの調査会に出席すべきか否かについては，日弁連の中でもかなりの議論があったと言う。というのも，「日弁連は公正で中立的な立場を維持する立場から従来から政治的な動きをすることと，政治的な色彩のあるものへの関与を厳しく避けて来た」（宮本 2005: 66）。しかし出席を拒否しても日弁連抜きで議論が進められることは明らかであった。実際，1997 年に自民党の司法制度特別調査会での議論が始まると，松浦功法務大臣は，「司法制度の改革は最高裁と法務省の法曹二者で進めていけばいい」と，いわば日弁連に脅しをかけ，当時の鬼追明夫日弁連会長が抗議談話を発表する事態となった（『週刊法律新聞』1997 年 9 月 12 日記事）。これは，結局は弁護士法 72 条（非弁による法律事務への参入禁止規定）や弁護士会の自治に対する脅威となることが懸念された（『週刊法律新聞』1997 年 9 月 12 日記事）。実際，1997 年 11 月に発表された「司法制度改革の基本的な方針」では，弁護士自治の見直しが検討項目に含められた（『週刊法律新聞』1997 年 11 月 14 日記事）。

　つまり自民党の司法制度調査会が設置された頃には，日弁連自体への批判が自民党内から高まっており，日弁連は守勢に立たされていたと言える。そこで，次善の策として，①調査会には会長も副会長も出席しないが，事務総長が出席する，②当面の司法改革において重要と思われる点について，日弁連の側から司法予算や法律扶助，裁判官・検察官の増員など，6 項目の提案をする，という対応がとられることとなった（宮本 2005: 66-67）。そして，実際に調査会での議論が始まると，日弁連の事務総長，事務次長などが毎回出席し，資料も提供した。「このようなことは，日弁連の歴史にも，自民党の歴史にもかつてないことであった」（大川 2007: 119）。もっとも，この段階では，陪審・参審制の導入はまだアジェンダに上っていない。自民党は日弁連の提起した 6 項目のうち，裁判官・検察官の増員，法律扶助の拡大，司法関係施設の拡充整備の 3 点は受け入れ，1997 年 8 月発表の「司法制度の充実を目指して」の中に盛り込んでいる（宮本 1998: 41）。

　自民党の司法制度特別調査会は 1997 年 11 月に「司法制度改革の基本的な方針」をとりまとめる。もっとも，この段階でも陪審制・参審制は司法制度改革

の主要テーマとしてはいまだ含まれていなかった。しかしこの「基本的な方針」の発表以降，自民党内の検討は司法のインフラ整備を議論する第1分科会と，制度的なインフラ整備を議論する第2分科会に分けて進められた。弁護士の水野邦夫によると，分科会は1998年2月から5月にかけてほぼ毎週開催され，とりわけ陪審制を含めた国民の司法への参加は，第2分科会で1998年3月に行われたヒアリングにおいて取り上げられた（水野 1999）。同じく弁護士の斉藤浩によれば，この後，日弁連がヒアリングの中で強く主張し，1998年6月に発表された「21世紀司法の確かな指針」の中では，「国民の司法参加」が含まれることになったと言う（斎藤 1999）。実際，経団連が1998年5月にまとめた「司法制度改革についての意見」においても，陪審制・参審制の導入はふれられておらず（経済団体連合会 1998），日弁連独自の提案であった可能性が高い。

とはいえ，小倉（2012・2013）の言うように，なぜ自民党が日弁連の提案を受け入れたのかについては説明が必要である。小倉（2012）は自民党が日弁連との対立を回避するために参加制度の検討に同意したものとする見解を唱える。しかし谷（2002）の指摘するように，自民党司法制度調査会はその後2000年5月にも参審制の導入を打ち出すなど，国民の司法参加については決して消極的な姿勢を示してはいない。実際，のちに見るように，改革に対して最も消極的だとされた最高裁でさえ，参審制の導入には反対する姿勢を見せておらず，国民の司法参加制度を何らかの形で導入することについては，関係者の間である程度合意が存在したとも言える。むろん，日弁連が陪審制の導入を主張したのに対し，自民党は参審制，最高裁は評決権のない参審制を主張するなど，国民の司法参加を認めると言っても，関係者の主張には大きな幅があり，むしろ陪審制・参審制は制度設計に幅が考えられたからこそ，その導入については強い反対論が出なかったとも言える。

法務省の側からも，陪審・参審制に対する強い反対は表明されなかった。その理由について，当時法務省の官房長だった但木敬一は，「……市民の身近で利用しやすい裁判にしていかねば，来るべき時代の要請に対応できないと感じていたからである」（但木 2009：159）と述べている。実際，当時の法務省や検察は，刑事裁判において世論を重視する方向に転換しつつあった。但木によれ

ば，そのきっかけは一連のオウム真理教関連裁判にあったという。「地下鉄サリン事件が起きて，被害者や遺族の人たちがテレビに出るようになった。そこで言われたのは『裁判は，私たちの気持ちを，まったく酌んでくれていない』。これは刑事司法にとって大ショックだった」(「『司法改革の時代』を書いた但木敬一氏（弁護士，前検事総長）に聞く」『週刊東洋経済』2009 年 7 月 11 日号：136)。オウム裁判以降，犯罪被害者のための制度が整備されていくことになる。

　但木は，裁判員制度の導入を，この被害者感情重視の流れの延長線上で位置づける。「裁判官がいつも『現在の国民の意識はどこにあるのか』と一生懸命に考えながら，判決しているくらいなら，むしろ国民と直接対話しながら裁判をするというのが，今日の日本に最も合った制度なのではないか」(但木 2009: 190)。法務省としても，陪審制・参審制を含めた国民の司法参加に，積極的とは言わないまでも，必要性は認める立場にシフトしつつある時期にあったと言えそうである。

### ◆ 司法制度改革審議会の設置

　1998 年 6 月に発表された「21 世紀司法の確かな指針」によって，司法制度改革審議会の設置が打ち出された。しかし発表直後の 1998 年夏の参議院選挙で自民党が大敗し，橋本政権が退陣したため，司法制度改革審議会設置法案は小渕政権まで持ち越されることになる。法案は 1999 年 2 月に閣議決定され，6 月に可決・成立し，7 月に審議会が設置された。

　司法制度改革審議会（以下，改革審）には，13 人のメンバーが参加した。人選は総理府（当時）の内政審議室と自民党司法制度調査会が中心となって行い（土屋 2005: 113），古川貞二郎官房副長官も積極的にかかわったという（但木 2009: 162）。構成は法曹三者 OB が各 1 人，学界から 5 人，経済界 2 人，労働界 1 人，市民団体 1 人，作家 1 人と，法曹三者以外のメンバーが多数を占め，また現役の法曹三者は加わっていないのが特徴である。これは，古川官房副長官の方針によるものとされる（山崎 2001: 1）。この点でも，改革審は，官僚が 1 人も入らなかった行政改革会議（行革会議）の延長線上に位置づけることができる。法曹三者 OB は日弁連から推薦された中坊，裁判官出身（元広島高等裁判所長官）の藤田耕三，検察官出身の水原敏博（元名古屋高等検察庁検事長）であ

る。日弁連からは2人の弁護士が事務局に参加した。

　会長となったのは佐藤幸治（京都大学法学研究科教授，憲法）である。佐藤は橋本内閣の行革会議に参加しており，自民党における推進役の保岡興治からも，また内閣官房副長官の古川貞二郎の信頼も厚かった。佐藤の会長就任については，とりわけ古川の意向が働いたようである。「司法制度改革審議会の会長をどうするかという話があったときに，私の頭の中には，佐藤幸治先生がありました」（古川 2004: 7）。古川によると，佐藤と初めて会ったのは日銀法改正を検討するための中央銀行研究会の際だったという（同上）。1996年のことになる。その縁で，同年末に行革会議が始まった際も，佐藤に参加を依頼したという（同上）。「その後，［佐藤］先生と私はとても信頼し合えるいい関係になりました」（同上：8）。

　保岡と佐藤が初めて会ったのもこの行革会議を通してであったという（保岡2008: 90）。佐藤は保岡などが推進していた自民党司法制度特別調査会に招かれ，行革会議における議論の経過などについて話した（同上）。この席上，保岡は，行革会議の最終報告の中に，「行政改革は必然的に司法改革にいたる」という内容の一文を入れることを求め，佐藤も同意したという（同上）。これが，改革審に至る一つの伏線にもなったわけである。

　佐藤は改革審が設置される前の1999年5月，司法制度改革審議会設置法案の審議の参考人として参議院法務委員会にも呼ばれている。佐藤は陪審制について積極的に評価し，司法制度改革審議会もその導入を前向きに検討すべきだと主張した。[8]この参考人意見では，佐藤は，陪審制・参審制の導入が誤審の防止につながるという日弁連の立場はとらなかったものの，日本人の「お上依存」意識の脱却につながるという，市民教育的立場から陪審・参審制の検討を唱えている。「私も陪審制については，……この審議会でぜひ積極的に審議していただきたいというように思っております。それの一番大きな理由は，……お上意識云々というのがありましたけれども，裁判というのは何か自分たちと別のものであって，そこから何か与えてもらうものだ，正義というのはおのずから実現するものだという，どうもそういう意識が日本の国民の中にあるんじゃないか。……陪審というものは……司法というのは自分たちのものだ，自分たちの生き方の問題なんだということを考える一つの場として……非常に真剣

に考えるべきテーマではないか」[9]。

　この佐藤がのちに改革審の会長に就任したことは，改革審の方向をある程度規定することになる。佐藤は，法学部生に広く読まれている教科書『憲法』においても，日本における陪審制設置の可能性について積極的な評価を与えており（佐藤 1995: 308-309），この点については一貫した姿勢を示している。政府・自民党側も佐藤の立場は十分に知りえていながらあえてその佐藤を改革審会長に選んだということは，政府としても，国民の司法参加については，さほど大きな異論はなかったという点の証左と見ることができる[10]。

◆ 議論の展開

　改革審では，当初から発言者名入りの議事録がインターネット上に公開され，また『月刊司法改革』にも転載された。第11回からは会議自体が公開となり，法曹記者クラブ所属の記者が別室のモニターで会議を見られるようになった。
　国民の司法参加が本格的に議論されたのは第30回からである[11]。この回は司法参加をめぐる法曹三者の見解に対してヒアリングが行われたが，特に最高裁が陪審制に対して強い姿勢で否定的な見解を示し，参審制の中でも，評決権なき参審制の導入を支持する立場を打ち出した。このような立場はあまりに消極的にすぎると中坊公平らの猛反発に遭い，参加制度の導入をめぐる議論は紛糾して始まった[12]。
　評決権なき参審制は，参審制の中でも参審員の立場の弱い制度であり，このような制度を打ち出した最高裁の立場は，陪審制の導入を積極的に提唱してきた日弁連などの立場に比べれば，はるかに消極的なものである。しかし注目すべきは，最高裁でさえ，国民の司法参加をめぐる新たな制度を導入すること自体については否定的な立場は示しておらず，むしろ「どのような制度をとるか」という議論を展開していることである。
　「国民の司法参加」はその後何度か改革審で議題に上るが，陪審制の導入を唱える中坊や高木剛（日本労働組合総連合会副会長），吉岡初子（主婦連合会事務局長）らと，参審制を支持する竹下守夫（駿河台大学長，民事訴訟法）や井上正仁（東京大学教授，刑事法）らとの距離はなかなか埋まらなかった。流れが変わったのは第43回審議会である。2001年1月に開催されたこの審議会では，藤倉

晧一郎・三谷太一郎・松尾浩也の3氏がプレゼンテーションを行った。会長の佐藤や，一連の改革審を傍聴していたジャーナリストの土屋美明や飯室勝彦は，この回を改革審メンバーが裁判員制度導入に傾くターニング・ポイントとして位置づけている（佐藤・青山 2001；飯室 2000；土屋 2005:126-128）。

　藤倉・三谷・松尾いずれの報告者も，それまでの改革審で行われていたような，陪審制か参審制かという二者択一的な議論は避け，両者を架橋した視点の重要性を強調した。アメリカ陪審制の専門家である藤倉は，「参審制あるいは陪審制に，それぞれの国で長い歴史を経て結晶していった知恵のようなものがあるとすると，それはやはり取り上げて十分検討に値すると思います」としたうえで，陪審制は誤判につながりやすいという見解が改革審で唱えられていた点について，陪審制にも誤判を防止する装置がある旨，主張した。さらに，第30回審議会で最高裁がサッコ・アンド・バンゼッティ事件をめぐる研究を引用しつつ，アメリカの研究者も陪審裁判が被告人の人権擁護には資さないと見ていると主張したことについては，研究者の立場からは到底賛同しかねると反論した。[13]

　戦前の陪審制について詳細な研究を行っている歴史家の三谷も，「陪審制にあらずんば参審制，参審制にあらずんば陪審制という，あれかこれかという議論が果たして有益なのかどうかということに疑問を持っておりまして，私はあえて言えば，何らかの形で両者の並立と言いますか，併用と言いますか，そういうものを考えることはできないだろうか」と述べた。[14]

　さらに松尾は刑事訴訟法の専門家として，陪審制・参審制を超えて，制度設計について踏み込んだ提案を行った。対象事件は自白事件に限らないほうがよいこと，重大事件と軽微な事件の間の「中間的な事件」を対象に始めるのがよいのではないか，（陪審制をとる多くの国々に見られるように）判決に判決理由が付されないのは日本国民にはなじみにくいのではないか，裁判員による裁判を受けるか否かについては被告人による選択権は認めないほうがよいのではないか，などの見解を示した。またアメリカの陪審制のように裁判官と陪審員が明確に分かれて座るのではなく，両者で協議する形をとったほうが「相互の知識，経験を話し合ってシェアーするということが可能になる」のではないか，と述べ，この観点からは，事実認定だけでなく，「刑の量定についても，あるいは[15]

刑の量定についてこそ，裁判官と裁判員との協議が深い形で行われるのではないか」という見方を示した。「裁判員」という言葉を初めて用いたのも松尾である[16]。

それまでの議論で，陪審制か参審制かで割れていた改革審は，この第43回の審議会で二者択一的思考からの突破口を見出したとも言える。「裁判員制度」という名称だけでなく，被告人には裁判員裁判を選ぶか否かの選択権を認めないこと，裁判官と裁判員が協議しつつ事実認定と刑の量定を行うこと，自白事件に限らないこと，判決には従来通り，判決理由が付されることなど，松尾の提言の多くは，井上が第45回審議会に提出した原案に採用された後，改革審の最終報告書にも取り入れられ，最終的な裁判員制度の設計の根幹部分を構成することとなった。

日弁連における推進体制と並んで重要だったのは，ここでも，審議会を通して，自民党も法務省も国民の司法参加に特に否定的な見解は示していない点である。谷（2002）は，2000年5月に自民党の司法制度調査会の報告「21世紀の司法の確かな一歩——国民と世界から信頼される司法を目指して」が，陪審制については消極的な姿勢を示したものの，参審制については民事・刑事について検討を提案するなど，前向きな姿勢を明らかにしたことが，改革審においても導入に向けた議論を後押ししたと見る。

法務省も，たとえば原田明夫法務事務次官が第8回審議会において，「陪審制度にしろ，参審制度にしろ，取られたら困るという要素は，私はないと思います」と述べている[17]。第30回審議会において，「国民の司法参加」をテーマに日弁連・法務省・最高裁の三者からヒアリングが行われた際，法務省の渡邉一弘審議官も「基本的には陪審制度それ自体が，司法に民主主義の理念というものを導入しようとするものですから，主権者たる国民が，民主主義の理念を重視して陪審制というものを導入しようと決意をするのであれば，それは基本的には政策の問題と考えておりまして，法務省として反対するものではありません」と述べている[18]。

つまり，裁判員制度導入の背景としては，日弁連のみならず，政府・自民党の主要関係者の間で，新たな司法参加制度を何らかの形で導入することについて合意が存在したという点が重要である。むろん，国民の司法参加については，

審議会審議の中でも見られたように，陪審員の力の強いものから，最高裁の提起したような，評決権のない参審制のように，比較的市民の力の弱いものまで，さまざまな形態のものを構想しうる。このことが，制度の導入そのものをめぐる反対を抑制し，具体的な制度設計に議論を移行させるのに役立ったとも言える。

　日弁連の主張だけでは制度改革は実現しないことは，日弁連が1980年代から陪審制の導入を主張していたものの，表らく，実現しなかった点からも明らかである。また小林（2010）の述べるように，一連の改革審の議論において，中坊公平は日弁連の長年の悲願であった判事補制度の廃止を強硬に主張したものの，孤立無援に陥り，実現せずに終わった[19]。このことも，自民党・法務省の支持の重要性を示すものである。

## 6　結　論

　すでに見たように，裁判員制度は，それまでは判決時に判決文の中で事後的に果たされてきた説明責任を，判決前にも拡大した制度として位置づけられる。本書の枠組みに即して言えば，裁判官は裁判員に対して「応答性」の義務を負うこととなり，説明義務を怠った場合，フォーマルな制裁はないものの，裁判員が裁判官の望まない事実認定や量刑を主張することがありうる。

　日弁連は1980年代から陪審制という形で，市民の刑事裁判への参加を提唱していた。きっかけとなったのは1980年代半ばにおける一連の再審無罪事件である。刑事裁判の99%が有罪である日本では，陪審制の導入は日弁連にとって「利益の政治」としてもとらえることができる。しかし市民の司法参加制度の導入が実際にアジェンダに上ったのは1990年代後半になってからである。この経緯は，裁判員制度の実現には，日弁連の圧力だけでなく，自民党や政府の合意も必要だった点を示す。陪審制の導入に賛成の姿勢を示していた佐藤幸治が改革審の会長に就任したことは，政府・自民党が陪審制の導入に積極的ではなかったまでも，もともと強く反対する意向はなかったことを示す。

　本書の枠組みに照らして言えば，本章の事例は，「社会アカウンタビリティ」が実現するうえで，日弁連のような社会アクターのみならず，国家アクターの

合意も必要であった（「水平的アカウンタビリティ」）事例として位置づけることができる。第1章では，複数のアカウンタビリティ・メカニズムが相互作用し合う可能性が示唆されたが，本章の事例もまさにそのようなケースとしてとらえられる。紙幅の関係から本章では十分に扱うことができなかったが，たとえばいわゆる「法曹一元制」ないし判事補制度の廃止については，日弁連の強い主張にもかかわらず，ほとんど手つかずに終わった。国家機関の一部に対する新たなアカウンタビリティ制度の導入は，国家のその他の部分にも影響を及ぼすことを考えると，おそらくこのような政策形成過程は日本に特異なものではないものと思われる。このあたりをめぐる国際比較の観点からの検証は，今後の課題としたい。

● 注

1) 司法制度改革審議会が最終報告書を提出した後の展開については，谷（2004），柳瀬（2009），小倉（2013: 284-298）に詳しい。
2) 裁判所が認めた場合は裁判官1人，裁判員4人の法廷もありうる。
3) 陪審制の下では，一般に，有罪・無罪の認定は陪審員が判断し，量刑については裁判官が判断する。他方，参審制の下では，一般に，裁判官と参審員が一つの合議体を形成し，有罪無罪の判断と量刑の双方について，判断を行う。陪審員は事件ごとに選任されるが，参審員は任期制であることが多い（最高裁判所 n. d.）。
4) 「『今も壮絶な葛藤と重圧』元裁判員20人，死刑の一時執行停止を法相に要請」『MSN産経ニュース』2014年2月17日（http://sankei.jp.msn.com/affairs/news/140217/trl14021715030000-n1.htm，2014年3月13日最終アクセス）。
5) 裁判員制度が1990年代後半以降，アジェンダに上った背景については，小倉（2012・2013）に詳しい。
6) 枝野幸男は，1990年代後半に司法制度改革が議論に上ったもう一つの背景として，小選挙区制の導入を挙げている。「小選挙区制になったために，政治家はあらゆる団体を見方につけていかなければならない。弁護士会を除く関連業界，税理士会や司法書士会，弁理士会などは，圧力団体として政治的パワーが強い。これらの団体が，自民党に対して弁護士業務についての規制緩和を働きかけた」（小田中ほか 2000: 85）。
7) このあたりの経緯については，小林（2010），鈴木（2012），中尾（2013）に詳しい。
8) 参議院第145回国会法務委員会第11号議事録・1999年5月18日。
9) 同上。
10) 谷（2002: 157）の分析が示すように，改革審を通した発言量では，3人の法学者と3人の法曹OBが全体の発言量の69.8%を占め，専門家間の議論が中心となった。
11) 厳密には，第17回審議会でも藤田が国民の司法参加について報告を行ったが，討論のための時間を割けずに閉会となったため，実質的に審議に入ったのは第30回からで

第Ⅳ部　社会アカウンタビリティ

ある。
12)　第 30 回司法制度改革審議会議事録（2000 年 9 月 12 日，http://www.kantei.go.jp/jp/sihouseido/dai30/30gijiroku.html，2014 年 4 月 5 日最終アクセス）。
13)　第 43 回司法制度改革審議会議事録（2001 年 1 月 9 日，http://www.kantei.go.jp/jp/sihouseido/dai43/43gijiroku.html，2014 年 4 月 6 日最終アクセス）。
14)　同上。
15)　松尾によれば，イギリス陪審制ではこのように裁判官と陪審員とが協議する形もとられるという。同上。
16)　「裁判員」という名称を思いついた理由として，松尾は「国立大学の教授は教官と呼ばれるけれども，私立大学に移ったら教員と呼ばれ，呼称が違ったことが頭にあった」と述べたという（土屋 2009:56）。
17)　第 8 回司法制度改革審議会議事録（1999 年 12 月 8 日，http://www.kantei.go.jp/jp/sihouseido/dai8/0112gijiroku.html，2014 年 3 月 27 日最終アクセス）。
18)　第 30 回司法制度改革審議会議事録（2000 年 9 月 12 日，http://www.kantei.go.jp/jp/sihouseido/dai30/30gijiroku.html，2014 年 3 月 27 日最終アクセス）。
19)　司法制度改革審議会集中審議（第 3 日）議事録（2000 年 8 月 9 日，http://www.kantei.go.jp/jp/sihouseido/natu/natu3gijiroku.html，2014 年 4 月 5 日最終アクセス）。

● 引用・参考文献

赤沢敬之 1989「序――アメリカ陪審裁判の視察を終えて」大阪弁護士会監修『陪審制度――その可能性を考える』第一法規出版。
飯室勝彦 2000「司法・八方・オピニオン　さらば"お任せ司法"――国民の司法参加に関する審議会検討に寄せて」『月刊司法改革』2 巻 2 号，53-56。
石井芳光 1983「これからの司法」東京弁護士会編『あるべき司法を求めて』日本評論社。
大川真郎 2007『司法改革――日弁連の長く困難なたたかい』朝日新聞社。
大阪弁護士会 1989『陪審制度――その可能性を考える』第一法規出版。
大阪弁護士会 1990『裁判の現状と改革の展望――国民の司法への参加を考える』日弁連第 13 回司法シンポジウム大阪弁護士会準備委員会。
小倉慶久 2012・2013「裁判員制度の誕生――アジェンダ・セッティングと政策形成」(1)(2) 関西大学法学論集 62 巻 3 号・6 号。
久保井一匡 2005「久保井一匡元会長に聞く――日弁連の積極姿勢が改革の推進力に」日弁連司法改革実現本部編『司法改革　市民のための司法をめざして』日本評論社。
経済団体連合会 1998「司法制度改革についての意見」(http://www.keidanren.or.jp/japanese/policy/pol173.html，2014 年 4 月 4 日最終アクセス)。
小田中聰樹・宮本康昭・枝野幸男 2000「座談会　いまなぜ司法改革なのか」『世界』672号。
小林正啓 2010『こんな日弁連に誰がした？』平凡社。
最高裁判所事務総局刑事局監修 1992-2004『陪審・参審制度』(全 9 巻) 司法協会。
最高裁判所 n. d.「陪審制や参審制とは違うのですか」(http://www.saibanin.courts.go.jp/qa/c8_2.html，2014 年 12 月 4 日最終アクセス)。

斎藤浩 1999「司法制度改革——2つの流れの合流点」『月刊司法改革』1巻1号。
佐藤幸治 1995『憲法［第3版］』青林書院。
佐藤幸治・青山善充 2001「特別対談 司法制度改革審議会を振り返る」『ジュリスト』1208号。
宍戸邦章・岩井紀子 2010「JGSS累積データ2000-2008にみる日本人の意識と行動の変化」大阪商業大学JGSS研究センター編『日本版総合的社会調査共同研究拠点研究論文集［10］』2010年3月大阪商業大学JGSS研究センター（http://jgss.daishodai.ac.jp/research/monographs/jgssm10/jgssm10_01.pdf、2014年2月10日最終アクセス）。
四宮啓・中川白・知久公子 2005「インタビュー『裁判員制度』」『月刊司法書士』399号。
『週刊東洋経済』2009年7月11日号。
『週刊法律新聞』1997年9月12日、11月14日。
杉井厳一 2013「司法改革の実現に向けた日弁連の運動」日弁連法務研究財団編『法と実務9——司法改革の軌跡と展望』商事法務。
鈴木秀幸 2012「司法のあり方と適正な弁護士人口政策」鈴木秀幸・武本夕香子・鈴木博之・打田正俊・松浦武『司法改革の失敗——弁護士過剰の弊害と法科大学院の破綻』花伝社。
但木敬一 2009『司法改革の時代——検事総長が語る検察40年』中央公論新社。
谷勝宏 2002「司法制度改革審議会の政治過程」『法社会学』57号。
—— 2004「裁判員制度の立法過程の検証」『名城法学』54巻1・2号。
土屋美明 2005『市民の司法は実現したか——司法改革の全体像』花伝社。
—— 2009『裁判員制度と国民——国民的基盤は確立できるか——裁判員制度が始まる part 2』花伝社。
東京弁護士会 1982『司法改革の展望——東京弁護士会創立百周年記念論文集』有斐閣。
東京弁護士会 1983『あるべき司法を求めて』日本評論社。
東京弁護士会編 1992『陪審裁判——旧陪審の証言と今後の課題』ぎょうせい。
豊川正明 1994「新しい陪審制の模索」『刑法雑誌』33巻4号。
中尾正信 2013「戦後司法の変遷過程と『市民のための司法改革』」日弁連法務研究財団編『法と実務9——司法改革の軌跡と展望』商事法務。
西村健 2005「裁判員制度の概要とその成立経緯および今後の課題」日弁連司法改革実現本部編『司法改革——市民のための司法をめざして』日本評論社。
日本弁護士連合会（n. d.）「裁判員制度『たたき台』に対する意見」（http://www.nichibenren.or.jp/activity/document/opinion/year/2003/2003_23.html、2014年4月6日最終アクセス）。
古川貞二郎 2004「司法制度改革について」『司法改革調査室報』3号。
丸田隆 2004『裁判員制度』平凡社。
水野邦夫 1999「司法制度改革審議会はどのように設立されたか」『月刊司法改革』1巻1号。
宮本康昭 1998「報告 自民党司法制度特別調査会への対応」『法と民主主義』329号。
—— 2005「司法制度改革の史的検討序説」『現代法学』10号。
—— 2013「司法改革の経過とその評価」日弁連法務研究財団『法と実務9——司法制度改革の軌跡と展望』商事法務。

**第Ⅳ部　社会アカウンタビリティ**

保岡興治 2008『政治主導の時代――統治構造改革に取り組んだ30年』中央公論新社。
柳瀬昇 2009『裁判員制度の立法学――討議民主主義理論に基づく国民の司法参加の意義の再構成』日本評論社。
山崎潮 2001「司法制度改革を振り返って」『司法法制部季報』108号。
Helmke, Gretchen, and Frances M. Rosenbluth 2009, "Regimes and the Rule of Law: Judicial Independence in Comparative Perspective," *Annual Review of Political Science,* 12: 345-366.
Park, Ryan Y. 2010, "The Globalization of the Jury Trial: Lessons and Insights from Korea," *American Journal of Comparative Law,* 58 (3): 525-582.

# 第9章

## アメリカの政府監視団体の政治過程
### 利益団体政治の視角から

岡 山   裕

## 1 政府監視団体から見る社会アカウンタビリティの政治

　「情報は，民主政治にとっての通貨なのです」。ラルフ・ネイダーは 1971 年に，翌年の選挙で再選をめざすアメリカ合衆国連邦議会の議員たちに関する身辺調査プロジェクトの立ち上げを発表した記者会見で，こう述べている (Nader 1971)。情報公開法である「情報の自由法」が 1966 年に立法されるにあたって成立に向けて尽力し，上記プロジェクトに代表される，政府や企業に対する組織的な監視活動を通して世界的に知られる彼は，本章が対象とする社会アカウンタビリティの代表的な担い手の一人である。

　ネイダーのこの発言に表れているように，社会の諸主体が政府から情報を入手することが，政府の責任ある行動とアカウンタビリティの向上につながり，民主政治に資するという見方は，広く受け入れられている。先行研究の多くもこの見方に基づいて，どうすれば社会がより多くの情報を得られるようになるかに関心を注いできた。これらの研究がしばしば，政府に対して情報を求める活動を社会の諸主体にとっての公共財と位置づけて，いかなる条件下でそれが供給されるのかを問題にしているのは，それをよく示している。

　とはいえ，社会アカウンタビリティの政治すべてがこのようにとらえられるかと言えば，情報を得ようとする活動と獲得する情報の性格のいずれに関しても疑問の余地がある。まず，政府から情報を得ようとする活動がすべて公共財

に当たるとは限らない。たとえば，アメリカの情報公開法は，個人が自らに関して政府が持つ情報を引き出したり，企業が競争相手に関して政府が持つ情報を入手したりするというように，私的利益のためにも盛んに活用されている。同法で，情報の開示請求に対する拒否事由として，油井に関する地質学的な情報が挙げられているのは，公有地で巨額の投資をして採掘調査を行った石油会社が，それによって得られた情報を他社に奪われないよう立法時にロビイングを行った結果だとされる（Feldman and Eichenthal 2013; 宇賀 2004）。また，どんな情報であっても政府から得さえすれば民主政治にとって有益とも限らない。たとえば，外交や安全保障に関する機密など，秘匿されるべき情報が一定程度存在することは広く受け入れられていよう（Sagar 2013）。

無論これは，政府から情報を得ても民主政治の役に立たないとか，それをめざす活動に公共財としての性格が一切ないとかという意味ではない。しかし，通貨と同じく政府からの情報にはいろいろな使い道がある以上，さまざまな主体が多様な動機や方法でそれを求めうる。社会アカウンタビリティの政治を理解するには，そうした多面性にも目を向ける必要があろう。

もっとも，政府から情報を引き出そうとする主体は多岐にわたり，そのすべてを扱うのは無理がある。そこで本章では，アメリカで1970年代以降登場した政府監視団体（government watchdog groups）と総称される，政府のアカウンタビリティ向上を主たる目標に掲げる一連の組織を取り上げて，利益団体政治の観点からその活動を検討する。そのねらいは，一口に政府監視団体と言っても，政府への不信や党派心といったさまざまな動機に支えられたものが重層的に制度化されてきており，どんな情報をいかなる手段で入手すべきかをめぐっても対立が存在するのを明らかにして，社会アカウンタビリティの政治が持つ広がりを示すところにある。アメリカは，世界でも最も早く情報公開法が制定された国の一つであり，利益団体の活動もきわめて活発なことから，本章の分析対象としてふさわしいと言える（Michener 2011）[1]。

以下本章は，次のように構成される。第2節では，公共財としてのみとらえられがちな政府監視活動について，その手段や対象をめぐって対立が生じうるのを指摘したうえで，アメリカにおける政府監視団体の原点であるネイダーたちの活動を概観する。第3節では，政治的に対立する公職者の不祥事の暴露を

中心に活動する党派的な政府監視団体が，1990年代以降，保守とリベラルの両陣営で登場したのを明らかにする。第4節では，21世紀に入って情報技術の活用を通して影響力を高めた，新たな類型の監視団体を検討する。政府の保有するデータの体系的な収集と公開に力点を置いた「データベース型」と，政府の内部通報者から情報漏洩を受けて公開する「リーク促進型」の監視団体が対象となる。最終節では，本論の含意をまとめて，本章を締めくくる。

## 2　社会アカウンタビリティの制度化と政府監視団体

### ◆ 利益団体としての政府監視団体

社会アカウンタビリティの充足とは，政府の活動について社会の諸主体からの働きかけに応じて説明がなされる，つまり何らかの情報が提供されることを意味する。この分野の先行研究は限られているが，本書の他の章にも表れているように，主に途上国における市民社会が公職者の腐敗の抑制に持ちうる影響力や，情報公開法や電子政府のようなアカウンタビリティの向上に資する制度の導入過程といった，多様な対象を検討してきた (Florini 2007; Grimes 2013)。

ただし，そこにはある共通した性格が見られる。それは，社会アカウンタビリティをめぐる政治を政府対社会という二項対立の図式でとらえ，アカウンタビリティの向上をめざす社会側の主体の動きと，その政府との関係に分析を集中するというものである。他方で，政府のアカウンタビリティを高めようとする主体やその活動が，社会の他の主体との関係も含めたその国の政治にどう位置づけられるのかは，あまり検討されてこなかったように思われる。

それには，2つの理由が考えられる。第1は，政府に説明を求める諸主体の活動を，社会全体の公共財と位置づけてきたことである。社会アカウンタビリティの実現に立ちはだかると見られる集合行為の壁がどう克服されうるのかという関心から，そうした活動そのものに分析が集中してきたと見られる (Bauhr and Grimes 2014)。第2に，活動の目標の持つ特徴が挙げられる。政治活動はありとあらゆる目的で行われるが，政府のアカウンタビリティを向上させるという目標には，周囲から反対が出にくいと考えられる。そのため，分析に際して政府はともかく，社会を構成する他の主体の反応が意識されにくかっ

たと思われるのである。

　しかし，これらの考え方にはいずれも限界があり，社会アカウンタビリティの政治過程はより大きな枠組みでとらえられるべきだと思われる。次に，そのことを，政府のアカウンタビリティの増進を掲げる政府監視団体について，利益団体政治の視点を導入して明らかにしよう。

　情報公開制度が導入されるなどして政府のアカウンタビリティが向上すれば，その恩恵は社会の構成員全体に及ぶので，それをめざす活動はたしかに公共財と位置づけられよう。利益団体政治として見れば，これは政府監視に限らず，環境保護団体や銃規制に反対する団体といった，公共利益を掲げる活動一般に当てはまる。そして，こうした団体がなぜ集合行為問題を乗り越えられるのかは，利益団体政治研究の重要な関心事の一つでありつづけてきた。

　ただし，だからと言って社会アカウンタビリティにかかわる活動ならすべて公共財と言えるのかは検討を要する。私的利益のために政府に情報の開示を求めることもある以上，政府のアカウンタビリティの向上を標榜する主体が実際にそのためだけに活動しているという保証はないからである。といっても，ここでは何もある主体がすべて偽善的に活動しているとまで考える必要はない。そこで主に想定されているのは，その主体はアカウンタビリティの向上をめざしていても，立場に何らかの偏りがあるために，その活動が特定勢力の有利，不利につながるような場合である。

　政府の持つ情報を全部入手するのは事実上不可能だが，その部分集合である，開示された情報が社会のすべての主体にとって同じ意味を持つとは限らない。だとすれば，後者がいかなる性格を持っているのかは，重要な政治的意義を持ちうる。ここで政府監視団体について考える際には，それがそもそも公共利益団体ではなく，特定の勢力の利害に基づいて活動している可能性まで考慮すべきであろう。利益団体に関する研究は，利益団体の組織化やその活動にいかなる偏りがありうるかを重要なテーマとしてきた（Schlozman et al. 2012）。それと同様に，政府監視団体の意図に応じて，その活動が社会アカウンタビリティにどのような歪みを生じさせうるのかを検討する必要がある。

　もう一つの，政府のアカウンタビリティ向上という目標が持つ特徴に関しては，次の点を指摘できる。環境保護の推進や人工妊娠中絶の禁止といった他の

公共利益団体の目的が論争的なのと比べて，政府監視団体が掲げる政府のアカウンタビリティ向上という目標には反対が出にくいと思われる。しかし「景気を良くする」という，同じく多くの人が賛同するであろう目標についても，その手段をめぐっては論争が生じるのと同様に，政府のアカウンタビリティ向上のためにとられる手段や獲得すべき情報の性質について，社会の他の主体が常に同意を与えるとは限らない。

　政府から情報を得るにはさまざまな方法があるが，そのなかには違法なものや，違法性の有無を問わず異論が出されうるものも存在する。たとえば，持ち出しが法的に禁じられた情報の漏洩を促すような場合がそれに当たる。獲得する情報の内容に関しても，先に述べたように安全保障にかかわる重要情報や，逆に違法性はないが政治家の評判にかかわるような事実——たとえば，性的スキャンダルにつながるようなもの——に関しては，それぞれ公開すべきでない，あるいは公表する意味がないと批判される可能性があるだろう。そこからは，政府監視団体の活動の態様や成果の妥当性をめぐる対立が団体の活動をどう制約するかが注目されよう。

　社会アカウンタビリティの担い手は，ともすれば社会全体のために政府と闘う善玉ととらえられがちである。しかし，実際は特定の勢力の有利になるように行動しているものもあるかもしれず，そうでなくともその活動には社会の内部から批判が出されうるのである。その意味で，政府監視団体を利益団体として分析するのは有意義と考えられる（Rothenberg 1992）。以下本章では，20 世紀後半からのアメリカで政府監視団体が発達していくなかで，しばしば政府のアカウンタビリティ向上だけでなく，政策選好や党派性が重要な動機づけとなっており，そうでない場合も含めて活動に批判が投げかけられることも少なくなかったことを明らかにする。

### ◆ 政府監視団体の起源

　アメリカでは，1970 年代にコモン・コーズ（Common Cause）と，ネイダーによるパブリック・シティズン（Public Citizen）と公益調査グループ（Public Interest Research Group）をはじめとする一連の団体が設立され，今日に連なる社会アカウンタビリティの政治の起点となった。これらは，コモン・コーズとパ

ブリック・シティズンが会員制組織，公益調査グループが若手弁護士や学生インターンによる政府や企業の活動の調査組織というように，形態が異なっている。しかし，政府の秘密主義や特殊利益との癒着に切り込もうとする姿勢は共通していた。そのため，混同されることも少なくなく，ネイダーがコモン・コーズの生みの親だという誤解もしばしば見られる。

　社会アカウンタビリティにかかわるこれらの組織の活動は，2つの点で重なっていた。第1は，政府エリートの諸活動に関する情報の収集と公開である。その典型が，本章の冒頭で見たパブリック・シティズンの連邦議会調査グループによる，選挙区の状況や利益団体とのつながりにも及ぶ，議員の活動プロフィールの作成である。コモン・コーズも，議員の選挙資金の獲得状況などについてまとまった資料を作成していた。第2は，政府機関や政治家について，違法と見られる行為を告発することである。連邦議会の議員に関して上下各院に置かれた倫理委員会に調査を求めたり，機関や個人を相手どった訴訟を提起したりすることも辞さない。たとえば，コモン・コーズは1972年の大統領選挙におけるニクソン大統領陣営の選挙活動法違反を訴追しており，それがのちの辞任の遠因となっている（Martin 2002; McFarland 1984; Rothenberg 1992）。

　後者の側面について注意を要するのが，コモン・コーズとパブリック・シティズンが法律事務所としての側面を持っていたことである。アメリカには，特定の公共利益のために弁護士活動を行う公益法律事務所（public interest law firm）が数多く存在しており，両組織も政府のアカウンタビリティ向上をめざすそれとしての性格を持っていた。特に，訴訟を含む情報公開請求手続きを積極的に活用していった。これらの組織は情報公開請求のノウハウを確立し，アカウンタビリティの向上に資すると判断した場合には，他の主体が情報公開請求訴訟を起こすことも支援してきたのである。

　この時期に登場した政府監視団体は，それらに続いた他の団体の主な活動様式である，情報の収集および公開と，訴訟も含めた政治エリートによる不正の追及を先取りしており，その意味での原型と言える（Craig 2004）。その原動力には，政府のアカウンタビリティを全体として向上させようという信念があったと考えられる。元々弁護士のネイダーは，1965年に自動車の安全装備の不備を告発した報告書で全国的に注目を集めた（Nader 1965）。以後は手持ちの

資金を「ネイダーの奇襲部隊(レイダーズ)」と呼ばれる，政府の諸機関に対して集中的に調査を行う若者のチーム活動につぎこむ徹底ぶりが知られるようになった。他方，コモン・コーズを組織したジョン・ガードナーは，大学で心理学を講じた後カーネギー財団に入り，教育政策にかかわるようになったのが縁で，共和党支持者ながらジョンソン政権に加わっていた。政府を離れた後は，都市部のコミュニティの再活性化をめざす団体を発足させ，それがコモン・コーズの前身となった（Gardner 1973; Martin 2002）。

　もっとも，特定の政治勢力との緊密なつながりこそなかったものの，これらの組織はイデオロギー的に無色透明だったわけではなく，明らかにリベラル寄りであった。それはコモン・コーズについて顕著であり，他に目標として掲げていた選挙資金制度改革や連邦議会内の先任者優先制の改革は，実現すれば共和党や南部の保守派の攻勢に遭っていた民主党のリベラル派に追い風となるものだった。当初からその会員の多くがリベラルだったことがわかっている。パブリック・シティズンが掲げた環境主義や消費者主義も，アメリカの政治的文脈ではリベラリズムと親和的であった。これらの組織は，支援者からの献金以外にさまざまな財団からも寄付を受けてきたが，それらも多くがリベラル寄りだったと見られている（Berry 1999; Rothenberg 1992）。

　アメリカでは，政党政治や政策形成過程を支える，シンクタンク，マスメディア，財団といった，継続的に活動する一連の民間組織を政治的インフラストラクチャーと総称する。20世紀半ばには，ブルッキングス研究所などのシンクタンク，『ニューヨーク・タイムズ』のような有力紙などは，不偏不党を掲げながらもその多くがリベラル寄りの立場をとってきた（久保 2010）。この文脈からすれば，コモン・コーズやネイダーの諸組織がリベラルだったのも不思議でない。しかし，やがて共和党内で活動を活発化させていった保守派が政治的インフラストラクチャーの整備を進めていき，政府監視団体についても同様の変化が生じることになる。

## 3 党派的な政府監視団体の登場

### ◆ 保守派による政府監視団体の立ち上げ

1970年代以降，保守派はリベラル派に対抗すべく，シンクタンクやマスメディアを強化するなど政治的な組織基盤を整備していった（Rich 2004）。その一方で，政府監視団体の組織化は遅れることになった。それには，2つの理由が考えられる。まず，保守派による組織化が早期に進んだ分野は，シンクタンクにせよマスメディアにせよ，すでに長年にわたってモデルとなるリベラル側の組織が存在した。それと比べて，政府監視団体はまだ登場したばかりであり，保守派が対抗組織化の必要性を感じにくかったのだと思われる。

さらに，当時の政府監視団体の行動様式も影響していたと考えられる。コモン・コーズなどの主たる情報入手の手段であった，情報の自由法に基づく情報公開請求や訴訟は，行政機関のみを対象とする。ところが，1970年代から80年代にかけては，カーター政権期を除いてすべて共和党が政権を握っていたため，保守派が政府監視団体を組織する動機づけは弱かったのである。この時期の保守派にとって主たる関心の対象は，むしろ社会文化的な争点を中心にリベラルな内容の判決を多く出していた司法府であった（Teles 2008）。管見の限り，保守的な姿勢を打ち出した最初の政府監視団体は，1977年に設置されたワシントン法律財団（Washington Legal Foundation）である。この組織が民主党政権の発足した年に，しかも裁判所に対する監視を主な目的に発足したのは，こうした事情からきている可能性がある。

政治的に大きな存在感を持つようになった初の保守的な政府監視団体は，それより大分後の1994年に登場したジュディシャル・ウォッチ（Judicial Watch）である。弁護士のラリー・クレイマンは，民主党のクリントン政権の関係者に問題があると考えて「法からは誰も逃れられないのだから（Because No One Is Above the Law）」をモットーにこの組織を立ち上げたが，彼は自他ともに認める保守派であった。彼は従来の仕事の傍ら，政府の不正によって不利益を被ったとする依頼人のために訴訟を起こしたり，自らも政府や政治家の活動について情報公開請求や訴訟の提起を通じて不正を暴こうとしたりし始めたのである（Klayman 2009）。

クレイマンはクリントン大統領のアーカンソー州知事時代の不正献金疑惑，いわゆるホワイトウォーター疑惑や，当時の部下のポーラ・ジョーンズからのセクシャル・ハラスメントの申し立てなどに関して，政権関係者を相手に20近い数の訴訟を提起して疑惑を執拗に追及していった。彼の活動はマスメディアで取り上げられるなど，注目を集めていき，当時の人気テレビドラマ「ウェスト・ウィング」に登場する，民主党大統領のスキャンダルを追いかける政府監視団体「フリーダム・ウォッチ」とその指導者「ハリー・クレイプール」のモデルともなったのである。

ネイダーを尊敬するクレイマンは「右派のネイダー」を自称したが，両者には2つの大きな違いがあった。第1は，クレイマンも自覚していた，その明らかな党派性であり，クリントン政権の関係者をはじめ，彼が標的とした人物の大半が民主党側であった（Jackson 1998）。次に挙げられるのが，個人攻撃の性格を強く持っていたことである。ネイダーの活動の力点は政府組織の機能不全や，それに伴う政策的不備の指摘に置かれており，おそらくはそれもあって保守派からも叩かれにくかった。それとは対照的に，クレイマンは個々の公職者を攻撃することが多かったのである。

こうしたクレイマンの活動には，不正の追及よりも政権への攻撃に重点が置かれており，公職者が対応に追われて時間とエネルギーが無駄になるとして，民主党側から非難が出た。その一方，保守勢力からは支持を集めていった。たとえば，ケーブルテレビのCNNがリベラル寄りにすぎるとして，それに対抗すべく1996年に設立されたFOXニュース・チャンネルは，クレイマンを番組のゲストに呼んで民主党政権の不正について解説させるようになったのである。また初期のジュディシャル・ウォッチはクレイマン個人の手弁当での活動に過ぎなかったものの，保守的なサラ・スケイフ財団（Sarah Scaife Foundation）から資金援助を得るようになり，それに伴って組織規模も拡大していった（Segal 1998）。ジュディシャル・ウォッチは，こうして保守系の政治的インフラストラクチャーに組み込まれていき，クレイマンも発言力を強めたのである。

ジュディシャル・ウォッチの影響力が拡大していったのは，その活動がリベラル派への攻撃として効果的だと見られたからだと考えられる。1990年代には，二大政党の勢力が選挙面で拮抗し，両者が互いにスキャンダルや汚職の発

掘によって相手を追い落とそうとする,「他の手段による政治 (politics by other means)」が盛んになったとされるが,政権への攻撃で名を馳せたクレイマンはその重要な立役者だったと言える (Ginsberg and Shefter 2002)。

このように,クレイマンには明らかな党派的偏向があったものの,それだけが彼の活動の動機だったとも考えにくい。ジュディシャル・ウォッチは共和党の政治家,それも大物を標的にすることもあったからである。次のG. W. ブッシュ政権期には,チェイニー副大統領がハリバートン社の幹部だった際の利益水増し疑惑を追及し始め,また環境保護団体のシエラ・クラブとともに環境保護庁と企業の癒着疑惑に関して訴訟を提起するというように,明らかに保守派の意に沿わない活動も行うようになり,共和党の指導層から疎んじられていった (Grimaldi 2002; Tucker 2002)。クレイマンは政府のアカウンタビリティを向上させようという信念を持っていたものの,保守イデオロギーのために活動に偏りが生じたというのが実情だったと見られる。

その後,クレイマンは2004年にフロリダ州で連邦議会上院議員の共和党予備選挙に出馬して敗れた後,ジュディシャル・ウォッチ内部での意見対立から組織を離れた。新たにフリーダム・ウォッチ (Freedom Watch) を立ち上げて引き続き政府監視活動に従事し,オバマ政権に対しては大統領の出生地に関する疑惑を追及したり,国家安全保障局による電話盗聴を違憲として訴訟を提起したりしている。共和党内での存在感はかつてに比べて低下したものの,政府監視団体としては定着したと言える (Klayman 2009; Fitton 2012)。そのことは,それに対抗してリベラル派の側でも政府監視団体が組織されたことにも表れている。

◆ リベラル派の対抗組織化

こうして,1990年代にはジュディシャル・ウォッチの登場によって,明らかな党派性を持つ政府監視団体という類型が生まれた。この時期にはシンクタンクなど他の分野でも,保守系の組織が攻勢にあったが,21世紀に入るとリベラル派による巻き返しの動きが本格化した。たとえば,クリントン政権で首席補佐官を務めたジョン・ポデスタがシンクタンクのアメリカ進歩センター (Center for American Progress) を発足させるというように,各分野で対抗組織

化が進んだのである。そのなかで，2003 年に政府監視団体として「責任と倫理あるワシントンのための市民たち（Citizens for Responsibility and Ethics in Washington; CREW）」が立ち上げられた。

　CREW の重要な特徴の一つに，最初からリベラル側の政治的インフラストラクチャーの一部として生み出されたことがある。その共同設立者の一人であるメラニー・スローンは，クレイマンと同じく弁護士であったが，一時期連邦司法省に勤務した他は民間で活動していたクレイマンと異なり，それまでのキャリアの大半を民主党の連邦議会議員のスタッフとして送っていた。また CREW は，発足当初からジョージ・ソロスのオープン・ソサエティ財団（Open Society Foundation）など，リベラル系の有力財団を資金源としていた。ジュディシャル・ウォッチがややエキセントリックなクレイマン個人の考えで動いていたのとは対照的に，CREW は保守派への攻撃を念頭に，リベラル派の組織的意思で生み出されたのである（VandeHei and Cillizza 2006）。

　そのことは，CREW の活動の実績からも明らかである。同組織は，責任と倫理を欠いた政治家を党派を問わず糾弾することをその使命に掲げていた。そのために訴訟や情報公開請求，また相手が連邦議会議員の場合は所属議院の倫理委員会への告発といった手段を用いたが，対象となったのは大半が共和党の政治家であった。CREW の発足当時は共和党が政権と議会の多数派を握っており，攻撃対象には事欠かなかった。たとえば，連邦議会上院院内総務のトム・ディレイが選挙資金の不正受給疑惑のために辞任した際も，告発を行っている（Babington 2004）。CREW は，民主党の政治家を槍玉に挙げることもあるが，同組織が作成した「最も腐敗した」連邦議会議員や州知事のリストからも明らかなように，ジュディシャル・ウォッチと違って大物を取り上げることはまずない（CREW 2013a, 2013b）。マスメディアも，CREW を「リベラル」と形容することが多い。

　このように，今日では保守とリベラルの両陣営で，イデオロギー的に相容れない政治家を攻撃の対象とする政府監視団体が活動している。すでに見たように，そのあからさまに党派的な活動スタイルには批判もなされてきた。それにもかかわらずこれらの団体が定着した要因として，立場を共有する政治勢力の支援を得られたのに加えて，主流メディアと共生しえたことを指摘できる。党

派的な政府監視団体が，探り当てた政治家のスキャンダルを広めるには，マスメディアを必要とする。他方マスメディアにとって，これらの監視団体は報道の素材となるスキャンダルを見つけるだけでなく，それに関して情報を請求したり訴訟を起こしたりするので，それを報じれば，疑惑自体の真偽にかかわらず堂々とスキャンダルを取り上げられるという利点があるのである。

　今日アメリカで党派的な政府監視団体が一定の存在感を示しえている理由としては，主流メディアそのものが党派性を強めており，党派を同じくするマスメディアと監視団体が強く結び付いているという事情も挙げられる。すでに見たように，アメリカでは保守派が影響力を拡大するにつれ，既存のマスメディアがリベラルに偏向しているという指摘がなされるようになり，1980年代以降テレビではFOXニュース，新聞では『ワシントン・タイムズ』というように，保守系のマスメディアが頭角を表していった。それに対抗する動きもその後生じており，たとえば1996年にはニュース専門チャンネルのMSNBCが設立され，リベラル寄りの報道で注目されている。また政治的に対立するマスメディアの報道を，報じられた内容の事実関係と対象の取り上げ方の偏りという両面からチェックしようとする動きもあり，党派的なメディア監視団体（media watchdogs）は1960年代後半から活動している（前嶋 2011）。

　ジュディシャル・ウォッチのクレイマンがFOXニュースに出演していた一方で，CREWのスローンがCNNやMSNBCの番組にコメンテーターとして登場するというように，党派的な政府監視団体が積極的に活用されているのは，かなりの程度まで政治的立場を共有するマスメディアという受け皿があってのことと考えられる[2]。新聞についても，その党派性によって政治家のスキャンダルの報じ方に違いがあるのが明らかにされており，党派を共有する政府監視団体との結び付きの強さと符合する（Puglisi and Snyder, Jr. 2011）。そして，主流メディアと良好な関係を築くことの重要性は，次に見る情報化時代の監視団体との比較からも明らかになる。

## 4　情報化時代の政府監視団体

### ◆ データベース型政府監視団体

　21世紀に入る頃から，政府のアカウンタビリティに関して新たな考え方が広がりを見せていった。それは，政府の生み出す情報は原則的にすべて自発的に公開されるべきであり，「ガラス張りの政府（transparency in government）」がめざされるべきだというものである。その延長上に，政府が活動内容を市民と逐一共有し，市民からも政府に働きかけて一緒に政策を形成していく，「政府2.0（Government 2.0）」という考え方も登場した（Sifry 2011; Newsom 2013）。[3)]

　「ガラス張りの政府」実現の鍵とされてきたのが，政府の諸活動について体系的な情報を提供するデータベースの構築である。データベースの活用を通じて政府や市民の行動に影響を及ぼそうとする考え方自体は，以前から存在した。たとえば，1983年に発足した「応答的な政治センター（Center for Responsive Politics）」は，1990年代から選挙献金に関する資料集を公刊している。また1985年に設立された国家安全保障アーカイブ（National Security Archive）も，情報公開請求などで入手した外交文書をテーマ別に公開してきている。とはいえ，一般市民が容易にアクセスできるデータベースの登場には，パーソナル・コンピュータとインターネットの発達による，情報の管理・伝達コストの激減が鍵となった。上の2つの監視団体も，その後活動の軸足をインターネット上に移している。

　今日，この変化を象徴する組織としてサンライト財団（Sunlight Foundation）が挙げられる。2006年に設立されたこの組織の活動は，大きく3つに分けられる。まず最も特徴的なのが，情報技術を駆使した，政府の活動に関するデータベースの開発である。この財団の共同設立者で事務局長も務めるエレン・ミラーは「応答的な政治センター」の出身であり，そこで培ったノウハウをいかすのに加えて，情報化の進展を受けて新たな試みも行っている。たとえば，連邦議会における法案の審議状況を修正案も含めて逐次知らせる携帯端末向けアプリケーションを開発するというように，利用者の需要にきめ細かく応じた情報を提供することがめざされている。また各議員の選挙区での活動について，選挙区民からも情報を集めて公開しており，ネイダーがかつて行ったプロジェ

クトの再来とも言える。

　その他には，政府のアカウンタビリティを向上させるための法整備を後押しするロビイング活動や，それに関連した調査報道が挙げられる。特に後者に関しては，オバマ政権が政府と市民の協働に向けて政府からの情報提供の制度化を重視しているのを受けて，公聴会での証言などを通じて連邦議会への働きかけを行っている（Ginsberg 2011; Evans and Campos 2013）。

　サンライト財団については，当初リベラル寄りではないかという推測もされたが，明確な党派性はないというのがその後共通了解になっている（Birnbaum 2006）。そのためCREWなどのように，イデオロギー色のある財団からの支援は期待できないが，それに代わる資金源が活動を支えている。サンライト財団は，もう一人の共同設立者であるマイケル・クラインからの350万ドルに上る寄付金を元手に生み出された。クラインは以後も継続的な寄付を続けているが，それ以外に大口の資金提供者となっているのが，ナイト財団（John S. and James L. Knight Foundation）やオミドヤール・ネットワーク（Omidyar Network）といった大規模財団である。これらはいずれも社会における情報技術の活用促進を目的に掲げており，サンライト財団は相性のよい出資先になっていると見られる。

　こうした財団は，オミドヤール・ネットワークがインターネット取引サイトのイーベイ（eBay）の創業者によって設立されているなど，近年大きな成功を収めた情報技術（IT）事業を基礎にしている。一般に，大口の寄付に依存した組織運営は絶えず寄付の削減や打ち切りのリスクにさらされるため，安定しにくいとされる。しかし，サンライト財団のようにデータベースやアプリケーションの開発を中心的な事業としている場合，成果物やそれへのアクセスの多寡という形で出資者へのアカウンタビリティを果たしやすいという利点もあると考えられる。

　もっとも，「ガラス張りの政府」の実現は決して容易でない。サンライト財団などの目標を実現するには，従来入手できなかった情報を政府に公開させ，そのうえで得られた情報を処理して人々が容易にアクセスできるようにするという，2つの要素がある。そのうち，これらの団体の成果が目立つのは後者である。たとえば，「応答的な政府センター」のウェブサイトは「公然の秘密

(Open Secrets)」というその名称にも表れているように，連邦選挙委員会等から入手した政治とカネにかかわる幅広い公開データを縦横に検索できるようにしたものである（「公然の秘密」は，同センターが発行していた資料集の題名でもある）。サンライト財団など，より新しい団体が次々と成果を上げているのも，主に公開済みのデータを情報技術を用いて使いやすくすることによってである。しかし，これはたしかに重要な貢献ではあるが，元々入手可能だった情報である以上，それがアカウンタビリティの向上に果たす役割は割り引いて評価する必要がある（Yu and Robinson 2012; Margetts 2014）。

　それに対して，政府に新たに大量の情報を公開させるのは簡単でない。たしかに，政府側はその活動にかかわる情報を，公開を前提として整備するようになってきている。とはいえ，どんな情報でも公開してよいわけではないだろう。情報の自由法は，公開請求があっても不開示にできる免除事由を列挙しているが，その中にはすでに見た国家安全保障にかかわる秘密や，個人や企業の営業上の秘密，プライバシーを脅かすような情報，金融の安定性を脅かすような情報，開示によって誰かの生命や身体が危険にさらされるような情報といった多様なものが含まれる。そこでは，一律に公開の是非が決められるものもあれば，特定の個人に関して政府が持つ情報を当事者に限定して開示できる，というように，相手によって適用が異なる場合も考えられよう[4]。

　それでも，個々に開示請求がなされてそれに政府が応じるのであれば，それぞれについて審査が可能である（それでも，たとえば，企業が競争相手の情報を得るのに情報公開請求手続きを用い，それに対して開示差し止め訴訟が提起されたりする）。しかし，サンライト財団が提唱し，広く参照されている「開かれた政府」の情報公開の諸要件では，政府の持つ情報が完全な，つまり部分的に加工・削除を加えられていない形（completeness）で，誰にでも提供される（non-discrimination）ことが挙げられている（Sunlight Foundation 2010）。だとすれば，政府の保有する大量の情報をどのようにより分けて，公開できる範囲を大きくしていくかは，慎重な検討を要するはずであり，それにかかわる政府への働きかけが実を結ぶには，時間がかかると考えられよう。

第Ⅳ部　社会アカウンタビリティ

### ◆ リーク促進型政府監視団体とその挫折

　情報技術を用いて，政府の協力も得ながらその活動に関する情報を広く公開して「ガラス張りの政府」を実現しようとする試みは，すでに定着した感がある。しかし，ここまでの検討をふまえれば，それでも公開されない情報は多く残るであろう。特に政府にとって都合が悪い，また公開が国益にとって望ましくないと判断された情報は，秘匿されやすいと考えられる。たとえば，G. W. ブッシュ政権は，アフガニスタンやイラクでの戦争やテロ容疑者の扱いに関連して，実態を隠蔽しようとしたと見られている（Montgomery 2008; Roberts 2006）。情報公開に積極的だとされたオバマ政権も，テロ対策や外交を有利に進めるためといった理由で，国内外のさまざまな主体に対して電話の会話や電子メールの記録を通じた監視を秘密裏に行ってきたことを非難されているのである（Priest and Arkin 2011）。

　ここでは，政府が情報を公開するどころか，アカウンタビリティを果たすべき相手である市民に関する情報を無断で取得しており，また企業も個人情報を収集しているのは周知の通りである。だとすれば，これらの大規模組織が人々を欺いたり，プライバシーを侵害したりするのに対抗しようとする主体が現れても不思議はない。なかでも，暗号化技術を用いて人々のプライバシーを守ろうとする人々をサイファーパンクス（cypherpunks）と呼び，20世紀末から活動してきた（Greenberg 2012）。2010年にアメリカの軍事や外交に関する機密情報を公表して以降，世界的に注目を集めたウィキリークス（WikiLeaks）は，その流れに属する。そのねらいは，政府や大企業が秘匿する情報を内部通報者から入手し，それを公開して，説明を迫ることにある（Beckett 2012）。

　内部通報者から漏洩された情報の活用は，従来からマスメディアが行ってきた，古典的とも言えるものである。しかし，情報化時代に入って，内部通報をめぐる状況は大きく変化している。まず，通報者が情報を持ち出すのが格段に容易になっている。ベトナム戦争時のいわゆる「ペンタゴン・ペーパーズ」に関して，1970年代にランド研究所のダニエル・エルズバーグが国防総省の作成した7000頁分の機密資料を運び出し，複写するのには実に6カ月を要した。それに対して，アメリカ軍の情報分析官だったブラッドリー・マニングは，コンパクト・ディスクを何度か書き換えるだけでウィキリークスに提供した25

万余の国務省外電を入手できたのである。また，そうして電子ファイルの形で持ち出した情報は，インターネットを通じて容易にそのまま世界規模で公開できる。

ウィキリークスは，こうした情報技術の特性をいかして，通報者が身元を明かさずにデータをサーバーにアップロードできる仕組みや，外部からデータを改竄，消去されないようなセキュリティ，そして利用者が大量のデータから関心のあるものを探し出せる検索システムといった要素を持つデータベースを構築した。その結果，国務省の外交官による公電から，「付随的な殺人（Collateral Murder）」と題された，アメリカの戦闘ヘリコプターによるイラクでの非戦闘員の殺害をとらえたビデオに至る，大量の機密情報が公開されたのである。それ以外にも，他の国々の政府や，企業をはじめとする民間組織に関する情報も公開している[5]。

ウィキリークスは，指導者のジュリアン・アサンジが，2010年の『タイム』誌が選ぶ「今年の100人」の読者投票で1位となるなど，世界的な注目を集めた。しかし，その後の展開には情報漏洩を促進しようとする監視団体の抱える困難が表れている。第1は，政府からの攻撃である。ウィキリークスがアメリカ政府に関する一連の情報を公開した後，同政府はウィキリークスがデータを置いていたサーバーのレンタル会社，口座を持っていた銀行やクレジットカード会社に取引を停止するよう求めた。これらの企業がそれに応じた結果，ウィキリークスは献金の受け取り手段を失うなど，大きな打撃を受けたのである。その後，ハッカー集団の「アノニマス」がこれらの企業に抗議してサイバー攻撃をしかけたものの，この事態は政府を敵に回すリスクをよく示している（Olson 2013; Roberts 2012）。

しかし，政府監視団体はそもそも政府関係者にとって多かれ少なかれ鬱陶しい存在のはずである（Feldman and Eichenthal 2013）。そのなかで政府がウィキリークスを攻撃したのは，同団体が社会に後ろ盾を持たなかったからとも言える。この点で興味深いのは，マスメディアが全体的にウィキリークスについて否定的なニュアンスで報道するなど，両者の関係がよくなかったことである。活動を通じて，ウィキリークスの関係者は，内部通報者から得た情報をそのまま閲覧可能な状態にするだけでは人々の関心を集められないのに気づいた。注

目されるには，得られた情報の真贋を確認し，いかなる背景と意義を持つデータなのかを説明する必要があったが，それには関連分野の専門知識と多大な労力を要する。しかも，加工ずみの情報を提示することは，ジャーナリズムとの競合を意味したのである。報道の多くがウィキリークスを「得体の知れない怪しげな無法者」として描き出したのには，そうした背景もあったと見られる（Brevini and Murdock 2013）。

　ウィキリークスは，情報の加工コストの削減とジャーナリズムとの対立解消の両方を狙って，イギリスの『ガーディアン』，アメリカの『ニューヨーク・タイムズ』，フランスの『ル・モンド』，日本の『朝日新聞』といった有力紙と提携した。しかし，その後情報公開の方針をめぐってこれらの新聞と対立するようになり，指導者のアサンジが性的暴行の容疑で逮捕されるなどして，ウィキリークスの活動は停滞している。アサンジの右腕であったダニエル・ドムシャイト・ベルクは 2011 年に組織を離れ，それまでのノウハウを活かして「オープンリークス（OpenLeaks）」を立ち上げようとしたものの，翌年にはそれも断念している。

　2013 年 6 月，アメリカの中央情報局と国家安全保障局，それに後者の契約企業に勤務経験のあるエドワード・スノウデンは，国家安全保障局が行っていた国内外における情報収集活動の内幕を暴露した。彼が一時ウィキリークスとの交渉を検討しながら，その逆境もあって『ワシントン・ポスト』などの主流メディアを情報の公開先として選んだことは，リーク促進型の監視団体がこの分野で地位を確立していないという事実を象徴的に示していると言えよう（Harding 2014）。むしろ，『ニューヨーク・タイムズ』など主流メディアの側が内部通報者向けのデータ・デポジトリを設置するようになっている。また，調査報道と関連のデータベースを結び付けて注目を集めつつあるプロプブリカ（ProPublica）のように，ジャーナリズムの側が監視団体の生み出した手法を活用して成功を収める事例が目立っている（Bennett 2014）。

## 5　社会アカウンタビリティの量と質

　アメリカの政府監視団体は，これまで政府のアカウンタビリティに関する研

究の俎上に載せられることがほとんどなかった。最近刊行されたこの分野の研究ハンドブックでも，社会の諸主体のうち市民やマスメディアによる政府監視は扱われていても，ここで検討した監視団体に関しては，ウィキリークスがジャーナリズムとの関係で取り上げられている以外に言及がない。事情は，アメリカ政治研究でもほとんど変わらない（Bovens et al. 2014; Roberts 2006; Bowles et al., 2014）。これは，ネイダーがアメリカ史上最も影響力のある社会運動家の一人に挙げられることを考えると，意外とも言えよう。本章では，代表的な政府監視団体の活動を考察することで，社会の公共財という位置づけを超えて，政府のアカウンタビリティの向上をめざす活動をめぐる政治の広がりを提示しようとした。そこからは，大きく2つの点が明らかになった。

まず，政府のアカウンタビリティ向上を目標に掲げていても，特定の政治勢力に荷担，あるいは反目するような政府監視活動を行う団体が存在し，それをめぐって社会内で対立が生じうることである。特に，ジュディシャル・ウォッチやCREWがいずれも党派的な偏向を持っているのは広く知られている。CREWの登場によって保守・リベラルの双方が政府監視団体を持つようになるまでは，政府のアカウンタビリティ一般の向上という目的を振りかざして，政府内の特定勢力を攻撃しているという批判がしばしば見られた。政府といってもその構成員は社会から供給されている以上，社会アカウンタビリティの政治が社会内の対立と連動しても不思議はないであろう。

しかし，こうした党派性を帯びてさえいなければ，政府監視団体の活動が論争的にならないかと言えば，そうではない。たしかに，1970年代以降いくつもの政府監視団体が行ってきた，政府の活動に関するデータベースの構築や電子政府化の運動は，ほとんど反対を引き起こさなかった。それでも，「ガラス張りの政府」をめざすにしても，営業上の秘密やプライバシーに代表されるいかなる情報がどの程度「保護」されるべきかは論争的になりうる。この問題に関する議論は，政府の保有する大量の情報を一般に公開できるようになったという新たな条件下で，今後さらに深められていくものと考えられる。さらにウィキリークスをめぐっては，関係者からの情報漏洩を促したのに加えて，それによって公開された外交上の機密が各国の国益を損ないかねないとして，政府監視の方法と獲得した情報の内容の双方について批判が出ている。そこには，

ウィキリークスと競合しうるマスメディアからの反発も作用していたと見られる。

アメリカで過去半世紀にわたって，社会アカウンタビリティに関してこうした対立が顕在化してきたのは，世界的にも早く情報公開法が制定され，さまざまな形で活用されてきたという事情にもよっていると考えられる。またアメリカでは，公益法律事務所が政府監視団体の主要な形態の一つであり，情報公開請求を積極的に行ってきたが，こうした組織はどこの国にも存在するわけではない（Sarat and Scheingold 2005）。しかし，本章で検討した政治過程がアメリカに固有のものとも考えにくい。一般に，時の政府が隠したがる情報を引き出そうとする行為が党派性を帯びても不思議はない。また政府監視の手段や獲得する情報の内容の妥当性をめぐる論議は，情報公開制度の有無にかかわらず生じうる。ウィキリークスにいたっては，そもそもアメリカ発の団体ですらないのである。

このように，社会アカウンタビリティの政治については，政府対社会という図式を超えて，それが社会内の諸勢力間の対立とどう連動しているのかにも目を向ける必要がある。その際，社会が政府からどれだけの情報を獲得しえているのかという量的な観点のみならず，政府から獲得されている情報にいかなる偏りがありうるのかといった，質的な観点からも分析することで，理解が深まると考えられよう。

● 注
1) 本章で取り上げるのは，連邦レベルで分野を限定せずに活動する専従の監視団体のうち代表的なものに限られる。また他にも，州レベルや財政など特定の政策領域のみを対象とするもの等があり，それ以外にも多くの利益団体やシンクタンクは政府監視機能をあわせ持つ（Feldman and Eichenthal 2013）。そもそも，政府監視団体に関してはどれだけの数が存在しているのかもはっきりせず，その意味で本論はきわめて試論的，探索的である。
2) ただしスローンは，3大ネットワークの番組にも出演している。
3) これは，市民がインターネットから情報を得るだけでなく，自らも情報の発信者になる「ウェブ2.0」の発想からきている。
4) アメリカの情報の自由法とその運用に関しては，宇賀（2004）を参照。
5) ただし，実際にはウィキリークスへの情報提供は郵便による送付が多かったようであ

る。また,マニングの身元が明らかになったのは,ソーシャル・ネットワーク・サービス上で自らの行為について告白したためで,そうでなければ確認は困難だったと見られている(ローゼンバッハ゠シュタルク 2011)。
6) ただし,スノウデンが情報漏洩を行った香港からロシアへの脱出は,ウィキリークスの活動家によって手引きされており,そのことは同組織の健在ぶりを示すものとも受け取られている(Shane 2013)。


● 引用・参考文献
宇賀克也 2004『情報公開法——アメリカの制度と運用』日本評論社。
久保文明編 2010『アメリカ政治を支えるもの——政治的インフラストラクチャーの研究』日本国際問題研究所。
前嶋和弘 2011『アメリカ政治とメディア——「政治のインフラ」から「政治の主役」に変貌するメディア』北樹出版。
ローゼンバッハ,マルセル゠ホルガー・シュタルク/赤坂桃子・猪俣和夫・福原美穂子訳 2011『全貌ウィキリークス』早川書房。
Babington, Charles 2004, "Analysts Consider DeLay's Rebukes; Third Strike Could Weaken Lawmaker," *Washington Post*, Oct. 2.
Bauhr, Monika, and Marcia Grimes 2014, "Indignation or Resignation: The Implications of Transparency for Societal Accountability," *Governance*, 27(2): 291-320.
Beckett, Charlie, with James Ball 2012, *WikiLeaks: News in the Networked Era*, Polity Press.
Bennett, Philip 2014, "Truth Vigilantes: On Journalism and Transparency," in Nigel Bowles James T. Hamilton, and David A.L. Levy eds. Transparency in Politics and the Media: Accountability and Open Goverment, I. B. Tauris.
Berry, Jeffrey M. 1999, *The New Liberalism: The Rising Power of Citizen Groups*, Brookings Institution Press(松野弘監訳 2009『新しいリベラリズム——台頭する市民活動パワー』ミネルヴァ書房).
Birnbaum, Jeffrey H. 2006, "Aiming to Shed Light on Lawmakers," *Washington Post*, April 26.
Bovens, Mark, Robert E. Goodin, and Thomas Schillemans eds. 2014, *The Oxford Handbook of Public Accountability*, Oxford University Press.
Bowles, Nigel, James T. Hamilton, and David A. L. Levy eds. 2014, *Transparency in Politics and the Media: Accountability and Open Government*, I. B. Tauris.
Brevini, Benedetta, and Graham Murdock 2013, "Following the Money: WikiLeaks and the Political Economy of Disclosure," in Benedetta Brevini, Arne Hintz, and Patrick McCurdy eds., *Beyond WikiLeaks: Implications for the Future of Communications, Journalism and Society*, Palgrave Macmillan.
Brevini, Benedetta, Arne Hintz, and Patrick McCurdy, eds. 2013, *Beyond WikiLeaks: Implications for the Future of Communications, Journalism and Society*, Palgrave Macmillan.

Craig, Barbara 2004, *Courting Change: The Story of the Public Citizen Litigation Group*, Public Citizen Group.
CREW 2013a, "CREW's Most Corrupt Members of Congress, 2013," available at http://www.crewsmostcorrupt.org/page/-/PDFs/Reports/Most%20Corrupt%20Reports/CREW-Most-Corrupt-Members-of-Congress-Report-2013.pdf (2014年9月6日最終アクセス)
―――― 2013b, "The Worst Governors in America," available at http://www.citizensforethics.org/page/-/PDFs/Reports/CREW_Worst_Governors_in_America_fullreport.pdf (2014年9月6日最終アクセス).
Evans, Angela M., and Adriana Campos 2013, "Open Government Initiatives: Challenges of Citizen Participation," *Journal of Policy Analysis and Management*, 32(1): 172-185.
Feldman, Daniel L., and David R. Eichenthal 2013, *The Art of the Watchdog: Fighting Fraud, Waste, Abuse, and Corruption in Government*, State University of New York Press.
Fitton, Tom 2012, *The Corruption Chronicles: Obama's Big Secrecy, Big Corruption, and Big Government*, Threshold Editions.
Florini, Ann ed. 2007, *The Right to Know: Transperancy for an Open World*, Columbia University Press.
Gardner, John W. 1973, *In Common Cause: Citizen Action and How It Works*, rev. ed., W. W. Norton.
Ginsberg, Benjamin, and Martin Shefter 2002, *Politics by Other Means: Politicians, Prosecutors, and the Press from Watergate to Whitewater*, 3rd ed., W. W. Norton.
Ginsberg, Wendy R. 2011, *The Obama Administration's Open Government Initiative: Issues for Congress*, Congressional Research Service.
Greenberg, Andy 2012, *This Machine Kills Secrets: How WikiLeaks, Cypherpunks, and Hacktivists Aim to Free the World's Information*, Dutton.
Grimaldi, James V. 2002, "Cheney had 'Nothing to Do' With Halliburton Shift, CEO Says; Accounting Change Spurred SEC Probe," *Washington Post*, Oct. 10.
Grimes, Marcia 2013, "The Contingencies of Societal Accountability: Examining the Link Between Civil Society and Good Government," *Studies in Comparative International Development*, 48(4): 380-402.
Harding, Luke 2014, *The Snowden Files: The Inside Story of the World's Most Wanted Man*, Guardian Faber Publishing.
Jackson, Robert L. 1998, "Judicial Watch Keeps Eye on Clinton," *Los Angeles Times*, April 20.
Klayman, Larry 2009, *Whores: Why and How I Came to Fight the Establishment*, New Chapter Publisher.
Margetts, Helen 2014, "Data, Data Everywhere: Open Data versus Big Data in the Quest for Transparency," in Nigel Bowles, James T. Hamilton, and David A. L. Levy eds. *Transparency in Politics and the Media: Accountability and Open Government*, I. B. Tauris.

Martin, Justin 2002, *Nader: Crusader, Spoiler, Icon*, Basic Books.
McFarland, Andrew S. 1984, *Common Cause: Lobbying in the Public Interest*, Chatham House.
Michener, Greg 2011, "FOI Laws Around the World," *Journal of Democracy*, 22: 145-159.
Montgomery, Bruce P. 2008, *The Bush-Cheney Administration's Assault on Open Government*, Praeger.
Nader, Ralph 1965, *Unsafe at Any Speed: The Designed-In Dangers of the American Automobile*, Grossman Publishers.
── 1971, "The Underachievements of Congress," *New York Times*, Dec. 23.
Newsom, Gavin, with Lisa Dickey 2013, *Citizenville: How to Take the Town Square Digital and Reinvent Government*, Penguin Press.
Olson, Parmy 2013, *We Are Anonymous: Inside the Hacker World of LulzSec, Anonymous, and the Global Cyber Insurgency*, Back Bay Books(竹内薫訳 2013『我々はアノニマス──天才ハッカー集団の正体とサイバー攻撃の内幕』ヒカルランド).
Priest, Dana, and William M. Arkin 2011, *Top Secret America: The Rise of the New American Security State*, Little, Brown and Co(玉置悟訳 2013『トップシークレット・アメリカ──最高機密に覆われる国家』草思社)
Puglisi, Riccardo, and James M. Snyder Jr. 2011, "Newspaper Coverage of Political Scandals," *Journal of Politics*, 73(3): 931-950.
Rich, Andrew 2004, *Think Tanks, Public Policy, and the Politics of Expertise*, Cambridge University Press.
Roberts, Alasdair 2006, *Blacked Out: Government Secrecy in the Information Age*, Cambridge University Press.
── 2012, "WikiLeaks: The Illusion of Transparency," *International Review of Administrative Sciences*, 78(1): 116-133.
Rothenberg, Lawrence S. 1992, *Linking Citizens to Government: Interest Group Politics at Common Cause*, Cambridge University Press.
Sagar, Rahul 2013, *Secrets and Leaks: The Dilemma of State Secrecy*, Princeton University Press.
Sarat, Austin, and Stuart A. Scheingold eds. 2005, *The Worlds Cause Lawyers Make: Structure and Agency in Legal Practice*, Stanford University Press.
Schlozman, Kay Lehman, Sidney Verba, and Henry E. Brady eds. 2012, *The Unheavenly Chorus: Unequal Political Voice and the Broken Promise of American Democracy*, Princeton University Press.
Segal, David 1998, "Scaife Foundation Gave $550,000 to Anti-Clinton Legal Group," *Washington Post*, June 10.
Shane, Scott 2013, "Offering Snowden Aid, WikiLeaks Gets Back in the Game," *New York Times*, June 23.
Sifry, Micah L. 2011, *WikiLeaks and the Age of Transparency*, OR Books.
Sunlight Foundation 2010, "Ten Principles for Opening Up Government Information," available at http://sunlightfoundation.com/policy/documents/ten-open-data-principles/

(2014 年 9 月 5 日最終アクセス).
Teles, Steven M. 2008, *The Rise of the Conservative Legal Movement: The Battle for Control of the Law*, Princeton University Press.
Tucker, Neely 2002, "Judge Orders White House Papers'Release: Cheney Lawyers to Ask Appeals Court to Keep Energy Task Force Records Secret," *Washington Post*, Oct. 18.
VandeHei, Jim, and Chris Cillizza 2006, "A New Alliance of Democrats Spreads Funding; But Some in Party Bristle at Secrecy and Liberal Tilt," *Washington Post*, July 17.
Yu, Harlan, and David G. Robinson 2012, "The New Ambiguity of 'Open Government,'" *UCLA Law Review Disclosure*, 59: 178-208.

# 第Ⅴ部
## 国際的アカウンタビリティ

### 第10章　ユーロ危機の政治学

# 第10章

## ユーロ危機の政治学
### 国際化するアカウンタビリティのパラドクス

小川 有美

## 1 マルチレベル・ガバナンス化する統合ヨーロッパ

　国際統合が際立って進展した地域である欧州連合（EU）は，国家以外のレベルに統治が分散しているという意味で，マルチレベル・ガバナンス（multi-level governance）というとらえ方がなされるようになっている。EUというマルチレベル・ガバナンスの実例は，本書におけるアカウンタビリティの考察に対し，一つの挑戦課題を与えることになろう。

　第1章におけるアカウンタビリティの規定は，「Aは，Bに対してその過去または将来の活動について説明をする義務があるとき，Bに対してアカウンタビリティを有する。加えて，Bはポジティブまたはネガティブな制裁をAに対して課すこともできる」というものであった。そこでは図10-1のようにAとBの二者の関係が基本に置かれている。ところが，マルチレベル・ガバナンスについては，政府（G）と国民（D）といった二者を超えて，国際レベル（I），中央政府，地方政府，市民・民間アクターといった，多層・多次元の関係が存在することが，そもそもの出発点にある（Piattoni 2010）。

　もっとも政府の活動が国民国家内部と国際レベルの両方に向けられる，という認識は，今に始まったことではない。パットナムは，政府やリーダーが国際交渉と国内承認の両レベルに対してアカウンタビリティを求められる構図を，「2レベル・ゲーム」として考察した（Putnam 1988）。「2レベル・ゲーム」に

図 10-1　単一レベルのアカウンタビリティ

[出所]　筆者作成。

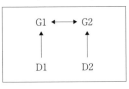

図 10-2　2レベル・ゲーム（パットナム）

[出所]　筆者作成。

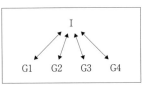

図 10-3　共同決定の罠（シャルプ）

[出所]　筆者作成。

おいて，政府はレベルⅠ（国際交渉）とレベルⅡ（国内の政治）に対応しなければならない。もし，他国との間で合意が成立したとしても，それが国内で「批准」されなければ，政府は合意を守ることができなくなる。他国との交渉が国内で「批准」されうる範囲（ウィン・セット）で決着すれば，その合意は国際的かつ国内的に確定する（図 10-2）。「2レベル・ゲーム」とは，こうした国際相互依存時代の複雑な政治的駆け引きを表現したモデルであり，1970 年代の3つの「経済大国」（アメリカ，日本，西ドイツ）の交渉が焦点となった先進国首脳会議（1978 年ボン・サミット）が典型的な事例として挙げられている。

またシャルプは，1970-80 年代の西ドイツと欧州共同体（EC）を考察し，連邦制国家と欧州統合に共通に見られる政治・行政のメカニズムを解明した。連邦制国家における連邦—州，欧州統合における EC—加盟国の関係は，いずれも上・下 2つのレベルからなる「共同決定」のシステムとなっている。そこでは上位レベルの決定が下位レベルのアクター間の交渉に依存する。下位のアクターはそれぞれ自らの不利益にならない解を求めるため，全体にとって最適な解で決着するとは限らない。しかし停滞があってもシステムは解体するわけではなく，持続していく。シャルプはこのような上・下レベルの統治の相互制約を「共同決定の罠（joint-decision trap）」と呼んだ（図 10-3）(Scharpf 1988)。

シャルプが「共同決定」としてとらえた EC は 1990 年代に EU となり，「深化」と「拡大」を推し進めた。マルチレベル・ガバナンスという認識も（決してヨーロッパに限定される概念でないものの）欧州統合の歩みと並行して発展したと言ってよいだろう（Hooghe and Marks 2001; Piattoni 2010; Kohler-Koch and Larat 2009)。そして注目すべきことに，EU 自体がマルチレベル・ガバナンスという

概念を取り入れている。2001年の欧州委員会の『欧州ガバナンス白書』では，EUと加盟国の権限分有という難題への答えが，「マルチレベル・ガバナンスに基礎を持つ連合」という共通のビジョンであり，そのようなガバナンスとは，「各アクターがその能力や知識に従って全体の活動の成功に寄与する」姿であると説明されている（Commission of the European Communities 2001: 34; 臼井 2013: 165）。

しかしながら「各アクターが全体に寄与する」というマルチレベル・ガバナンスの主張に対し，ピーターズとピエールは，それが危うい「ファウストとの取引」となるのではないか，と問いを発する。新しいガバナンス論はしばしば協調・交渉による共通利益実現のイメージを与えるが，そこでは現実に存在する利害紛争・権力関係が見えにくくなる。協調・交渉による統治の中にあっても，特定のアクターが他のアクターより常に優位なポジションにあることもある。たとえばEUの中で大国の中央政府の持つ力は圧倒的に強く，地域・地方政府の発言力は期待されるほど強くない。そうであるならば，マルチレベル・ガバナンスがむしろバランスを欠いた結果を招くおそれがあるということになる（Peters and Pierre 2004: 86-89）。

このように複雑な面を持つEUのようなガバナンスにおいて，アカウンタビリティはどのような特徴と問題を持つのだろうか。本章では，近年のユーロ危機をテーマに論じていきたい。次の第2節ではまず，EUのアカウンタビリティに関するこれまでの政治理論を概観し，EUがナショナルな代表制とは異なるアカウンタビリティと正統化に依拠してきたことを検討する。第3節では，「上から」見たユーロ危機として，欧州委員会をはじめとするEUのエリートによる危機の認識と対応を検討する。第4節では，「下から」見たユーロ危機として，危機が深刻化しEUと国際通貨基金（IMF）に救済を求めた加盟国の政治経済過程を追跡する。第5節では，「上から」見たアカウンタビリティの問題と「下から」見たアカウンタビリティの問題の食い違いが国際的アカウンタビリティのパラドクスをもたらしていることを明らかにする。そして最後に第6節で，このパラドクスの解決に向けて2つの異なるアカウンタビリティ観があることを示そう。[1]

## 2 EUのアカウンタビリティをめぐる議論

　第1章で述べられているように，国際的アカウンタビリティのメカニズムとしては，制裁を伴うハード・アカウンタビリティとそうではないソフト・アカウンタビリティの両方がある。国際援助機関が途上国に課すコンディショナリティは前者の例であり，非政府組織（NGO）などによる監視は後者の例である。マルチレベル・ガバナンスとしてのEUは，ハードとソフトの国際的アカウンタビリティ・メカニズムを兼ね備えている。EUと加盟国の権限と義務，制裁の有無は，政策分野によって多様な制度で定められている。

　ハーロウの研究『EUにおけるアカウンタビリティ』においては，①選挙・議会を通じたアカウンタビリティ，②監査（audit）を通じたアカウンタビリティ，③法によるアカウンタビリティという3つのアカウンタビリティ・メカニズムにこれらの制度が分類されている。国民国家においては，このうち①の代表制によるアカウンタビリティが，政治的正統性の最も重要な基盤とされるのが普通であろう。これに対してEUの場合，「議会」の制度はEUの欧州議会（European Parliament）と各加盟国の議会の2レベルに分かれている。ところが欧州議会は実質的には政治的決定力に乏しく，各国議会は相互の協力もEUへの発言も十分に行うことができない。そのためいずれの「議会」を通した代表制も限定された機能しか果たしていない。その代わりEUにおいては，②の監査を通じたアカウンタビリティ，そして③の法を通じたアカウンタビリティが発達してきた。このためEUの統合にとって，代表制による決定およびアカウンタビリティのメカニズムよりも，規制や司法化によるメカニズムが主要な推進力となってきたと言われるのである（Harlow 2002）。

　このように代表制の弱いEUのアカウンタビリティについては「民主主義の赤字（democratic deficit）」という批判的評価がつきまとってきた。政党デモクラシーの代表的な研究者であるメアによれば，EUには利益表出，公益擁護（アドボカシー）のメカニズムがあるとはいえ，根本的に「民主的アカウンタビリティ」が欠如しているという。なぜなら，戦後の西欧諸国が拠って立ってきた民主的プロセス，「入力志向の正統性」が，EUでは結局のところ不要もしくは不利な要素とされているからである（Mair 2005）。この「民主主義の赤字」

の問題は，メア以外にも多くの研究者が論じてきた。[2]

　これに対し，今日のグローバル化の下では，古典的な代表制に拠って立つアカウンタビリティを絶対視するべきではないと考える論者も増えている。代表制デモクラシーの理念においては，有権者は十分な情報と明確な選好を持ち，政党や政治家にその実現を委任し，選挙によって政党や政治家に業績評価（制裁）を与えることが想定されている。しかし，経済が国際化して物価や失業の結果にどの党や政治家が真に責任を持つかが明らかでない今日において，そのような想定はもはや現実的ではない。それゆえ国家によるコントロールを超えて複雑化する相互依存の中で，マルチレベルの協力的なガバナンス，水平的・ネットワーク的なアカウンタビリティ，規制と評価による管理という手法がむしろ適合的であると論じられるのである（Papadopoulos 2007; Bovens 2007）。

　ここで，EUの民主的アカウンタビリティをめぐる議論はいささか混線していることに気づくであろう。「民主主義の赤字」を唱える論者は，代表制の空洞化による「入力志向の正統化」の弱さを指摘し，それに反論する論者は，結果により評価される「出力志向の正統化」が，国際化の中でより実質的な役割を果たす，と主張する（Scharpf 1999）。しかしながら，それらはどのようなアカウンタビリティを重視するか，という視点の違いに由来する。

　これまでは，代表制を通じた「入力」の空洞化が懸念されていたとしても，経済国際化のもたらす満足もしくは期待，すなわち「出力」が正統性を補ってきた（それはエリートによる政策への市民の受動的合意として表れていた）（Jones 2009）。しかし，EUが突き当たったユーロ危機は「出力」をいわばマイナスに転じさせた。そのとき，アカウンタビリティのメカニズムはどのような変化を迫られたのであろうか。

## 3　「上から」見たユーロ危機

### ◆　ユーロ危機の深刻化とエリートの反応

　EUの共通通貨ユーロは，経済通貨同盟（EMU）の第3段階として1999年に実現し，その後順調な発展を誇った。しかし2008年に起こったリーマン・ショックに続いて，2010-11年にはユーロ圏の一部諸国の財政・金融危機が深

刻化し，通貨同盟全体の信頼性が揺らいだ。EU は条約上，加盟国の財政に必要な制約を課し，ユーロ圏の金融安定性を維持することを規定していたが（現在の EU 運営条約 TFEU123-126 条，経済通貨同盟の収斂基準，安定成長協定），重大な危機が生じてユーロ加盟国への救済が必要となることは想定されていなかった。[3]

EU の経済政策エリートにとって，ユーロ危機はどのようにとらえられたのだろうか。2003-11 年に欧州中央銀行（ECB）総裁を務めたトリシェは，2014 年の欧州議会における聴聞で，危機の原因として加盟国諸政府の責任を強調した。[4] トリシェは前 ECB 総裁として在任時の対応の是非を問われる立場でもあったのであるが，彼自身の説明によれば，2005 年にはすでにユーロ圏の経済的ギャップが拡大していることを加盟諸国に警告していたのであり，共通通貨を支えるはずの財政赤字や債務についてのルールを無視してきたのは加盟各国だった。また欧州委員会のアルムニア経済・通貨担当欧州委員は，EU の会計監査機能がもっと強ければ事態を防げたとし，新しい規則によって EUROSTAT（統計担当総局）を強化することを求めていた。[5] これらの発言には，EU 機関の想定通りに加盟各国が行動しなかった，という認識の典型が見られよう。

通貨統合は欧州統合の最重要目標の一つであり，マーストリヒト条約（1992 年署名）によって EMU の枠組みとプロセスが定められていた。加盟国は物価安定，政府財政，為替レート，長期金利にかかわる収斂基準（convergence criteria）を満たすことを求められた。財政政策は各国の権限に委ねられているが，財政赤字を名目国内総生産（GDP）比 3% 以内，政府債務残高を 60% 以内とするという基準が定められた。また政府債務に対して加盟国政府間や中央銀行によって直接の財政支援（ベイルアウト）を行うことは条約で禁じられた。このような財政規律の重視は，当時のドイツ連邦銀行の主張を反映したと言われる。

この枠組みは 1997 年の安定成長協定によってさらに制度化され，欧州委員会が中心となって財政規律を監視し，理事会（加盟国政府間会議）が政策勧告を行い，過大な逸脱に対しては制裁（GDP0.2-0.5% に当たる預託金／課徴金）が科せられることとなった。ところが実際には，このルールは厳格には適用されなかった。ベルギー，イタリアは政府債務残高基準を超過し，スペイン，ポルト

ガルは財政赤字基準を超えていたが，ユーロ発足に際しこれらの国々は加入を認められた。2003年には，ドイツとフランスという2大国の財政赤字超過が問題となったが，ユーロ圏に関する経済・財務相理事会は「例外的で一時的」であるとの理由で制裁を行わないと決定した。また2004年までには，ギリシャのユーロ加入に際しての統計情報の不正が明らかとなっていた。

こうしてユーロ圏において制裁の発動は抑制されてきた一方で，ガイドライン（the Broad Economic Policy Guidelines）による非拘束的な勧告，専門家のピア・レビュー（評価・検証），市場の対応を通じた「ソフトな協調」が期待された。このような複雑で柔軟なルールの運用の中で，ユーロは国際通貨としての評価と成功物語を確立していった。

◆ **ギリシャ問題の拡大**

だが2010年以降，ギリシャ問題が国際金融市場，さらにはユーロ圏を揺るがす問題へと拡大していく。その結果，EUはそれまでの条約に規定されていなかったさまざまな解決策の検討を迫られることとなった（Tuori and Tuori 2014）。

2010年5月には，ユーロ圏に関する経済・財務相理事会がギリシャと他のユーロ加盟国の間の信用供与条件を定め，欧州委員会とギリシャの間に「了解覚書（Memorandum of Understanding; MoU）」が交わされた。さらにユーロ圏の金融安定性を保つために新たな支援の枠組みが必要となり，IMFによる協力に加え，欧州金融安定メカニズム（European Financial Stabilization Mechanism; EFSM），欧州金融安定ファシリティ（European Financial Stability Facility; EFSF）が考案された。理事会規則（Council Regulation）407/2010で設置されたEFSMの下では，支援を受ける加盟国は健全な財政金融状況と金融市場による資金調達の回復のための条件を受け入れなければならず，被支援国の経済財政調整プログラムを欧州委員会が検証することとなった。2010年の秋にはアイルランド，翌年の春にはスペインがEFSMの支援の対象となった。

2012年10月には，より規模の大きいEFSFが（ドイツの憲法裁判所の審査を待って）開始された。EFSFの支援開始については，欧州委員会がユーロ圏加盟国を代表して署名する「了解覚書」が条件とされ，その後の追加支援の決定

についても欧州委員会が（ECBと連携して）被支援国の「了解覚書」に関するコンプライアンス（遵守）を報告するものとされた。EFSFはアイルランド，ポルトガル，ギリシャののちスペインにも適用され，より恒久的な欧州安定メカニズム（European Stability Mechanism; ESM）に引き継がれた。

　これらの支援策は「法的即興」とも言われるほど急ピッチの作業であったが，その柱は，①危機に陥った個別の加盟国への支援のほかに，②危機が広範囲に波及する事態の予防（いわゆるファイヤーウォール），③加盟国の財政規律の強化，④加盟国のマクロ経済政策の調整を組み合わせたものであった。これらを達成するためには，各加盟国の財政行動を実質的に統制するルールが必要であった。

　欧州委員会にとって，救済の条件となる財政規律強化は，2000年代にないがしろにされていた安定成長協定上の「予防・是正機能」を取り戻す絶好の機会であった。2010年秋に委員会が提案した通称「6パック」は5つの規則と1つの指令からなり，これまでの多国間監視手続きと過剰財政赤字是正手続きを強化する内容で，翌年12月に発効した。2012年3月には経済通貨同盟における安定，協調，統治に関する条約（Treaty on Stability, Coordination and Governance），いわゆる「財政協定」が25カ国により署名され，翌年1月に発効した。「財政協定」の下ではユーロ加盟国は財政均衡義務を憲法と国内法で定める必要があり，ルール逸脱に対する是正・制裁メカニズムが明記された。あわせて「欧州セメスター（European Semester）」制度によって，加盟国の年間財政・経済計画が明確なタイムライン（行動計画）によって共同調整されることになった。[6] これらはEUにおける経済・財政政策を従来より強力に監視・統制できるルールとして導入されたのである。

## 4　「下から」見たユーロ危機

### ◆ ユーロ圏の多様性

　ユーロ発足にあたり参考にされた経済学の「最適通貨圏」のモデルは，十分同質性の高い経済地域を想定していたが，現実のEU諸国はそれよりはるかに異質な経済構造を有していた。それにもかかわらず経済政策エリートの間では，

表10-1 ユーロ圏のインサイダー/アウトサイダー

| インサイダー | 暫定的アウトサイダー | 準恒久的アウトサイダー |
| --- | --- | --- |
| オーストリア | ブルガリア | イギリス |
| ベルギー | チェコ | スウェーデン |
| キプロス | ハンガリー | |
| フィンランド | リトアニア | |
| フランス | ポーランド | |
| ドイツ | ルーマニア | |
| ギリシャ | | |
| アイルランド | | |
| イタリア | | |
| ルクセンブルク | | デンマーク？ |
| マルタ | | |
| オランダ | | |
| ポルトガル | | |
| スロヴァキア | | |
| スロヴェニア | | |
| スペイン | | |
| エストニア | | |
| ラトヴィア | | |

［出所］ Dyson 2008: 379, Table 20.1. 同書刊行後の加盟国については筆者が修正。

各国の異なる経済条件は収斂するべきものであり，収斂すると信じられた。

　これに対しダイソンは，EMUが内的多様性を大きく残したまま発展してきた問題を指摘している。まず加盟・非加盟の点から見れば，ユーロ圏にはインサイダー（ユーロ導入国），暫定的アウトサイダー（ユーロ導入予定国），準恒久的アウトサイダー（ユーロ導入を選択していないEU加盟国）が存在する（表10-1）。さらに，ユーロ圏内部でも地理的・経済構造的な差異が存在する（表10-2）。このうち経済圏としての凝集性が最も高いのは（旧）ドイツ・マルク圏であり，これらの諸国ではユーロ発足以前から通貨が連動しており，産業連関や物価変動の面でも密接に結び付いてきた。次に，ネオ・コーポラティズム小国型のクラスターがある。これらの諸国はユーロ加盟如何にかかわらず経済の対外開放性が高く，国内の同質性と改革政策によって，比較的良好な経済パフォーマンスを示した。

　3つ目のクラスターが地中海型である。これらの国々はEUの決定によりユ

表10-2 ユーロ圏の3つのクラスター

| ドイツ・マルク圏型 | 地中海型 | ネオ・コーポラティズム小国型 |
|---|---|---|
| オーストリア | ギリシャ | オーストリア |
| ベルギー | イタリア | キプロス |
| フランス | ポルトガル | フィンランド |
| ドイツ |  | アイルランド |
| ルクセンブルク |  | ルクセンブルク |
| オランダ |  | マルタ |
|  |  | オランダ |
|  | スペイン？ | スロヴェニア |

［出所］ Dyson 2008: 381, Table 20.2. 同書刊行後の加盟国については，含まれていない。

ーロの傘下に入ったが，旧マルク圏のような産業連関をもたないばかりでなく，国内改革も不十分であった。ユーロ危機により最も打撃を受けた GIPS（ギリシャ，アイルランド，ポルトガル，スペイン）諸国の多くは，この地中海型のクラスターに属する。なおダイソンはアイルランドをネオ・コーポラティズム小国型[7]に分類しているが，元々はそうではなかったとも述べている（Dyson 2008）。

これら GIPS 諸国はどのように危機に陥ったのだろうか。また，そのことは政治的にいかなるインパクトを与えたのだろうか。以下では，その過程を各国ごとに追っていきたい。

◆ ギリシャ

ギリシャは1970年代の民主化からほどなく EC に加入を認められ，1997年にはアテネがオリンピック開催地に選ばれ，先進国として「象徴的な近代化」を果たした。しかし GDP の 4％ に上るオリンピック費用の大部分は対外債務で賄われ，脱税・腐敗が税収を圧迫した。軍・警察関係以外は未発達だった社会保障制度を拡充するため，2000年から08年の間に政府歳出は 87％ 増大した。ギリシャは1999年のユーロ発足に際し加入を認められなかったが，当時のシミティス首相はユーロの条件を満たしていると宣言し，2001年には加入を果たした。EU は2000年以来ギリシャが実際にはルールに違反している（すなわち統計を操作している）ことを調査していたが，具体的に制裁が発動される

ことはなかった (Berend 2013: 13-18)。

　ギリシャでは，2009年10月の選挙で全ギリシャ社会主義運動（PASOK）に政権が交代し，新内閣は新民主主義党（ND）前政権による財政赤字の指標を12.7％に大幅に修正しなければならないことを公表した。それにより巨額の対外債務の下でもはや一国家では経済再建が困難であること（ソブリン・リスク）が国際的に知れわたることとなった。パパンドレウ首相は当初EUからの経済的支援を求めてはいない，と発言したが，2010年5月までにはIMF，ECB，欧州委員会の三者（トロイカと呼ばれる）に支援を要請せざるをえなくなった。

　そのためにギリシャは痛みを伴う諸改革――公共部門の賃金カット，3年間の年金凍結，女性の退職年齢の引き上げ，間接税引き上げ，最低賃金や集団解雇の規制緩和など――を約束した。だが，これらの緊縮型改革は経済成長の回復に結び付かず，財政収支改善は困難となった。PASOK政権は一方でEU-IMFの要求に抵抗し，他方で国内野党の攻撃に対峙しなければならず，2011年秋にはついに下野する。政治的混乱に対し，EU-IMFは主要政党が一致して支える改革を支援の条件として求め，この国際的圧力の下で暫定内閣が発足した。

　EU-IMFとギリシャの合意はその後1年余りをかけて具体化するが，その頃までに民衆の反発は表面化し，共産党の影響力の強い労働組合は激しい抗議を行った。急上昇した失業率に苦しむ「ロスト・ジェネレーション」の若者の中には，既存の政治システムを拒否し激しい直接行動に出る者も現れた。

◆ アイルランド

　アイルランドは1990年代後半から「ケルトの虎」と呼ばれる経済発展を経験した。ユーロ加盟によって他のGIPS諸国同様に通貨価値の下落や流動性不足の不安から解放されたアイルランドの銀行システムは統制を欠き，アングロ・アイリッシュ銀行をはじめとする不動産融資競争が信用市場を加熱させていた。経済安定化のメカニズムが不十分な小国の経済ブームは，リーマン・ショック後の世界金融危機によって一気に暗転状況を迎えた。ユーロ加盟という外的な条件と，堅固な金融・財政システムの不在という内的な条件の両方によって，危機は深刻化したのであった（Lane 2011）。

2008年9月29-30日,アイルランド政府の主要閣僚は文字通り「一夜のうち」に銀行救済のための政府保証計画を策定した。その総額は国のGDP約1600億ユーロをはるかに超える3340億ユーロ規模と見積もられ,フィアナフォイル(共和党)と緑の党の連合政権はEU,IMFからの緊急融資を要請した。そのために政府は2011年2月初めに厳しい緊縮財政プログラムを議会に承認させたうえ,EU,ECB,IMFとの間で合意を結んだ。

しかしこの合意は国内のコンセンサスを確保したものではなかった。与党連合は自らが合意した金利5.8%を望みうる最善のものと弁護した。これに対し,総選挙を目前に控えた野党のフィネ・ゲールと労働党は,経済再建に打撃となると批判し,高い金利を引き下げる余地があると主張した。選挙前の世論調査では,有権者の8割が再交渉を望んでいた。

この与野党間論争に終止符を打ったのは,国際的なアクターすなわちECBとIMFであった。ECBの国際・欧州担当理事スマギ,IMFアイルランド派遣団長のチョプラはいずれも再交渉の余地はないと発言したからである。ECBとIMFの問答無用の姿勢は,既定の金利はアイルランド国家と合意したものであるという論理で正当化された。だがこのような展開を通じ,アイルランドの政党と政府は「市民への応答性」と「国際的責任」のギャップに引き裂かれ,「国際的責任」が優先される現実が示されたのであった(Mair 2013)。

◆ ポルトガル

ポルトガルは,ユーロ加盟国となった後も国際競争力と生産性が低いままにとどまり,リーマン・ショックが起こるとまもなく財政,債務危機に見舞われた。2010年2月に社会党政権の下で3つの緊縮プログラムが導入されたが,翌年3月にはこれに続く政策プログラムが議会で拒絶され,政権は求心力を失った。内閣がいわば暫定政権のような形でIMFとEUの支援を求めた結果,IMFとEUは全主要政党と労使団体に経済再生プログラムについての一致した対応を求めた。つまりここでも,IMFとEUは,ポルトガル国内の政治的対立や選択肢を許さぬ一致を支援の条件としたのである。

ポルトガルが結んだ「了解覚書」は,増税,公共部門の賃金と年金の凍結,中央・地方公務員削減,国防・国有企業・地方政府歳出の削減などを含み,

2011年6月選挙で社会党政権を倒した中道右派政権は，今度は自らが社会党の同意を求めながら緊縮政策を推し進める立場となった。しかし（社会党に近い）労働総同盟（UGT）や（共産党に近い）ポルトガル労働総同盟（CGTP）にとって緊縮政策から得るものは見出されず，2010年11月と11年12月に労働組合は20年ぶりのゼネラル・ストライキ（ゼネスト）を呼びかけた。組合員に限らず世論調査における緊縮政策への支持はEU加盟国の中でも特に低く，大学卒業生によるフェイスブックを通じた抗議行動は，リスボンで20万人，ポルトで8万人を集めた。一部では税務署への火炎瓶攻撃や，警官と抗議者の衝突が生じた（Armingeon and Baccaro 2012）。

　2012年から13年10月にかけて，ポルトガルの憲法裁判所は一連の判決によってEUによる救済の条件となっている諸政策を違法とし，政府の緊縮案は重大な変更を迫られた。このことは中道右派政権，EU，そして金融市場からの非難を引き起こした。だが，社会党出身の前大統領サンパヨはこれに反論し，憲法裁判所を自国の民主主義の不可欠の要素であるとして擁護した。[8]

◆ スペイン

　ギリシャと比べ，2000年代のスペインの国家財政は健全であったが，2000年代のスペイン経済を浮揚させたのは何よりも不動産売買・投資であり，GDPの約2割は不動産と建設にかかわる活動から創出された。地方経済を支える貯蓄銀行と地域政府はリスクに弱く，リーマン・ショックが国際的な流動性危機として波及したあと，住宅バブルが弾けることは不可避であった。バブル崩壊で150万の物件が未完・未売のままとなり，建設業は壊滅的な状況となった（Berend 2013: 34-36）。

　スペインではギリシャとは異なり政労使協調による「社会対話」が定着していた。それにもかかわらず，危機の中で労使の団体交渉が難航するようになり，政府は，労使交渉が速やかに進展しない場合に政令によって介入する強行方針を打ち出した。2009年以降，社会労働党政権は国際金融市場からの信頼の回復を優先し，公共支出の削減，労働市場・年金制度の改革に着手した。2010年には公務員採用の凍結，公共部門の平均5%賃金削減，解雇規制や労使交渉脱退条件の緩和などの新自由主義的改革を進めた。これに対し労働組合はゼネ

ストを組織して抗議の姿勢を露わにしたが，財政正常化を国際的にアピールするためにこれらの措置は断行された。

2011年5-6月には，労使協定に関する労使合意が達成に至らず，政府は政令を発動して介入した。このような政府による労使関係の強制の一方で，若者による広場の占拠，公的機関前のデモといった直接行動が出現した。15-M運動と呼ばれるこの運動は，反エリート，非既存政党，非労働組合という姿勢をとり，ヨーロッパの「アラブの春」として世界に知られることとなった。

だが，2011年8月26日，与党の社会労働党と最大野党の国民党の両会派共同によって財政健全化とりわけ「予算の安定性の原則」を内容とする憲法改正案が提出され，賛成316，反対5，棄権0という圧倒的多数で下院で可決された。改正憲法は上院での票決後，国民投票を経ることなく9月27日に公布・施行された（Armingeon and Baccaro 2012）。

◆ GIPS諸国の救済の帰結

ユーロ圏加盟国の経済は経済政策エリートの期待通り「収斂」するどころか，むしろ逆の「乖離」が起こった。ECBによって統一された金利の下で，ドイツのような低インフレ国では2000年代前半に景気後退が続き，逆に国際的に信用度の高いハード・カレンシー（国際決済通貨）を手に入れたGIPS諸国には信用の過剰拡大，不動産バブルが押し寄せた。GIPS諸国では，リーマン・ショック後の国際的な金融危機をきっかけに，急激な信用収縮，需要縮小，失業増大，公的債務の膨張が起こった。続いて国債のリスクプレミアムが跳ね上がり，政府の債務返済能力に疑いが生じると，それは国家債務危機となって，共通通貨ユーロの存続を危うくすることとなったのである。

そこでGIPS諸国からフランスやドイツなどEUの中核にも危機が波及するおそれが生じ，これまでにない救援の枠組みが模索された。しかしその枠組みは，被救済国に厳格なコンディショナリティを当てはめようとする性格のものであった。被救済国との間に結ばれる「了解覚書」には，厳しい歳出削減，公共部門人員削減，消費税引き上げが指示され，経済財政理事会による制裁の可能性が盛り込まれた。先に述べたように，「6パック」や「財政協定」によって，財政赤字違反に対するより厳しい監視，より自動化された制裁メカニズム，

欧州委員会の各国政策へのより強力な指導権が追加され，EU 諸国の財政規律を強化することが合意されたのであった。

## 5　「政治なき政策」と「政策なき政治」

### ◆ ユーロ危機の原因

　ユーロ危機の本質は何か。経済政策エリートの支配的見解においては，成長安定協定のルールが厳格に順守・適用されてこなかったことが誤りであった。

　ユーロ危機後，財政状況を「粉飾」していたとされるギリシャを失敗例とみなし，加盟国がルールを遵守するよう国際的なアカウンタビリティを強める対策が推し進められた。ところがそのことによって，各国民は政治的無力感を突き付けられた。言い換えれば，危機と改革自体が，「入力志向の正統化」の空洞化を初めて尖鋭に経験させたのである。ここに，EU における国際的アカウンタビリティのパラドクスが存在する。

　政治学者のシャルプによれば，危機の原因はエージェント（代理人）がプリンシパル（本人）に従わなかったという監視・制裁メカニズムの失敗に帰すべきではなく，全加盟国に「単一規格」を強いる時期尚早の，もしくは過度の制度化にこそあったとする（Scharpf 2012）。そこでは，「2 レベル・ゲーム」や「共同決定」にあった双方向性も成り立っていないことが明らかであろう。パットナムのいう「2 レベル・ゲーム」では，国際相互依存や協定に対し，国内の民主的政治過程がそれを「批准」することも「拒否」することもありうることが前提とされていた。それゆえに，政府が相手国に対し，国内の「拒否」のおそれをほのめかして交渉の駆け引きに用いることもあるのである。ところがユーロ危機への対応においては――ジャーナリスティックには「ユーロ脱退」が取り沙汰されたとはいえ――国内の民主政治が「拒否」の選択肢を選ぶことが現実的には排除されていた。被救済国では国民生活が打撃を受け，デモや直接行動による反発も生じたが，レファレンダム（国民投票）や政党間競争を通じて選択する民主的プロセスが与えられたとは言い難い。[9]

　これを図示するならば，図 10-4 のようになるだろう。経済的に脆弱であるだけでなく国際的に権力の小さい国家（G3, G4）は，国際機関から途上国への

**図10-4　マルチレベル・ガバナンスにおける非対称的アカウンタビリティ**

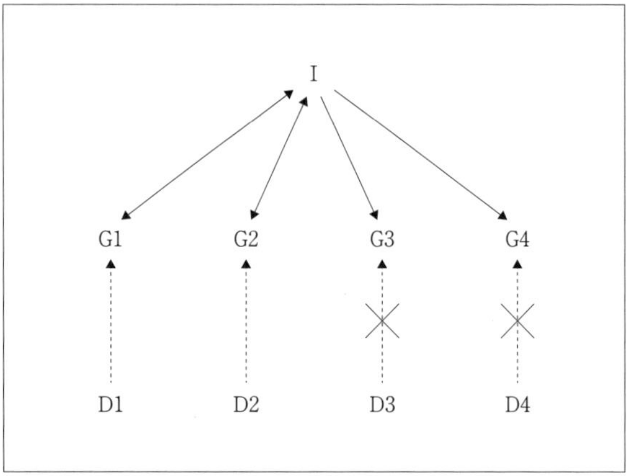

[出所]　筆者作成。

　コンディショナリティのように，対等でない国際的アカウンタビリティを求められる。その結果，政府の国民に対する民主的アカウンタビリティがこれらの国々では特に低下する。

　他方，被救済国以外の諸国においても，失業率が下がらない中で財政規律や緊縮政策を求められることに対して，政策の代替選択肢の余地がないことへの不満が生じる（EU，ユーロ圏，GIPS諸国の失業率の推移については図10-5）。ユーロ危機への支援と負担について，各国民がEUの首脳理事会や経済財政理事会の決定に関与できるプロセスはほとんどなかった。ユーロ圏の「勝ち組」，受益者とされるドイツにおいても，統合や相互依存への理解と信頼が高まったとは言えない。負担者の側に立つドイツの世論の中では，ギリシャをはじめとする被救済国がルールを守るかどうかについて専ら厳しい目が注がれた。こうして危機はEUの諸国民間の結束を高めるというよりも，政治不信を掘り起こすという結果をもたらした（Scharpf 2012, 2013）。

　2014年5月に行われた欧州議会選挙は，この不信を目に見えるものとした。5年ごとに毎回下降する投票率は底をついたと報じられたにもかかわらず，最終集計では最低記録（42.5%）が更新され，反ユーロもしくは反EUの欧州懐

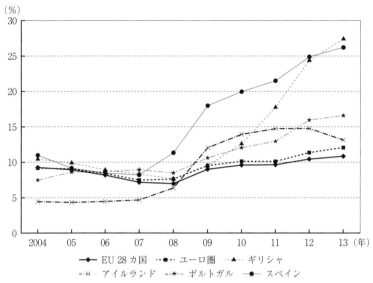

図 10-5　EU，ユーロ圏，GIPS 諸国の失業率の推移

[出所]　欧州委員会統計局（EUROSTAT）ウェブサイト上の失業率統計（http://epp.eurostat.ec.europa.eu/statistics_explained/index.php/Unemployment_statistics#A_detailed_look_at_2013）を基に筆者作成。

疑主義に立つポピュリスト政党がヨーロッパ各地で存在感を示した。ギリシャでは，反緊縮派の急進左派連合と極右の黄金の夜明けをあわせると全得票数の36％に達した。フランスでは急進右翼の国民戦線が25％，ユーロ圏外ではあるがイギリスでは反 EU のイギリス独立党（UKIP）が27％，デンマークでは急進右翼のデンマーク国民党が26.6％を獲得して主要政党を上回る最大得票を得た。ドイツでは，反ユーロの新党「ドイツのための選択肢」が得票率7％にとどまったが，初の7議席を得た。[10] これらのポピュリスト政党は，ギリシャを除く GIPS 諸国よりも，むしろ他の加盟国で議席と発言力を増している。フランスの国民戦線党首マリーヌ・ルペンは公式ウェブサイトにおいて，欧州統合が創設期から「民主主義の赤字」に苛まれ，選挙で選ばれない欧州委員会がテクノクラートに権力を委ね，ECB がユーロ圏に通貨政策を押し付けていることを「啓蒙専制」だと断じている。[11] その後ギリシャでは，2015年1月の総選挙で急進左派連合が議席を倍増させて第一党となった。同党は EU-IMF の

295

支援体制の下での緊縮政策を，国民の生活を破壊するとして公然と批判してきた。そのため新政権とEUの間の摩擦が予想されている。

　EUというガバナンスの中で経済を運営しようとする主要政党，政策エリートにとっては，反欧州ポピュリズムは非現実的で無責任な政治である。しかし，ここにうかがわれるのは，「政治なき政策（policy without politics）」と「政策なき政治（politics without policy）」の乖離である。

## 6　国際的アカウンタビリティのパラドクスを超えて

　ユーロ危機は経済危機であるとともに，民主的「入力」を通じた民主的正統化が空洞化している現実を市民に突き付ける出来事となった。この政治と経済両面の危機を乗り越えるために，2つの改革の方向性が考えられる。

　第1の改革は，国際経済のガバナンスを適切に再調整し，経済成長，経済パフォーマンス，「出力志向の正統化」をできるだけ速く回復することである。2011年11月にECB新総裁ドラギが就任し，世界金融市場とユーロの価値は安定に向かっている。「出力志向の正統化」によって統合への懐疑を再び払拭することができれば，EUエリートはアカウンタビリティのパラドクスを市民に感じさせずに制度を強化する戦略を進めるであろう。

　しかし第2の政治的な改革は，欧州統合がこれまでの国内の代表制を超える民主的アカウンタビリティのメカニズムを見つけることである。それは政治理論上の課題であるにとどまらず，EUを筆頭に，国際化する世界のガバナンスの将来にもかかわる課題である。

　遠藤乾は，大文字の「統合」物語が死んだように見えるとしても，EUはしぶとく生きていると言う。これまで，欧州懐疑主義の高まりがあろうとも，EUの分解どころか，ユーロ圏からの一加盟国の排除さえ起こっていない。しかしそれと同時に，危機はグローバルな市場の趨勢を政治が制御できなくなった「政治の縮減」としてとらえなおさなければならないと論じている（遠藤2013）。同じようにダールは，今日の国際的なガバナンスは必要であるが，それはもはやこれまでの意味の民主主義ではなく，しかし独裁でもない，われわれが語彙を欠くものである，と論じている（Dahl 2005）。

本章が示したことは，国際経済的・機能的なアカウンタビリティと，政治的なアカウンタビリティは同一ではなく，両者はパラドクシカルな関係にあるということ，そしてその一方だけを追求する改革では真の危機の解決にならないということにほかならない。「下から」のアカウンタビリティを確保するメカニズムが見失われているままでは，国際化，マルチレベル化する政治への不信は解消されない。監視・制裁型のアカウンタビリティの強化を進めるだけでなく，「民主主義の赤字」を補う，政治的アカウンタビリティについての合意形成が得られなければ，政治的な危機は永続するであろう（Scharpf 2013）。

● 注

1) EUとユーロ危機に関する具体的な制度・政策の解説は他の研究に譲りたい（たとえば，Laursen 2013; 日本EU学会 2014; 植田ほか 2014; 久保・吉井 2013）。
2) 「民主主義の赤字」論については拙稿（小川 2011）で考察している。他に以下の先行研究とその引用文献を参照のこと（中村 2006; 鈴木 2007）。
3) 本文で述べたようにベイルアウトは禁止されていた。ただし例外的にユーロ圏外の加盟国の国際収支危機に対する支援を規定する条項は存在した。
4) *EUobserver*（2014年1月14日）"Former ECB chief blames governments for euro-crisis," (http://euobserver.com/economic/122721, 2014年12月4日最終アクセス)
5) *EUobserver*（2010年1月20日）"Greek experience to spur EU request for audit powers," (http://euobserver.com/economic/29302, 2014年12月4日最終アクセス)
6) European Commission. *MEMO/13/979. The EU's economic governance explained.* 12/11/2013 (http://europa.eu/rapid/press-release_MEMO-13-979_en.htm, 2014年12月4日最終アクセス)
7) なお，これにイタリアを加えてGIIPS諸国（PIIGS諸国）と呼ばれることも多いが，イタリアの財政赤字構造はより長期的な要因も含んでおり，本章ではユーロ圏の中でも「周辺」的なGIPS4カ国を主な分析の対象とする（Scharpf 2013）。
8) 『フィナンシャル・タイムズ』電子版 *FT. com*, （2013年10月24日）http://www.ft.com/cms/s/0/884f61d2-3bfb-11e3-b85f-00144feab7de.html, 2014年12月4日最終アクセス）
9) アルマンジョンとバッカーロは，被支援国に自主的な政策選択の余地があったのかどうか，という問いを立て，各国の対応を比較した。その結論は，痛みを強いる政策に対する国民の反発をどう抑制するか（対野党，対労使）の違いが見られただけで，政策の選択肢はなかった，というものであった（Armingeon and Baccaro 2012: 188）。
10) 欧州議会選挙の結果については，欧州議会ウェブサイト（http://www. europarl.europa.eu/elections2014-results/en/election-results-2014.html, 2014年12月4日最終アクセス）参照。
11) マリーヌ・ルペン公式ウェブサイト（http://www.marinelepen.fr/le-projet-de-

marine-le-pen/politique-etrangere/europe/，2014年12月4日最終アクセス）

● 引用・参考文献
植田隆子・小川英治・柏倉康夫編 2014『新EU論』信山社。
臼井陽一郎 2013『環境のEU，規範の政治』ナカニシヤ出版。
遠藤乾 2013『統合の終焉——EUの実像と論理』岩波書店。
小川有美 2011「EUが変える政治空間——『民主主義の赤字』か『民主主義の多様化』か」田村哲樹・堀江孝司編『模索する政治——代表制民主主義と福祉国家のゆくえ』ナカニシヤ出版。
久保広正・吉井昌彦編 2013『EU統合の深化とユーロ危機・拡大』（神戸大学経済学叢書第19輯）勁草書房。
鈴木一人 2007「グローバル化時代における政治的正統性——欧州統合を例にとって」『年報政治学 2006-II』150-177。
中村民雄 2006「EU立法の「民主主義の赤字」論の再設定——多元的法秩序EUの視座から」『社會科学研究』57 (2): 5-38。
日本EU学会編 2014『ユーロ危機とEUの将来』（日本EU学会年報第34号）。
Armingeon, Klaus, and Lucio Baccaro 2012, "The Sorrows of Young Euro: The Sovereign Debt Crises of Ireland and Southern Europe," in Nancy Bermeo and Jonas Pontusson eds., *Coping with Crisis: Government Reactions to the Great Reccession,* Russell Sage Foundation.
Berend, Ivan T. 2013, *Europe in Crisis: Bolt from the Blue,* Routledge.
Bovens, Mark. 2007, "New Forms of Accountability and EU Governance," *Comparative European Politics,* 5 (1): 104-120.
Commission of the European Communities 2001, "European Governance: A White Paper," COM (2001) 428 final.
Dahl, Robert A. 2005, "Is International Democracy Possible? A Critical View," in Sergio Fabbrini ed., *Democracy and Federalism in the European Union and the United States: Exploring Post-National Governance,* Routledge.
Dyson, Kenneth 2008, "European States and the Euro Area: Clustering and Covariance in Patterns of Change," in Kenneth Dyson ed., *The Euro at 10: Europeanization, Power, and Convergence,* Oxford University Press.
Harlow, Carol 2002, *Accountability in the European Union,* Oxford University Press.
Hooghe, Liesbet and Gary Marks 2001, *Multi-level Governance and European Integration,* Rowman & Littlefield Publishers.
Jones, Erik 2009, "Output Legitimacy and the Global Financial Crisis: Perceptions Matter," *Journal of Common Market Studies,* 47 (5): 1085-1105.
Kohler-Koch, Beate, and Fabrice Larat eds. 2009, *European Multi-level Governance: Contrasting Images in National Research,* Edward Elgar.
Lane, Philip R. 2011, "The Irish Crisis." in Miroslav Beblavý, David Cobham and L'udovít Ódor eds., *The Euro Area and the Financial Crisis,* Cambridge University Press.

第 10 章　ユーロ危機の政治学

Laursen, Finn 2013, *The EU and the Eurozone Crisis: Policy Challenges and Strategic Choices*, Ashgate.
Mair, Peter 2005, "Popular Democracy and the European Union Polity," *European Governance Papers (EUROGOV)*, No. C-05-03.
—— 2013, "Smaghi versus the Parties: Representative Government and Institutional Constraints," in Armin Schäfer and Wolfgang Streeck, *Politics in the Age of Austerity*, Polity Press.
Papadopoulos, Yannis 2007, "Problems of Democratic Accountability in Network and Multilevel Governance," *European Law Journal*, 13 (4): 469-486.
Peters, B. Guy, and Jon Pierre 2004, "Multi-level Governance and Democracy: A Faustian Bargain?," in Ian Bache and Matthew Flinders eds., *Multi-level Governance*, Oxford University Press.
Piattoni, Simona 2010, *The Theory of Multi-level Governance: Conceptual, Empirical, and Normative Challenges*, Oxford University Press.
Putnam, Robert D. 1988, "Diplomacy and Domestic Politics: The Logic of Two-Level Games," *International Organization*, 42 (3): 427-460.
Scharpf, Fritz W. 1988, "The Joint-decision Trap: Lessons from German Federalism and European Integration," *Public Administration*, 66 (3): 239-278.
—— 1999, *Governing in Europe: Effective and Democratic?*, Oxford University Press.
—— 2012, "Legitimacy Intermediation in the Multilevel European Polity and its Collapse in the Euro Crisis," *MPIfG Discussion Paper* (Max-Planck-Institut für Gesellschaftsforschung) 12/6.
—— 2013, "Monetary Union, Fiscal Crisis and the Disabling of Democratic Accountability," in Armin Schäfer and Wolfgang Streeck eds., *Politics in the Age of Austerity*, Polity Press.
Tuori, Kaarlo, and Klaus Tuori 2014, *The Eurozone Crisis: A Constitutional Analysis*, Cambridge University Press.

## あとがき

　1990年代以降，アメリカを中心とする海外の政治学ではアカウンタビリティに関する研究が増加し，また日本でも政府のアカウンタビリティを重視する風潮が高まっている。しかしながら，日本の政治学において，この分野に関する体系的な研究は進んでいない。

　こうした問題意識を共有する，鹿毛利枝子氏，粕谷祐子氏，編者の高橋百合子の3人が集まり，アカウンタビリティという概念の精緻化，および世界各国で進行中のアカウンタビリティ改革の要因を探ることをめざして，本格的な国際比較研究を立ち上げることとなった。そこに，趣旨に賛同する岡山裕，小川有美，曽我謙悟の各氏が加わり，本書の基となる「アカウンタビリティ改革の包括的研究」(2011-13年度科学研究費補助金・基盤研究〈B〉，研究課題番号：23330043，研究代表者・高橋百合子) に着手した。異なる地域，政治学分野を専門とする上記のメンバーでプロジェクトを開始することができたことは，比較の視座に立ちつつ，アカウンタビリティに関する体系的な理論・実証研究という新たな試みを実現するうえで，大きな原動力となった。この試みが意義ある成果につながったとしたら，それはひとえに各氏のご助力の賜物である。深く感謝申し上げる次第である。

　2013年からは，当初のメンバーではカバーしきれていない中東欧地域の政治を専門とする久保慶一氏に同研究プロジェクトに参加していただいた。その後，本書を執筆するにあたり，大村華子氏，クリスチャン・フォン・リュプケ氏に加わっていただき，理論・実証の両面において，本書へ重要な貢献をしていただいた。また，伊賀司氏には，第7章の翻訳を快くお引き受けいただいた。各氏からの多大なるお力添えに深く感謝申し上げる。

　本研究プロジェクトの遂行段階で，2012年10月に九州大学で開催された日本政治学会研究大会において，粕谷，久保，曽我の各氏，および高橋が中間報告を行った。その際，討論者を快諾してくださった待鳥聡史先生から数々の貴

重なご助言を賜る機会に恵まれ，プロジェクトの進展に役立てることができた。あらためてお礼を申し上げたい。また，同年にスペインのマドリード市で開催された，世界政治学会（International Political Science Association）年次大会で，小川，粕谷，フォン・リュプケの各氏が中間報告を行い，有益な討論をする機会を得た。両学会報告において，質問やコメントを寄せてくださった，フロアの方々にも感謝する。

また，本書は日本，アメリカ，ヨーロッパ，中東欧，東南アジア，ラテンアメリカといった多様な地域を研究の対象としている。そのため，これらの地域で進行中のアカウンタビリティ改革の現状について理解するために，ほとんどの執筆者が現地調査を行い，最新情報やデータを収集する必要があった。ここですべての方々のお名前を挙げることはできないが，執筆者が現地調査先でお世話になった多数の方々にも，この場を借りてお礼申し上げたい。

本書が，日本で未開拓の研究分野であるアカウンタビリティに関する政治学研究を，さらに発展させるための土台となれば，執筆者一同にとって大きな喜びである。現在も，世界各国でアカウンタビリティ改革は進行中であり，さらなる事例の分析を通じて，本書で提示した理論や分析枠組みの有用性が試されることになる。こうした研究が，本書を超えて，新たな知見を提供してくれることを願ってやまない。

最後に，本書の刊行は，有斐閣書籍編集第二部の岩田拓也さんのご尽力なくしては不可能であった。岩田さんは，政治学分野における新たな試みである本研究プロジェクトの貢献，意義を深く理解してくださり，出版の実現に向けて，数えきれない有益なご助言でお導きくださった。編者の度重なる相談ごとにも，いつも忍耐強くご対応くださり，適切な対処をしてくださったことは，いつも大きな支えであった。岩田さんの多大なご理解とご助力に，この場を借りて，あらためて深く感謝を申し上げたい。

2015 年 1 月

編　者

# 事項索引

## ◆ ア 行

アイルランド　289
アカウンタビリティ
　――指数　89, 93, 94, 96
　――(の)構成要素　6, 24, 31
　――(の)主体　6, 30, 31, 33, 35, 37, 39
　――・メカニズム　31, 42
　――を課する主体　2, 24
　――を課せられる主体　2, 24
　国際的――　5, 7, 32, 39, 281, 282, 293
　社会――　5, 7, 32, 37, 198, 200, 203, 229, 233, 253, 255, 271, 272
　水平的――　5, 6, 31, 32, 35, 116, 146, 163, 167
　選挙――　5, 6, 30, 33, 60, 83, 102
　ソフト・――　6, 27, 29, 31, 36, 39, 40, 282
　ハード・――　6, 27, 29, 31, 36, 39, 40, 146, 282
アドボカシー団体　8, 116, 124-126
アメリカ　11, 253, 254
イギリス　8, 117, 129, 130
一般利益　8, 88, 91, 92, 97
インドネシア　10, 198
ウィキリークス(WikiLeaks)　268, 269, 271
欧州委員会　281, 284-286, 293, 295
欧州評議会　9, 146, 156, 157
欧州連合(EU)　3, 39, 150, 279, 281, 282-285, 289, 290, 294, 295
応答性　6, 24, 28, 31, 59, 76, 232
応答的な政府センター　266
汚職　144, 146, 152, 160, 169, 204, 213, 216
汚職対策機関　3, 36, 143, 145, 146, 149, 154
汚職に関する刑事条約　146
恩顧主義　10, 204, 212, 216
恩顧政治　198
オンブズマン　3, 31, 36, 37, 39

## ◆ カ 行

会計検査院　3, 36, 172, 183, 185
会計検査制度　9, 167, 171, 182
外国政府　7, 32, 39
概念の拡張(concept stretching)　23
監視(モニタリング)　116
　――機関　31, 32, 36
議会による行政府の監視　31
北大西洋条約機構(NATO)　154
業績投票　84, 85, 102, 105
共同決定の罠(joint-decision trap)　280
ギリシャ　3, 285, 288
グッド・ガバナンス(良い統治)　10, 119, 209
グローバル・インテグリティ　148, 156, 158
経済協力開発機構(OECD)　147
経済投票　105
権力
　――の類型　201
　観念的――(ideational power)　199, 202, 214, 222
　行為者的――(agential power)　199, 202, 205, 221
　政策――(policy power)　199
　政策関連――(policyrelevant powers)　201
　制度的――(institutional power)　199, 202, 203
　分配的――(distributional power)　199, 202, 210, 221
合議制モデル　171
公共部門改革　205
国際アクター　30, 31, 39, 40, 176
国際機関　3, 4, 32, 39, 279
国際通貨基金(IMF)　281, 289, 290
国連腐敗防止条約　147
国家内機関　31, 35
コーポラティズム　134, 221, 288
コモン・コーズ(Common Cause)　11, 257, 258
コンディショナリティ　32, 40, 150, 162, 282, 292

## ◆ サ 行

最高会計検査機関国際組織(INTOSAI) 172, 175
最高裁判所 238, 245
裁判員制度 10, 229, 231, 233, 247
裁判所モデル 171
参加型予算 31, 38, 39
参審制 231, 233, 239, 244, 245
サンライト財団(Sunlight Foundation) 265, 267
支持率 98, 103
司法審査 31
市民社会 10, 33, 198, 199
自民党 230, 235, 241, 247
市民評議会 31, 38
社会運動 31, 32, 37, 39, 197
社会的監査 31, 38, 39
出力志向の正統化 283, 296
ジュディシャル・ウォッチ(Judicial Watch) 260, 261, 271
情報 7, 33, 57, 59, 60, 69, 253, 256
情報公開法 8, 115, 121, 126-128, 131, 132, 174, 187, 253
情報の自由(freedom of information) 119
　──法 253, 267
真相究明委員会 28, 31, 36
スペイン 3, 291
制裁 6, 24, 28, 31, 59, 76, 232
政策帰結 7, 72, 74, 76
政策結果 66, 67
政策効果 67
政策選好 69, 73, 74
政策選択 7, 66, 68, 72, 74, 76
政治家
　──のジレンマ(Politician's Dilemma) 168
　──の選好 66, 76
　──の能力 66, 69, 75, 76
制度的革命党(PRI) 168, 174, 178
政府間関係 35
政府監視団体(government watchdog groups) 254, 256, 260, 270
政府の透明性 8, 115, 117, 120, 123
世界ガバナンス指標 152
世界銀行 144, 148

責任と倫理あるワシントンのための市民たち(CREW) 263, 264, 271
選挙 7, 33, 34, 57, 68, 84
選挙管理機関 3, 36
ソーシャル・メディア 217, 219, 222, 223

## ◆ タ 行

代表制 12, 281, 282
単独統治モデル 171
チェック・アンド・バランス 31, 35, 170
中東欧 8, 143, 152
超国家機関 3, 32, 39
2レベル・ゲーム 279, 293
ドイツ 8, 117, 129, 132
特殊利益 8, 87, 88, 91, 92, 96
トランスペアレンシー・インターナショナル(TI) 155, 169, 209

## ◆ ナ 行

日本 7, 83, 88
日本弁護士連合会(日弁連) 11, 230, 235, 236, 238, 241
入力志向の正統化／正統性 282, 283, 293

## ◆ ハ 行

陪審制 230, 233, 236, 239, 244, 245
パブリック・シティズン(Public Citizen) 11, 257, 258
反汚職国家グループ(GRECO) 9, 156, 157
非国家組織 6, 31, 37
非政府組織(NGO) 31, 32, 37, 39, 116, 130, 135, 148, 181, 186, 213, 282
　国際── 3, 4, 32, 39, 121, 169
ピープル・パワー 197, 198, 221
フリーダム・ハウス 148
プリンシパル・エージェント関係 24, 35
プリンシパル・エージェント・モデル 22, 25, 27, 65
分権化 10, 198, 200
法務省 230, 235, 242, 247
ポピュリズム 296
ポルトガル 290

## ◆ マ 行

マケドニア 8, 143, 152

事項索引

マスメディア　31, 32, 38, 39, 259, 264, 269
マルチレベル・ガバナンス (multilevel governance)　279, 280, 294
　——の赤字　12
民主化　10, 198, 199, 200, 220
民主主義
　——の赤字 (democratic deficit)　282, 295, 297
　——の質　143, 149, 151
　委任型 (delegative) ——　21, 169, 170, 172
メカニズム　31, 42
メキシコ　9, 168, 174, 182
モニタリング　→監視

◆ ヤ 行

有権者　30, 31, 33, 57, 64, 69, 75, 76, 83, 88, 105
ユーロ危機　3, 12, 281, 283, 286, 293
良い統治　→グッド・ガバナンス
世論　84, 88, 98

◆ ラ 行

ラテンアメリカ　9, 167
連邦最高検査院 (ASF)　174, 186, 188

◆ アルファベット

ASF　→連邦最高検査院
CREW　→責任と倫理あるワシントンのための市民たち
EU　→欧州連合
GIPS 諸国　288, 289, 292, 295
GRECO　→反汚職国家グループ
IMF　→国際通貨基金
INTOSAI　→最高会計検査機関国際組織
NATO　→北大西洋条約機構
NGO　→非政府組織
OECD　→経済協力開発機構
PRI　→制度的革命党
TI　→トランスペアレンシー・インターナショナル

305

# 人名索引

### ◆ ア 行

アサンジ (Julian Assange)　269, 270
アシシディキ (Jimly Ashiddiqie)　218
アブラミ (Regina Abrami)　23
アルムニア (Joaquín Almunia Amann)　284
飯室勝彦　246
井上正仁　245, 247
ウェーバー (Max Weber)　202
エルズバーグ (Daniel Ellsberg)　268
遠藤乾　296
オースティン・スミス (David Austen-Smith)　61
オドネル (Guillermo O'Donnell)　21, 170
オバマ (Barack H. Obama)　262, 266
オルソン (Mancur Olson)　206, 213

### ◆ カ 行

カーター (James E. Carter, Jr.)　120, 260
ガードナー (John W. Gardner)　259
カール (Terry Lynn Karl)　21
カルデナス (Cuauhtémoc Cárdenas)　178
鬼追明夫　241
キッス (Áron Kiss)　65
ギャデス (Barbara Geddes)　168, 177
グジマワ＝ブッセ (Anna Grzymała-Busse)　151, 152
クライン (Michael Klein)　266
クラーク (David Clark)　131
クリットガード (Robert Klitgaard)　144
クリントン (William J. Clinton)　260-262
グルネー (Vincent de Gournay)　118
クレイマン (Larry Klayman)　260-263
ゲオルギエフスキ (Nikola Gruevski)　155
小泉純一郎　97
小林正啓　240
コヘイン (Robert O. Keohane)　23
コーンフォード (James Cornford)　130

### ◆ サ 行

サッチャー (Margaret Thatcher)　130
佐藤幸治　244-246
サドゥルスキ (Wojciech Sadurski)　151
サミュエルズ (David Samuels)　63
サリーナス (Carlos Salinas)　174, 178, 181-185, 189
サルトーリ (Giovanni Sartori)　23
サンパヨ (Jorge Fernando Branco de Sampaio)　291
ジェイムズ1世 (James I)　118
シェドラー (Andreas Schedler)　26, 28, 29, 36, 37
シミティス (Konstantinos Simitis)　288
シャルプ (Fritz W. Scharpf)　280, 293
シャロン (Nick Charron)　149
シュミッター (Philippe C. Schmitter)　21
シュレーダー (Gerhard Schröder)　130, 132
シュワーツ (Thomas Schwartz)　38, 116
シュンペーター (Joseph A. Schumpeter)　21
ショッツ (Kenneth W. Shotts)　65
ジョンソン (Lyndon B. Johnson)　119, 259
スカルノ (Sukarno)　215
スティーブンソン (Matthew C. Stephenson)　62
ストロー (Jack Straw)　131
スノウデン (Edward Joseph Snowden)　270
スハルト (Suharto)　28, 198, 204, 205, 208, 215
スマギ (Lorenzo Bini Smaghi)　290
スムロヴィッツ (Catalina Smulovitz)　37
スリ・ムリヤニ (Sri Mulyani Indrawati)　206
スローン (Melanie Sloan)　263, 264
セディージョ (Ernesto Zedillo)　174, 181, 184-186, 189
ソロス (George Soros)　120, 263

### ◆ タ 行

ダイアモンド (Larry Diamond)　37
ダイソン (Kenneth Dyson)　288

人名索引

高木剛　245
タキトゥス(Tacitus)　118
竹下登　96
竹下守夫　245
但木敬一　242
ダブニック(Melvin J. Dubnick)　19
ダール(Robert A. Dahl)　296
タレスキ(Dane Taleski)　159
チェイニー(Dick Cheney)　262
チェン(Jowei Chen)　86
チャンドラ(Chandra Hamzah)　217, 218
チョプラ(Ajai Chopra)　290
ツァイ(Lily L. Tsai)　23
土屋美明　246
ツルヴェンコフスキ(Branko Crvenkovski)　161
ディレイ(Thomas D. DeLay)　263
ティロル(Jean Tirole)　67
デュバル(Raymond Duvall)　200
ドイグ(Alan Doig)　145
トミッチ(Tanja Tomic)　159
豊川正明　237
トライコフスキ(Boris Trajkovski)　155
ドラギ(Mario Draghi)　296
トリシェ(Jean-Claude Trichet)　284

◆ ナ 行

中尾正信　240
中曾根康弘　96
中坊公平　238, 240, 243, 245, 248
ニクソン(Richard M. Nixon)　258
ネイダー(Ralph Nader)　253, 254, 257-259, 261, 271

◆ ハ 行

パク(Ryan Y. Park)　234
パーション(Torsten Persson)　62
パッテン(Christopher F. Patten)　154
パットナム(Robert D. Putnam)　279
バトリー(Agnes Batory)　149
バーネット(Michael N. Barnett)　200
パパンドレウ(Georgios A. Papandreou)　289
原田明夫　247
ハーロウ(Carol Harlow)　282
バンクス(Jeffrey S. Banks)　61

ピエール(Jon Pierre)　281
ピーターズ(B. Guy Peters)　281
ビビット(Bibit Rianto)　217, 218
ヒーリー(Andrew Healy)　86
ブアジジ(Mohamed Bouazizi)　197
フィアロン(James D. Fearon)　25, 27, 67
フィルプ(Mark Philp)　26, 28, 29
フェアジョン(John A. Ferejohn)　60, 68
フォックス，ジャスティン(Justin Fox)　65
フォックス，ジョナサン(Jonathan Fox)　27
フォックス，ビセンテ(Vicente Fox)　174, 179, 181, 186-189
藤倉皓一郎　245, 246
藤田耕三　243
ブチュコフスキ(Vlado Bučkovski)　161
ブッシュ，G. W.(George Walker Bush)　262, 268
ブディオノ(Budiono)　206
フランケル(Maurice Frankel)　131
プリタ(Prita Mulyasari)　218
古川貞二郎　243, 244
ブレア(Anthony C. L. "Tony" Blair)　131, 132
フロイド(Clement Freud)　130
ベスリー(Timothy Besley)　65, 67, 68
ヘルウィッグ(Timothy T. Hellwig)　63
ベルク(Daniel Domscheit-Berg)　270
ペルソッティ(Enrique Peruzzotti)　37
ベン・アリ(Zayn al-'Ābidīn bin 'Alī)　198
ポデスタ(John Podesta)　262
ボベンズ(Mark Bovens)　24
ボーン(Kathleen Bawn)　64

◆ マ 行

マクリーン(Tom McClean)　134
マスキン(Eric Maskin)　67
松浦功　241
松尾浩也　246, 247
マックビンス(Mathew McCubbins)　38, 116
マニング(Bradley Manning)　268
マリノフスキ(Dragan Malinovski)　160
マルホトラ(Neil Malhotra)　86
マンゴヴァ(Ilina Mangova)　160
水原敏博　243
三谷太一郎　246

307

ミチナー（Robert Gregory Michener）　124, 126
宮本康昭　239, 240, 241
ミラー（Ellen Miller）　265
ムバラク（Ḥusnī Mubārak）　198
メインウォリング（Scott Mainwaring）　23, 35, 146
メガワティ（Megawati Sukarnoputri）　218
モリノ（Leonardo Morlino）　151

◆ ヤ 行

矢口洪一　238
保岡興治　244

吉岡初子　245

◆ ラ 行

リンドバーグ（Staffan I. Lindberg）　27
ルイ 13 世（Louis XIII）　118
ロウハニ（Ḥasan Rowḥānī）　197
ローズ＝アッカーマン（Susan Rose-Ackerman）　145
ローゼンブルース（Frances Rosenbluth）　64

◆ ワ 行

渡邉一弘　247
ワヒド（Abdurrahman Wahid）　218

❖ 編者紹介

髙橋 百合子（たかはし ゆりこ）
神戸大学大学院国際協力研究科准教授

アカウンタビリティ改革の政治学
The Politics of Accountability Reform

2015 年 3 月 15 日　初版第 1 刷発行

| 編　　者 | 髙橋百合子 |
| 発　行　者 | 江草貞治 |
| 発　行　所 | 株式会社 有斐閣 |

郵便番号　101-0051
東京都千代田区神田神保町 2-17
電　話　(03)3264-1315〔編集〕
　　　　(03)3265-6811〔営業〕
http://www.yuhikaku.co.jp/

印刷・株式会社三陽社／製本・大口製本印刷株式会社
© 2015, Yuriko Takahashi. Printed in Japan
落丁・乱丁本はお取替えいたします。
★定価はカバーに表示してあります。
ISBN 978-4-641-14912-0

JCOPY　本書の無断複写(コピー)は，著作権法上での例外を除き，禁じられています。複写される場合は，そのつど事前に，(社)出版者著作権管理機構(電話03-3513-6969, FAX03-3513-6979, e-mail:info@jcopy.or.jp)の許諾を得てください。

本書のコピー, スキャン, デジタル化等の無断複製は著作権法上での例外を除き禁じられています。本書を代行業者等の第三者に依頼してスキャンやデジタル化することは, たとえ個人や家庭内での利用でも著作権法違反です。